T&P BOOKS

WIT-RUSSISCH
WOORDENSCHAT

THEMATISCHE WOORDENLIJST

NEDERLANDS WIT-RUSSISCH

De meest bruikbare woorden
Om uw woordenschat uit te breiden en
uw taalvaardigheid aan te scherpen

7000 woorden

Thematische woordenschat Nederlands-Wit-Russisch - 7000 woorden

Door Andrey Taranov

Woordenlijsten van T&P Books zijn bedoeld om u woorden van een vreemde taal te helpen leren, onthouden, en bestudering. Dit woordenboek is ingedeeld in thema's en behandelt alle belangrijk terreinen van het dagelijkse leven, bedrijven, wetenschap, cultuur, etc.

Het proces van het leren van woorden met behulp van de op thema's gebaseerde aanpak van T&P Books biedt u de volgende voordelen:

- Correct gegroepeerde informatie is bepalend voor succes bij opeenvolgende stadia van het leren van woorden
- De beschikbaarheid van woorden die van dezelfde stam zijn maakt het mogelijk om woordgroepen te onthouden (in plaats van losse woorden)
- Kleine groepen van woorden faciliteren het proces van het aanmaken van associatieve verbindingen, die nodig zijn bij het consolideren van de woordenschat
- Het niveau van talenkennis kan worden ingeschat door het aantal geleerde woorden

T&P Books Publishing
www.tpbooks.com

ISBN: 978-1-78492-302-0

Dit boek is ook beschikbaar in e-boek formaat.
Gelieve www.tpbooks.com te bezoeken of de belangrijkste online boekwinkels.

WIT-RUSSISCHE WOORDENSCHAT
nieuwe woorden leren

T&P Books woordenlijsten zijn bedoeld om u te helpen vreemde woorden te leren, te onthouden, en te bestuderen. De woordenschat bevat meer dan 7000 veel gebruikte woorden die thematisch geordend zijn.

- De woordenlijst bevat de meest gebruikte woorden
- Aanbevolen als aanvulling bij welke taalcursus dan ook
- Voldoet aan de behoeften van de beginnende en gevorderde student in vreemde talen
- Geschikt voor dagelijks gebruik, bestudering en zelftestactiviteiten
- Maakt het mogelijk om uw woordenschat te evalueren

Bijzondere kenmerken van de woordenschat

- De woorden zijn gerangschikt naar hun betekenis, niet volgens alfabet
- De woorden worden weergegeven in drie kolommen om bestudering en zelftesten te vergemakkelijken
- Woorden in groepen worden verdeeld in kleine blokken om het leerproces te vergemakkelijken
- De woordenschat biedt een handige en eenvoudige beschrijving van elk buitenlands woord

De woordenschat bevat 198 onderwerpen zoals:

Basisconcepten, getallen, kleuren, maanden, seizoenen, meeteenheden, kleding en accessoires, eten & voeding, restaurant, familieleden, verwanten, karakter, gevoelens, emoties, ziekten, stad, dorp, bezienswaardigheden, winkelen, geld, huis, thuis, kantoor, werken op kantoor, import & export, marketing, werk zoeken, sport, onderwijs, computer, internet, gereedschap, natuur, landen, nationaliteiten en meer ...

INHOUDSOPGAVE

UITSPRAAKGIDS

Letter	Wit-Russisch voorbeeld	T&P fonetisch alfabet	Nederlands voorbeeld
A a	Англія	[a]	acht
Б б	бульба	[b]	hebben
В в	вечар	[v]	beloven, schrijven
Г г	галава	[ɣ]	Nederlands in Nederland - gaat, negen
Д д	дзіця	[d]	Dank u, honderd
Дж дж	джаз	[dʒ]	jeans, jungle
Е е	метр	[ɛ]	elf, zwembad
Ё ё	вясёлы	[jɔ:], [ɜ:]	yoga, Joods
Ж ж	жыццё	[ʒ]	journalist, rouge
З з	заўтра	[z]	zeven, zesde
I і	нізкі	[i]	bidden, tint
Й й	англійскі	[j]	New York, januari
К к	красавік	[k]	kennen, kleur
Л л	лінія	[l]	delen, luchter
М м	камень	[m]	morgen, etmaal
Н н	Новы год	[n]	nemen, zonder
О о	опера	[ɔ]	aankomst, bot
П п	піва	[p]	parallel, koper
Р р	морква	[r]	roepen, breken
С с	соль	[s]	spreken, kosten
Т т	трус	[t]	tomaat, taart
У у	ізумруд	[u]	hoed, doe
Ў ў	каўбаса	[w]	twee, willen
Ф ф	футра	[f]	feestdag, informeren
Х х	захад	[h]	het, herhalen
Ц ц	цэнтр	[ts]	niets, plaats
Ч ч	пачатак	[tʃ]	Tsjechië, cello
Ш ш	штодня	[ʃ]	shampoo, machine
Ь ь	попельніца	[ʲ]	zachte teken - duidt aan dat de voorafgaande medeklinker zacht wordt uitgesproken
Ы ы	рыжы	[ɨ]	iemand, die
'	сузор'е	[ʺ]	harde teken - duidt aan dat de voorafgaande medeklinker hard wordt uitgesproken
Э э	Грэцыя	[ɛ]	elf, zwembad
Ю ю	плюс	[ju]	jullie, aquarium
Я я	трусяня	[ja]	signaal, Spanjaard

Letter	Wit-Russisch voorbeeld	T&P fonetisch alfabet	Nederlands voorbeeld

Lettercombinaties

дз	дзень	[ʣ]	zeldzaam
дзь	лебедзь	[ʥ]	jeans, bougie
дж	джаз	[ʤ]	jeans, jungle

Combinaties met het zachte teken (Ь ь)

зь	сувязь	[ʑ]	origineel, regime
ль	вугаль	[ʎ]	biljet, morille
нь	верасень	[ɲ]	cognac, nieuw
сь	Беларусь	[ɕ]	Chicago, jasje
ць	сыкаць	[tɕ]	cappuccino, Engels - 'cheese'

AFKORTINGEN
gebruikt in de woordenschat

Nederlandse afkortingen

mann.	-	mannelijk
vrouw.	-	vrouwelijk
mv.	-	meervoud
on.ww.	-	onovergankelijk werkwoord
ov.ww.	-	overgankelijk werkwoord
bn	-	bijvoeglijk naamwoord
bw	-	bijwoord
abn	-	als bijvoeglijk naamwoord
bijv.	-	bijvoorbeeld
enz.	-	enzovoort
wisk.	-	wiskunde
enk.	-	enkelvoud
ov.	-	over
mil.	-	militair
vn	-	voornaamwoord
telb.	-	telbaar
form.	-	formele taal
ontelb.	-	ontelbaar
inform.	-	informele taal
vw	-	voegwoord
vz	-	voorzetsel
ww	-	werkwoord

Nederlandse artikelen

de	-	gemeenschappelijk geslacht
het	-	onzijdig
de/het	-	onzijdig, gemeenschappelijk geslacht

Wit-Russische afkortingen

м	-	mannelijk zelfstandig naamwoord
ж	-	vrouwelijk zelfstandig naamwoord
н	-	onzijdig
м мн	-	mannelijk meervoud
ж мн	-	vrouwelijk meervoud

н мн	-	onzijdig meervoud
мн	-	meervoud
м, ж	-	mannelijk, vrouwelijk

BASISBEGRIPPEN

Basisbegrippen Deel 1

1. Voornaamwoorden

ik	я	[ja]
jij, je	ты	[tı]
hij	ён	[ɜn]
zij, ze	яна	[ja'na]
het	яно	[ja'nɔ]
wij, we	мы	[mı]
jullie	вы	[vı]
zij, ze	яны	[ja'nı]

2. Begroetingen. Begroetingen. Afscheid

Hallo! Dag!	Вітаю!	[wi'taju]
Hallo!	Вітаю вас!	[wi'taju vas]
Goedemorgen!	Добрай раніцы!	['dɔbraj 'ranitsı]
Goedemiddag!	Добры дзень!	['dɔbrı 'dzɛɲ]
Goedenavond!	Добры вечар!	['dɔbrı 'wɛtʃar]
gedag zeggen (groeten)	вітацца	[wi'tatsa]
Hoi!	Прывітанне!	[prıwi'taŋɛ]
groeten (het)	прывітанне (н)	[prıwi'taŋɛ]
verwelkomen (ww)	вітаць	[wi'tats]
Hoe gaat het?	Як маецеся?	[jak 'maɛtsɛsʲa]
Is er nog nieuws?	Што новага?	[ʃtɔ 'nɔvaɣa]
Dag! Tot ziens!	Да пабачэння!	[da paba'tʃɛɲja]
Tot snel! Tot ziens!	Да хуткай сустрэчы!	[da 'hutkaj sust'rɛtʃı]
Vaarwel! (inform.)	Бывай!	[bı'vaj]
Vaarwel! (form.)	Бывайце!	[bı'vajtsɛ]
afscheid nemen (ww)	развітацца	[razʲ'witvatsa]
Tot kijk!	Пакуль!	[pa'kuʎ]
Dank u!	Дзякуй!	['dzʲakuj]
Dank u wel!	Вялікі дзякуй!	[vʲa'liki 'dzʲakuj]
Graag gedaan	Калі ласка.	[kali'laska]
Geen dank!	Не варта падзякі	[ɲa 'varta pa'dzʲaki]
Geen moeite.	Няма за што.	[ɲa'ma za ʃtɔ]
Excuseer me, … (inform.)	Прабач!	[pra'batʃ]
Excuseer me, … (form.)	Прабачце!	[pra'batʃtsɛ]

excuseren (verontschuldigen)	прабачаць	[praba'tʃats]
zich verontschuldigen	прасіць прабачэння	[pra'sits praba'tʃɛnja]
Mijn excuses.	Прашу прабачэння	[pra'ʃu praba'tʃɛnja]
Het spijt me!	Выбачайце!	[vɪba'tʃajtsɛ]
vergeven (ww)	выбачаць	[vɪba'tʃats]
alsjeblieft	калі ласка	[kali'laska]

Vergeet het niet!	Не забудзьце!	[nɛ za'butsɛ]
Natuurlijk!	Вядома!	[vʲa'doma]
Natuurlijk niet!	Вядома, не!	[vʲa'doma 'nɛ]
Akkoord!	Згодзен!	['zɣodzɛn]
Zo is het genoeg!	Хопіць!	['hopits]

3. Kardinale getallen. Deel 1

nul	нуль (м)	[nuʎ]
een	адзін	[a'dzin]
twee	два	[dva]
drie	тры	[trɪ]
vier	чатыры	[tʃa'tɪrɪ]

vijf	пяць	[pʲats]
zes	шэсць	[ʃɛsʲts]
zeven	сем	[sɛm]
acht	восем	['vosɛm]
negen	дзевяць	['dzɛvʲats]

tien	дзесяць	['dzɛsʲats]
elf	адзінаццаць	[adzi'natsats]
twaalf	дванаццаць	[dva'natsats]
dertien	трынаццаць	[trɪ'natsats]
veertien	чатырнаццаць	[tʃatɪr'natsats]

vijftien	пятнаццаць	[pʲat'natsats]
zestien	шаснаццаць	[ʃas'natsats]
zeventien	семнаццаць	[sʲam'natsats]
achttien	васемнаццаць	[vasʲam'natsats]
negentien	дзевятнаццаць	[dzɛvʲat'natsats]

twintig	дваццаць	['dvatsats]
eenentwintig	дваццаць адзін	['dvatsats a'dzin]
tweeëntwintig	дваццаць два	['dvatsats 'dva]
drieëntwintig	дваццаць тры	['dvatsats 'trɪ]

dertig	трыццаць	['trɪtsats]
eenendertig	трыццаць адзін	['trɪtsats a'dzin]
tweeëndertig	трыццаць два	['trɪtsats 'dva]
drieëndertig	трыццаць тры	['trɪtsats 'trɪ]

veertig	сорак	['sorak]
eenenveertig	сорак адзін	['sorak a'dzin]
tweeënveertig	сорак два	['sorak 'dva]
drieënveertig	сорак тры	['sorak 'trɪ]
vijftig	пяцьдзесят	[pʲaddzʲa'sʲat]

eenenvijftig	пяцьдзесят адзін	[pˡaddzˡaˈsˡat aˈdzin]
tweeënvijftig	пяцьдзесят два	[pˡaddzˡaˈsˡat ˈdva]
drieënvijftig	пяцьдзесят тры	[pˡaddzˡaˈsˡat ˈtrı]

zestig	шэсцьдзесят	[ˈʃɛzˡdzɛsˡat]
eenenzestig	шэсцьдзесят адзін	[ˈʃɛzˡdzɛsˡat aˈdzin]
tweeënzestig	шэсцьдзесят два	[ˈʃɛzˡdzɛsˡat ˈdva]
drieënzestig	шэсцьдзесят тры	[ˈʃɛzˡdzɛsˡat ˈtrı]

zeventig	семдзесят	[ˈsɛmdzɛsˡat]
eenenzeventig	семдзесят адзін	[ˈsɛmdzɛsˡat aˈdzin]
tweeënzeventig	семдзесят два	[ˈsɛmdzɛsˡat ˈdva]
drieënzeventig	семдзесят тры	[ˈsɛmdzɛsˡat ˈtrı]

tachtig	восемдзесят	[ˈvosɛmdzɛsˡat]
eenentachtig	восемдзесят адзін	[ˈvosɛmdzɛsˡat aˈdzin]
tweeëntachtig	восемдзесят два	[ˈvosɛmdzɛsˡat ˈdva]
drieëntachtig	восемдзесят тры	[ˈvosɛmdzɛsˡat ˈtrı]

negentig	дзевяноста	[dzɛvˡaˈnosta]
eenennegentig	дзевяноста адзін	[dzɛvˡaˈnosta aˈdzin]
tweeënnegentig	дзевяноста два	[dzɛvˡaˈnosta ˈdva]
drieënnegentig	дзевяноста тры	[dzɛvˡaˈnosta ˈtrı]

4. Kardinale getallen. Deel 2

honderd	сто	[stɔ]
tweehonderd	дзвесце	[ˈdzˡwɛsˡtsɛ]
driehonderd	трыста	[ˈtrısta]
vierhonderd	чатырыста	[ʧaˈtırısta]
vijfhonderd	пяцьсот	[pˡatsˈsot]

zeshonderd	шэсцьсот	[ʃɛsˡtsˈsot]
zevenhonderd	семсот	[sɛmˈsot]
achthonderd	восемсот	[vosɛmˈsot]
negenhonderd	дзевяцьсот	[dzɛvˡatsˈsot]

duizend	тысяча	[ˈtısˡaʧa]
tweeduizend	дзве тысячы	[ˈdzˡwɛ ˈtısˡaʧı]
drieduizend	тры тысячы	[ˈtrı ˈtısˡaʧı]
tienduizend	дзесяць тысяч	[ˈdzɛsˡatsˈtısˡaʧ]
honderdduizend	сто тысяч	[stɔ ˈtısˡaʧ]
miljoen (het)	мільён (м)	[miˈʎɔn]
miljard (het)	мільярд (м)	[miˈʎjart]

5. Getallen. Breuken

breukgetal (het)	дроб (м)	[drɔp]
half	адна другая	[adˈna druˈɣaja]
een derde	адна трэцяя	[adˈna ˈtrɛtsˡaja]
kwart	адна чацвёртая	[adˈna ʧatsˈwɔrtaja]
een achtste	адна восьмая	[adˈna ˈvosˡmaja]

een tiende	адна дзесятая	[ad'na dzʲa'sʲataja]
twee derde	дзве трэція	['dzʲwɛ 'trɛtsija]
driekwart	тры чацвёртыя	['trɪ tʃatsʲwɜrtɪja]

6. Getallen. Eenvoudige berekeningen

aftrekking (de)	адніманне (н)	[adni'maŋɛ]
aftrekken (ww)	аднімаць	[adni'matsʲ]
deling (de)	дзяленне (н)	[dzʲa'lɛŋɛ]
delen (ww)	дзяліць	[dzʲa'litsʲ]
optelling (de)	складанне (н)	[skla'daŋɛ]
erbij optellen (bij elkaar voegen)	скласці	['sklasʲtsi]
optellen (ww)	прыбаўляць	[prɪbau'ʎatsʲ]
vermenigvuldiging (de)	множанне (н)	['mnɔʒaŋɛ]
vermenigvuldigen (ww)	памнажаць	[pamna'ʒatsʲ]

7. Getallen. Diversen

cijfer (het)	лічба (ж)	['lidʒba]
nummer (het)	лік (м)	[lik]
telwoord (het)	лічэбнік (м)	[li'tʃɛbnik]
minteken (het)	мінус (м)	['minus]
plusteken (het)	плюс (м)	[plys]
formule (de)	формула (ж)	['formula]

berekening (de)	вылічэнне (н)	[vɪli'tʃɛŋɛ]
tellen (ww)	лічыць	[li'tʃɪtsʲ]
bijrekenen (ww)	падлічваць	[pad'litʃvatsʲ]
vergelijken (ww)	параўноўваць	[parau'nɔuvatsʲ]

Hoeveel?	Колькі?	['kɔʎki]
som (de), totaal (het)	сума (ж)	['suma]
uitkomst (de)	вынік (м)	['vɪnik]
rest (de)	астача (ж)	[as'tatʃa]
enkele (bijv. ~ minuten)	некалькі	['nɛkaʎki]
weinig (bw)	трохі ...	['trɔhi]
restant (het)	астатняе (н)	[as'tatɲaɛ]
anderhalf	паўтара	[pauta'ra]
dozijn (het)	тузін (м)	['tuzin]

middendoor (bw)	напалову	[napa'lɔvu]
even (bw)	пароўну	[pa'rɔunu]
helft (de)	палова (ж)	[pa'lɔva]
keer (de)	раз (м)	[ras]

8. De belangrijkste werkwoorden. Deel 1

| aanbevelen (ww) | рэкамендаваць | [rɛkamɛnda'vatsʲ] |
| aandringen (ww) | настойваць | [nas'tɔjvatsʲ] |

aankomen (per auto, enz.)	прыязджаць	[prɪjaʒ'dʒats]
aanraken (ww)	кранаць	[kra'nats]
adviseren (ww)	раіць	['raits]

afdalen (on.ww.)	спускацца	[spus'katsa]
afslaan (naar rechts ~)	паварочваць	[pava'rɔtʃvats]
antwoorden (ww)	адказваць	[at'kazvats]
bang zijn (ww)	баяцца	[ba'jatsa]
bedreigen (bijv. met een pistool)	пагражаць	[paɣra'ʒats]

bedriegen (ww)	падманваць	[pad'manvats]
beëindigen (ww)	заканчваць	[za'kantʃvats]
beginnen (ww)	пачынаць	[patʃɪ'nats]
begrijpen (ww)	разумець	[razu'mɛts]
beheren (managen)	кіраваць	[kira'vats]

beledigen (met scheldwoorden)	абражаць	[abra'ʒats]
beloven (ww)	абяцаць	[abʲa'tsats]
bereiden (koken)	гатаваць	[ɣata'vats]
bespreken (spreken over)	абмяркоўваць	[abmʲar'kɔuvats]

bestellen (eten ~)	заказваць	[za'kazvats]
bestraffen (een stout kind ~)	караць	[ka'rats]
betalen (ww)	плаціць	[pla'tsits]
betekenen (beduiden)	азначаць	[azna'tʃats]
betreuren (ww)	шкадаваць	[ʃkada'vats]

bevallen (prettig vinden)	падабацца	[pada'batsa]
bevelen (mil.)	загадваць	[za'ɣadvats]
bevrijden (stad, enz.)	вызваляць	[vɪzva'ʎats]
bewaren (ww)	захоўваць	[za'hɔuvats]
bezitten (ww)	валодаць	[va'lodats]

bidden (praten met God)	маліцца	[ma'litsa]
binnengaan (een kamer ~)	уваходзіць	[uva'hɔdzits]
breken (ww)	ламаць	[la'mats]
controleren (ww)	кантраляваць	[kantraʎa'vats]
creëren (ww)	стварыць	[stva'rɪts]

deelnemen (ww)	удзельнічаць	[u'dzɛʎnitʃats]
denken (ww)	думаць	['dumats]
doden (ww)	забіваць	[zabi'vats]
doen (ww)	рабіць	[ra'bits]
dorst hebben (ww)	хацець піць	[ha'tsɛts 'pits]

9. De belangrijkste werkwoorden. Deel 2

een hint geven	намякаць	[namʲa'kats]
eisen (met klem vragen)	патрабаваць	[patraba'vats]
existeren (bestaan)	існаваць	[isna'vats]
gaan (te voet)	ісці	[is'tsi]
gaan zitten (ww)	садзіцца	[sa'dzitsa]

gaan zwemmen	купацца	[ku'patsa]
geven (ww)	даваць	[da'vats]
glimlachen (ww)	усміхацца	[usʲmi'hatsa]
goed raden (ww)	адгадаць	[adɣa'datsʲ]

grappen maken (ww)	жартаваць	[ʒarta'vats]
graven (ww)	капаць	[ka'patsʲ]

hebben (ww)	мець	[mɛtsʲ]
helpen (ww)	дапамагаць	[dapama'ɣatsʲ]
herhalen (opnieuw zeggen)	паўтараць	[pauta'ratsʲ]
honger hebben (ww)	хацець есці	[ha'tsɛtsʲ 'ɛsʲtsi]

hopen (ww)	спадзявацца	[spadzʲa'vatsa]
horen	чуць	[tʃutsʲ]
(waarnemen met het oor)		
huilen (wenen)	плакаць	['plakatsʲ]
huren (huis, kamer)	наймаць	[naj'matsʲ]
informeren (informatie geven)	інфармаваць	[infarma'vatsʲ]

instemmen (akkoord gaan)	згаджацца	[zɣa'dʒatsa]
jagen (ww)	паляваць	[paʎa'vatsʲ]
kennen (kennis hebben van iemand)	ведаць	['wɛdatsʲ]
kiezen (ww)	выбіраць	[vɪbi'ratsʲ]
klagen (ww)	скардзіцца	['skardzitsa]

kosten (ww)	каштаваць	[kaʃta'vatsʲ]
kunnen (ww)	магчы	[mah'tʃɪ]
lachen (ww)	смяяцца	[sʲmʲa'jatsa]
laten vallen (ww)	упускаць	[upus'katsʲ]
lezen (ww)	чытаць	[tʃɪ'tatsʲ]

liefhebben (ww)	кахаць	[ka'hatsʲ]
lunchen (ww)	абедаць	[a'bɛdatsʲ]
nemen (ww)	браць	[bratsʲ]
nodig zijn (ww)	патрабавацца	[patraba'vatsa]

10. De belangrijkste werkwoorden. Deel 3

onderschatten (ww)	недаацэньваць	[nɛda:'tsɛɲvatsʲ]
ondertekenen (ww)	падпісваць	[pat'pisvatsʲ]
ontbijten (ww)	снедаць	['sʲnɛdatsʲ]
openen (ww)	адчыняць	[atʃɪ'ɲatsʲ]
opmerken (zien)	заўважаць	[zauva'ʒatsʲ]

opscheppen (ww)	выхваляцца	[vɪhva'ʎatsa]
opschrijven (ww)	запісваць	[za'pisvatsʲ]
plannen (ww)	планаваць	[plana'vatsʲ]
prefereren (verkiezen)	аддаваць перавагу	[adda'vatsʲ pɛra'vaɣu]
proberen (trachten)	спрабаваць	[spraba'vatsʲ]
redden (ww)	ратаваць	[rata'vatsʲ]
rekenen op ...	разлічваць на ...	[razlʲ'litʃvatsʲ na]

19

rennen (ww)	бегчы	['bɛhtʃɪ]
reserveren	рэзерваваць	[rɛzɛrva'vats]
(een hotelkamer ~)		
roepen (om hulp)	клікаць	['klikats]
schieten (ww)	страляць	[stra'ʎats]
schreeuwen (ww)	крычаць	[krɪ'tʃats]

schrijven (ww)	пісаць	[pi'sats]
souperen (ww)	вячэраць	[vʲa'tʃɛrats]
spelen (kinderen)	гуляць	[ɣu'ʎats]
spreken (ww)	гаварыць	[ɣava'rɪts]
stelen (ww)	красці	['krasʲtsi]
stoppen (pauzeren)	спыняцца	[spɪ'ɲatsa]

studeren (Nederlands ~)	вывучаць	[vɪvu'tʃats]
sturen (zenden)	адпраўляць	[atprau'ʎats]
tellen (optellen)	лічыць	[li'tʃɪts]
toebehoren ...	належаць	[na'lɛʒats]
toestaan (ww)	дазваляць	[dazva'ʎats]
tonen (ww)	паказваць	[pa'kazvats]

twijfelen (onzeker zijn)	сумнявацца	[sumɲa'vatsa]
uitgaan (ww)	выходзіць	[vɪ'hodzits]
uitnodigen (ww)	запрашаць	[zapra'ʃats]
uitspreken (ww)	вымаўляць	[vɪmau'ʎats]
uitvaren tegen (ww)	лаяць	['lajats]

11. De belangrijkste werkwoorden. Deel 4

vallen (ww)	падаць	['padats]
vangen (ww)	лавіць	[la'wits]
veranderen (anders maken)	змяніць	[zʲmʲa'nits]
verbaasd zijn (ww)	здзіўляцца	[zʲdziu'ʎatsa]
verbergen (ww)	хаваць	[ha'vats]

verdedigen (je land ~)	абараняць	[abara'ɲats]
verenigen (ww)	аб'ядноўваць	[abʰjad'nouvats]
vergelijken (ww)	параўноўваць	[parau'nouvats]
vergeten (ww)	забываць	[zabɪ'vats]
vergeven (ww)	выбачаць	[vɪba'tʃats]

verklaren (uitleggen)	тлумачыць	[tlu'matʃɪts]
verkopen (per stuk ~)	прадаваць	[prada'vats]
vermelden (praten over)	згадваць	['zɣadvats]
versieren (decoreren)	упрыгожваць	[uprɪ'ɣoʒvats]
vertalen (ww)	перакладаць	[pɛrakla'dats]

vertrouwen (ww)	давяраць	[davʲa'rats]
vervolgen (ww)	працягваць	[pra'tsʲaɣvats]
verwarren (met elkaar ~)	блытаць	['blɪtats]
verzoeken (ww)	прасіць	[pra'sits]
verzuimen (school, enz.)	прапускаць	[prapus'kats]
vinden (ww)	знаходзіць	[zna'hodzits]
vliegen (ww)	ляцець	[ʎa'tsɛts]

volgen (ww)	накіроўвацца	[naki'rɔuvatsa]
voorstellen (ww)	прапаноўваць	[prapa'nɔuvats]
voorzien (verwachten)	прадбачыць	[prad'batʃits]
vragen (ww)	пытаць	[pɪ'tats]
waarnemen (ww)	назіраць	[nazi'rats]
waarschuwen (ww)	папярэджваць	[papʲa'rɛdʒvats]
wachten (ww)	чакаць	[tʃa'kats]
weerspreken (ww)	пярэчыць	[pʲa'rɛtʃits]
weigeren (ww)	адмаўляцца	[admau'ʎatsa]
werken (ww)	працаваць	[pratsa'vats]
weten (ww)	ведаць	['wɛdats]
willen (verlangen)	хацець	[ha'tsɛts]
zeggen (ww)	сказаць	[ska'zats]
zich haasten (ww)	спяшацца	[sʲpʲa'ʃatsa]
zich interesseren voor ...	цікавіцца	[tsi'kawitsa]
zich vergissen (ww)	памыляцца	[pamɪ'ʎatsa]
zich verontschuldigen	прасіць прабачэння	[pra'sits praba'tʃɛnja]
zien (ww)	бачыць	['batʃits]
zijn (ww)	быць	[bɪts]
zoeken (ww)	шукаць	[ʃu'kats]
zwemmen (ww)	плаваць	['plavats]
zwijgen (ww)	маўчаць	[mau'tʃats]

12. Kleuren

kleur (de)	колер (м)	['kolɛr]
tint (de)	адценне (н)	[a'tsɛŋɛ]
kleurnuance (de)	тон (м)	[ton]
regenboog (de)	вясёлка (ж)	[vʲa'sɔlka]
wit (bn)	белы	['bɛlɪ]
zwart (bn)	чорны	['tʃornɪ]
grijs (bn)	шэры	['ʃɛrɪ]
groen (bn)	зялёны	[zʲa'lɔnɪ]
geel (bn)	жоўты	['ʒoutɪ]
rood (bn)	чырвоны	[tʃɪr'vonɪ]
blauw (bn)	сіні	['sini]
lichtblauw (bn)	блакітны	[bla'kitnɪ]
roze (bn)	ружовы	[ru'ʒovɪ]
oranje (bn)	аранжавы	[a'ranʒavɪ]
violet (bn)	фіялетавы	[fija'lɛtavɪ]
bruin (bn)	карычневы	[ka'rɪtʃnɛvɪ]
goud (bn)	залаты	[zala'tɪ]
zilverkleurig (bn)	серабрысты	[sɛrab'rɪstɪ]
beige (bn)	бэжавы	['bɛʒavɪ]
roomkleurig (bn)	крэмавы	['krɛmavɪ]

turkoois (bn)	бірузовы	[biruˈzɔvɪ]
kersrood (bn)	вішнёвы	[wiʃˈnɜvɪ]
lila (bn)	ліловы	[liˈlɔvɪ]
karmijnrood (bn)	малінавы	[maˈlinavɪ]

licht (bn)	светлы	[ˈsʲwɛtlɪ]
donker (bn)	цёмны	[ˈʦɜmnɪ]
fel (bn)	яркі	[ˈjarki]

kleur-, kleurig (bn)	каляровы	[kaʎaˈrɔvɪ]
kleuren- (abn)	каляровы	[kaʎaˈrɔvɪ]
zwart-wit (bn)	чорна-белы	[ˈʧɔrna ˈbɛlɪ]
eenkleurig (bn)	аднакаляровы	[adnakaʎaˈrɔvɪ]
veelkleurig (bn)	рознакаляровы	[rɔznakaʎaˈrɔvɪ]

13. Vragen

Wie?	Хто?	[htɔ]
Wat?	Што?	[ʃtɔ]
Waar?	Дзе?	[dzɛ]
Waarheen?	Куды?	[kuˈdɪ]
Waar … vandaan?	Адкуль?	[atˈkuʎ]
Wanneer?	Калі?	[kaˈli]
Waarom?	Навошта?	[naˈvɔʃta]
Waarom?	Чаму?	[ʧaˈmu]

Waarvoor dan ook?	Для чаго?	[dʎa ʧaˈɣɔ]
Hoe?	Як?	[jak]
Wat voor …?	Які?	[jaˈki]
Welk?	Каторы?	[kaˈtɔrɪ]

Aan wie?	Каму?	[kaˈmu]
Over wie?	Пра каго?	[pra kaˈɣɔ]
Waarover?	Пра што?	[pra ˈʃtɔ]
Met wie?	З кім?	[s kim]

| Hoeveel? | Колькі? | [ˈkɔʎki] |
| Van wie? (mann.) | Чый? | [ʧɪj] |

14. Functiewoorden. Bijwoorden. Deel 1

Waar?	Дзе?	[dzɛ]
hier (bw)	тут	[tut]
daar (bw)	там	[tam]

| ergens (bw) | дзесьці | [ˈdzɛsʲʦi] |
| nergens (bw) | нідзе | [niˈdzɛ] |

bij … (in de buurt)	ля …	[ʎa]
bij het raam	ля акна	[ʎa akˈna]
Waarheen?	Куды?	[kuˈdɪ]
hierheen (bw)	сюды	[syˈdɪ]

daarheen (bw)	туды	[tu'dɪ]
hiervandaan (bw)	адсюль	[a'tsyʎ]
daarvandaan (bw)	адтуль	[at'tuʎ]
dichtbij (bw)	блізка	['bliska]
ver (bw)	далёка	[da'lɔka]
in de buurt (van ...)	каля	[ka'ʎa]
vlakbij (bw)	побач	['pɔbatʃ]
niet ver (bw)	недалёка	[nɛda'lɔka]
linker (bn)	левы	['lɛvɪ]
links (bw)	злева	['zʲlɛva]
linksaf, naar links (bw)	налева	[na'lɛva]
rechter (bn)	правы	['pravɪ]
rechts (bw)	справа	['sprava]
rechtsaf, naar rechts (bw)	направа	[nap'rava]
vooraan (bw)	спераду	['sʲpɛradu]
voorste (bn)	пярэдні	[pʲa'rɛdni]
vooruit (bw)	наперад	[na'pɛrat]
achter (bw)	ззаду	['zzadu]
van achteren (bw)	ззаду	['zzadu]
achteruit (naar achteren)	назад	[na'zat]
midden (het)	сярэдзіна (ж)	[sʲa'rɛdzina]
in het midden (bw)	пасярэдзіне	[pasʲa'rɛdzinɛ]
opzij (bw)	збоку	['zbɔku]
overal (bw)	усюды	[u'sydɪ]
omheen (bw)	навакол	[nava'kɔl]
binnenuit (bw)	знутры	[znut'rɪ]
naar ergens (bw)	кудысьці	[ku'dɪsʲtsi]
rechtdoor (bw)	наўпрост	[naup'rɔst]
terug (bijv. ~ komen)	назад	[na'zat]
ergens vandaan (bw)	адкуль-небудзь	[at'kuʎ 'nɛbuts]
ergens vandaan (en dit geld moet ~ komen)	аднекуль	[ad'nɛkuʎ]
ten eerste (bw)	па-першае	[pa 'pɛrʃaɛ]
ten tweede (bw)	па-другое	[pa dru'ɣɔɛ]
ten derde (bw)	па-трэцяе	[pa 'trɛtsʲaɛ]
plotseling (bw)	раптам	['raptam]
in het begin (bw)	напачатку	[napa'tʃatku]
voor de eerste keer (bw)	упершыню	[upɛrʃɪ'ny]
lang voor ... (bw)	задоўга да ...	[za'dɔuɣa da]
opnieuw (bw)	нанава	['nanava]
voor eeuwig (bw)	назусім	[nazu'sim]
nooit (bw)	ніколі	[ni'kɔli]
weer (bw)	зноўку	['znɔuku]

nu (bw)	цяпер	[ts'a'pɛr]
vaak (bw)	часта	['t͡ʃasta]
toen (bw)	тады	[ta'dɪ]
urgent (bw)	тэрмінова	[tɛrmi'nova]
meestal (bw)	звычайна	[zvɪ't͡ʃajna]

trouwens, ... (tussen haakjes)	дарэчы	[da'rɛt͡ʃɪ]
mogelijk (bw)	магчыма	[mah't͡ʃɪma]
waarschijnlijk (bw)	напэўна	[na'pɛuna]
misschien (bw)	мабыць	['mabɪt͡s]
trouwens (bw)	акрамя таго, ...	[akra'm'a ta'ɣɔ]
daarom ...	таму	[ta'mu]
in weerwil van ...	нягледзячы на ...	[ɲaɣ'lɛdz'at͡ʃɪ na]
dankzij ...	дзякуючы ...	['dz'akujut͡ʃɪ]

wat (vn)	што	[ʃtɔ]
dat (vw)	што	[ʃtɔ]
iets (vn)	нешта	['nɛʃta]
iets	што-небудзь	[ʃtɔ'nɛbut͡s]
niets (vn)	нічога	[ni't͡ʃɔɣa]

wie (~ is daar?)	хто	[htɔ]
iemand (een onbekende)	хтосьці	['htɔs'tsi]
iemand (een bepaald persoon)	хто-небудзь	[htɔ'nɛbut͡s]

niemand (vn)	ніхто	[nih'tɔ]
nergens (bw)	нікуды	[ni'kudɪ]
niemands (bn)	нічый	[ni't͡ʃɪj]
iemands (bn)	чый-небудзь	[t͡ʃɪj'nɛbut͡s]

zo (Ik ben ~ blij)	так	[tak]
ook (evenals)	таксама	[tak'sama]
alsook (eveneens)	таксама	[tak'sama]

15. Functiewoorden. Bijwoorden. Deel 2

Waarom?	Чаму?	[t͡ʃa'mu]
om een bepaalde reden	чамусьці	[t͡ʃa'mus'tsi]
omdat ...	бо ...	[bɔ]
voor een bepaald doel	наштосьці	[naʃ'tɔs'tsi]

en (vw)	і	[i]
of (vw)	або	[a'bɔ]
maar (vw)	але	[a'lɛ]
voor (vz)	для	[dʎa]

te (~ veel mensen)	занадта	[za'natta]
alleen (bw)	толькі	['tɔʎki]
precies (bw)	дакладна	[dak'ladna]
ongeveer (~ 10 kg)	каля	[ka'ʎa]
omstreeks (bw)	прыблізна	[prɪb'lizna]
bij benadering (bn)	прыблізны	[prɪb'liznɪ]

bijna (bw)	амаль	[a'maʎ]
rest (de)	астатняе (н)	[as'tatɲaɛ]
elk (bn)	кожны	['kɔʒnɪ]
om het even welk	любы	[ly'bɪ]
veel (grote hoeveelheid)	шмат	[ʃmat]
veel mensen	многія	['mnɔɣija]
iedereen (alle personen)	усе	[u'sɛ]
in ruil voor ...	у абмен на ...	[u ab'mɛn na]
in ruil (bw)	наўзамен	[nauza'mɛn]
met de hand (bw)	уручную	[urutʃ'nuju]
onwaarschijnlijk (bw)	наўрад ці	[nau'ratsi]
waarschijnlijk (bw)	пэўна	['pɛuna]
met opzet (bw)	знарок	[zna'rɔk]
toevallig (bw)	выпадкова	[vɪpat'kɔva]
zeer (bw)	вельмі	['wɛʎmi]
bijvoorbeeld (bw)	напрыклад	[nap'rɪklat]
tussen (~ twee steden)	між	[miʃ]
tussen (te midden van)	сярод	[sʲa'rɔt]
zoveel (bw)	столькі	['stɔʎki]
vooral (bw)	асабліва	[asab'liva]

Basisbegrippen Deel 2

16. Dagen van de week

maandag (de)	панядзелак (м)	[paɲa'dzɛlak]
dinsdag (de)	аўторак (м)	[au'tɔrak]
woensdag (de)	серада (ж)	[sɛra'da]
donderdag (de)	чацвер (м)	[tʃats'wɛr]
vrijdag (de)	пятніца (ж)	['pʲatnitsa]
zaterdag (de)	субота (ж)	[su'bɔta]
zondag (de)	нядзеля (ж)	[ɲa'dzɛʎa]
vandaag (bw)	сёння	['sɜɲa]
morgen (bw)	заўтра	['zautra]
overmorgen (bw)	паслязаўтра	[pasʲʎa'zautra]
gisteren (bw)	учора	[u'tʃɔra]
eergisteren (bw)	заўчора	[zau'tʃɔra]
dag (de)	дзень (м)	[dzɛɲ]
werkdag (de)	працоўны дзень (м)	[pra'tsɔunɪ 'dzɛɲ]
feestdag (de)	святочны дзень (м)	[sʲvʲa'tɔtʃnɪ 'dzɛɲ]
verlofdag (de)	выхадны дзень (м)	[vɪhad'nɪ 'dzɛɲ]
weekend (het)	выхадныя (м мн)	[vɪhad'nɪja]
de hele dag (bw)	увесь дзень	[u'wɛzʲ 'dzɛɲ]
de volgende dag (bw)	на наступны дзень	[na nas'tupnɪ 'dzɛɲ]
twee dagen geleden	два дні таму	[dva 'dni ta'mu]
aan de vooravond (bw)	напярэдадні	[napʲa'rɛdadni]
dag-, dagelijks (bn)	штодзённы	[ʃtɔ'dzɜnɪ]
elke dag (bw)	штодня	[ʃtɔd'ɲa]
week (de)	тыдзень (м)	['tɪdzɛɲ]
vorige week (bw)	на мінулым тыдні	[na mi'nulɪm 'tɪdni]
volgende week (bw)	на наступным тыдні	[na nas'tupnɪm 'tɪdni]
wekelijks (bn)	штотыднёвы	[ʃtɔtɪd'nɜvɪ]
elke week (bw)	штотыдзень	[ʃtɔ'tɪdzɛɲ]
twee keer per week	два разы на тыдзень	['dva ra'zɪ na 'tɪdzɛɲ]
elke dinsdag	штоаўторак	[ʃtɔau'tɔrak]

17. Uren. Dag en nacht

morgen (de)	ранак (м)	['ranak]
's morgens (bw)	ранкам	['raŋkam]
middag (de)	поўдзень (м)	['pɔudzɛɲ]
's middags (bw)	пасля абеду	[pasʲ'ʎa a'bɛdu]
avond (de)	вечар (м)	['wɛtʃar]
's avonds (bw)	увечар	[u'wɛtʃar]

nacht (de)	ноч (ж)	[nɔtʃ]
's nachts (bw)	уначы	[una'tʃı]
middernacht (de)	поўнач (ж)	['pɔunatʃ]

seconde (de)	секунда (ж)	[sɛ'kunda]
minuut (de)	хвіліна (ж)	[hwi'lina]
uur (het)	гадзіна (ж)	[ɣa'dzina]
halfuur (het)	паўгадзіны	[pauɣa'dzinı]
kwartier (het)	чвэрць (ж) гадзіны	['tʃvɛrdzⁱ ɣa'dzinı]
vijftien minuten	пятнаццаць хвілін	[pⁱat'natsats hwi'lin]
etmaal (het)	суткі (мн)	['sutki]

zonsopgang (de)	узыход (м) сонца	[uzı'hɔt 'sɔntsa]
dageraad (de)	світанак (м)	[sⁱwi'tanak]
vroege morgen (de)	ранічка (ж)	['ranitʃka]
zonsondergang (de)	захад (м)	['zahat]

's morgens vroeg (bw)	ранічкаю	['ranitʃkaju]
vanmorgen (bw)	сёння ранкам	['sɔŋja 'raŋkam]
morgenochtend (bw)	заўтра ранкам	['zautra 'raŋkam]

vanmiddag (bw)	сёння ўдзень	['sɔŋja u'dzɛɲ]
's middags (bw)	пасля абеду	[pasⁱ'ʎa a'bɛdu]
morgenmiddag (bw)	заўтра пасля абеду	['zautra pasⁱ'ʎa a'bɛdu]

| vanavond (bw) | сёння ўвечары | ['sɔŋja u'wɛtʃarı] |
| morgenavond (bw) | заўтра ўвечары | ['zautra u'wɛtʃarı] |

klokslag drie uur	роўна а трэцяй гадзіне	['rɔuna a 'trɛtsⁱaj ɣa'dzinɛ]
ongeveer vier uur	каля чацвёртай гадзіны	[ka'ʎa tʃats'wɔrtaj ɣa'dzinı]
tegen twaalf uur	пад дванаццатую гадзіну	[pad dva'natsatuju ɣa'dzinu]

over twintig minuten	праз дваццаць хвілін	[praz 'dvatsats hwi'lin]
over een uur	праз гадзіну	[praz ɣa'dzinu]
op tijd (bw)	своечасова	[svɔɛtʃa'sɔva]

kwart voor ...	без чвэрці	[bⁱaʃ 'tʃvɛrtsi]
binnen een uur	на працягу гадзіны	[na pra'tsⁱaɣu ɣa'dzinı]
elk kwartier	кожныя пятнаццаць хвілін	['kɔʒnija pⁱat'natsats hwi'lin]
de klok rond	круглыя суткі (мн)	['kruɣlija 'sutki]

18. Maanden. Seizoenen

januari (de)	студзень (м)	['studzɛɲ]
februari (de)	люты (м)	['lytı]
maart (de)	сакавік (м)	[saka'wik]
april (de)	красавік (м)	[krasa'wik]
mei (de)	май (м)	[maj]
juni (de)	чэрвень (м)	['tʃɛrwɛɲ]

juli (de)	ліпень (м)	['lipɛɲ]
augustus (de)	жнівень (м)	['ʒniwɛɲ]
september (de)	верасень (м)	['wɛrasɛɲ]

oktober (de)	кастрычнік (м)	[kast'rɪtʃnik]
november (de)	лістапад (м)	[lista'pat]
december (de)	снежань (м)	['sʲnɛʒaɲ]
lente (de)	вясна (ж)	[vʲas'na]
in de lente (bw)	увесну	[u'wɛsnu]
lente- (abn)	вясновы	[vʲas'nɔvɪ]
zomer (de)	лета (н)	['lɛta]
in de zomer (bw)	улетку	[u'lɛtku]
zomer-, zomers (bn)	летні	['lɛtni]
herfst (de)	восень (ж)	['vɔsɛɲ]
in de herfst (bw)	увосень	[u'vɔsɛɲ]
herfst- (abn)	восеньскі	['vɔsɛɲski]
winter (de)	зіма (ж)	[zi'ma]
in de winter (bw)	узімку	[u'zimku]
winter- (abn)	зімовы	[zi'mɔvɪ]
maand (de)	месяц (м)	['mɛsʲats]
deze maand (bw)	у гэтым месяцы	[u 'ɣɛtɪm 'mɛsʲatsɪ]
volgende maand (bw)	у наступным месяцы	[u nas'tupnɪm 'mɛsʲatsɪ]
vorige maand (bw)	у мінулым месяцы	[u mi'nulɪm 'mɛsʲatsɪ]
een maand geleden (bw)	месяц таму	['mɛsʲats ta'mu]
over een maand (bw)	праз месяц	[praz 'mɛsʲats]
over twee maanden (bw)	праз два месяцы	[praz 'dva 'mɛsʲatsɪ]
de hele maand (bw)	увесь месяц	[u'wɛsʲ 'mɛsʲats]
een volle maand (bw)	цэлы месяц	['tsɛlɪ 'mɛsʲats]
maand-, maandelijks (bn)	штомесячны	[ʃtɔ'mɛsʲatʃnɪ]
maandelijks (bw)	штомесяц	[ʃtɔ'mɛsʲats]
elke maand (bw)	штомесяц	[ʃtɔ'mɛsʲats]
twee keer per maand	два разы на месяц	[dva ra'zɪ na 'mɛsʲats]
jaar (het)	год (м)	[ɣɔt]
dit jaar (bw)	сёлета	['sʲɔlɛta]
volgend jaar (bw)	налета	[na'lɛta]
vorig jaar (bw)	летась	['lɛtasʲ]
een jaar geleden (bw)	год таму	['ɣɔt ta'mu]
over een jaar	праз год	[praz 'ɣɔt]
over twee jaar	праз два гады	[praz dva ɣa'dɪ]
het hele jaar	увесь год	[u'wɛzʲ 'ɣɔt]
een vol jaar	цэлы год	['tsɛlɪ 'ɣɔt]
elk jaar	штогод	[ʃtɔ'ɣɔt]
jaar-, jaarlijks (bn)	штогадовы	[ʃtɔɣa'dɔvɪ]
jaarlijks (bw)	штогод	[ʃtɔ'ɣɔt]
4 keer per jaar	чатыры разы на год	[tʃa'tɪrɪ ra'zɪ na 'ɣɔt]
datum (de)	дзень (м)	[dzɛɲ]
datum (de)	дата (ж)	['data]
kalender (de)	каляндар (м)	[kaʎan'dar]
een half jaar	паўгода	[pau'ɣɔda]

zes maanden	паўгоддзе (н)	[pauˈɣɔddzɛ]
seizoen (bijv. lente, zomer)	сезон (м)	[sɛˈzɔn]
eeuw (de)	стагоддзе (н)	[staˈɣɔddzɛ]

19. Tijd. Diversen

tijd (de)	час (м)	[ˈʧas]
ogenblik (het)	імгненне (н)	[imɣˈnɛŋɛ]
moment (het)	момант (н)	[mɔmant]
ogenblikkelijk (bn)	імгненны	[imɣˈnɛŋɪ]
tijdsbestek (het)	адрэзак (м)	[adˈrɛzak]
leven (het)	жыццё (н)	[ʒɪˈʦɔ]
eeuwigheid (de)	вечнасць (ж)	[ˈwɛʧnasʲʦ]

epoche (de), tijdperk (het)	эпоха (ж)	[ɛˈpɔha]
era (de), tijdperk (het)	эра (ж)	[ˈɛra]
cyclus (de)	цыкл (м)	[ʦɪkl]
periode (de)	перыяд (м)	[pɛˈrɪjat]
termijn (vastgestelde periode)	тэрмін (м)	[ˈtɛrmin]

toekomst (de)	будучыня (ж)	[ˈbudutʃɪɲa]
toekomstig (bn)	будучы	[ˈbudutʃɪ]
de volgende keer	наступным разам	[nasˈtupnɪm ˈrazam]

verleden (het)	мінуўшчына (ж)	[miˈnuːʃʧɪna]
vorig (bn)	мінулы	[miˈnulɪ]
de vorige keer	мінулым разам	[miˈnulɪm ˈrazam]

later (bw)	пазней	[pazʲˈnɛj]
na (~ het diner)	пасля	[pasʲˈʎa]
tegenwoordig (bw)	цяпер	[ʦʲaˈpɛr]
nu (bw)	цяпер	[ʦʲaˈpɛr]
onmiddellijk (bw)	неадкладна	[nɛatkˈladna]
snel (bw)	неўзабаве	[nɛuzaˈbawɛ]
bij voorbaat (bw)	загадзя	[ˈzaɣadzʲa]

lang geleden (bw)	даўно	[dauˈnɔ]
kort geleden (bw)	нядаўна	[ɲaˈdauna]
noodlot (het)	лёс (м)	[ˈlɔs]
herinneringen (mv.)	памяць (ж)	[ˈpamʲaʦ]
archief (het)	архіў (м)	[arˈhiu]

tijdens ... (ten tijde van)	падчас ...	[paˈʧas]
lang (bw)	доўга	[ˈdouɣa]
niet lang (bw)	нядоўга	[ɲaˈdouɣa]

| vroeg (bijv. ~ in de ochtend) | рана | [ˈrana] |
| laat (bw) | позна | [ˈpɔzna] |

voor altijd (bw)	назаўжды	[nazauʒˈdɪ]
beginnen (ww)	пачынаць	[paʧɪˈnaʦ]
uitstellen (ww)	перанесці	[pɛraˈnɛsʲʦi]
tegelijkertijd (bw)	адначасова	[adnaʧaˈsɔva]
voortdurend (bw)	заўсёды	[zauˈsɔdɪ]

29

| constant (bijv. ~ lawaai) | заўсёдны | [zau'sɜdnɪ] |
| tijdelijk (bn) | часовы | [ʧa'sɔvɪ] |

soms (bw)	часам	['ʧasam]
zelden (bw)	рэдка	['rɛtka]
vaak (bw)	часта	['ʧasta]

20. Tegenovergestelden

| rijk (bn) | багаты | [ba'ɣatɪ] |
| arm (bn) | бедны | ['bɛdnɪ] |

| ziek (bn) | хворы | ['hvɔrɪ] |
| gezond (bn) | здаровы | [zda'rɔvɪ] |

| groot (bn) | вялікі | [vʲa'liki] |
| klein (bn) | маленькі | [ma'lɛɲki] |

| snel (bw) | хутка | ['hutka] |
| langzaam (bw) | павольна | [pa'vɔʎna] |

| snel (bn) | хуткі | ['hutki] |
| langzaam (bn) | павольны | [pa'vɔʎnɪ] |

| vrolijk (bn) | вясёлы | [vʲa'sɜlɪ] |
| treurig (bn) | сумны | ['sumnɪ] |

| samen (bw) | разам | ['razam] |
| apart (bw) | асобна | [a'sɔbna] |

| hardop (~ lezen) | уголас | [u'ɣɔlas] |
| stil (~ lezen) | сам сабе | [sam sa'bɛ] |

| hoog (bn) | высокі | [vɪ'sɔki] |
| laag (bn) | нізкі | ['niski] |

| diep (bn) | глыбокі | [ɣlɪ'bɔki] |
| ondiep (bn) | мелкі | ['mɛlki] |

| ja | так | [tak] |
| nee | не | ['nɛ] |

| ver (bn) | далёкі | [da'lɜki] |
| dicht (bn) | блізкі | ['bliski] |

| ver (bw) | далёка | [da'lɜka] |
| dichtbij (bw) | побач | ['pɔbaʧ] |

| lang (bn) | доўгі | ['dɔuɣi] |
| kort (bn) | кароткі | [ka'rɔtki] |

vriendelijk (goedhartig)	добры	['dɔbrɪ]
kwaad (bn)	злы	[zlɪ]
gehuwd (mann.)	жанаты	[ʒa'natɪ]

ongehuwd (mann.)	халасты	[halas'tı]
verbieden (ww)	забараніць	[zabara'nits]
toestaan (ww)	дазволіць	[daz'vɔlits]
einde (het)	канец (м)	[ka'nɛts]
begin (het)	пачатак (м)	[pa'tʃatak]
linker (bn)	левы	['lɛvı]
rechter (bn)	правы	['pravı]
eerste (bn)	першы	['pɛrʃı]
laatste (bn)	апошні	[a'poʃni]
misdaad (de)	злачынства (н)	[zla'tʃınstva]
bestraffing (de)	пакаранне (н)	[paka'raŋɛ]
bevelen (ww)	загадаць	[zaɣa'dats]
gehoorzamen (ww)	падпарадкавацца	[patparatka'vatsa]
recht (bn)	прамы	[pra'mı]
krom (bn)	крывы	[krı'vı]
paradijs (het)	рай (м)	[raj]
hel (de)	пекла (н)	['pɛkla]
geboren worden (ww)	нарадзіцца	[nara'dzitsa]
sterven (ww)	памерці	[pa'mɛrtsi]
sterk (bn)	моцны	['mɔtsnı]
zwak (bn)	слабы	['slabı]
oud (bn)	стары	[sta'rı]
jong (bn)	малады	[mala'dı]
oud (bn)	стары	[sta'rı]
nieuw (bn)	новы	['nɔvı]
hard (bn)	цвёрды	['tswɜrdı]
zacht (bn)	мяккі	['mʲakki]
warm (bn)	цёплы	['tsɜplı]
koud (bn)	халодны	[ha'lɔdnı]
dik (bn)	тоўсты	['tɔustı]
dun (bn)	худы	[hu'dı]
smal (bn)	вузкі	['vuski]
breed (bn)	шырокі	[ʃı'rɔki]
goed (bn)	добры	['dɔbrı]
slecht (bn)	дрэнны	['drɛŋı]
moedig (bn)	адважны	[ad'vaʒnı]
laf (bn)	баязлівы	[bajaz'ʲlivı]

21. Lijnen en vormen

vierkant (het)	квадрат (м)	[kvad'rat]
vierkant (bn)	квадратны	[kvad'ratnɪ]
cirkel (de)	круг (м)	[kruh]
rond (bn)	круглы	['kruɣlɪ]
driehoek (de)	трохвугольнік (м)	[trɔhvu'ɣɔʎnik]
driehoekig (bn)	трохвугольны	[trɔhvu'ɣɔʎnɪ]
ovaal (het)	авал (м)	[a'val]
ovaal (bn)	авальны	[a'vaʎnɪ]
rechthoek (de)	прамавугольнік (м)	[pramavu'ɣɔʎnik]
rechthoekig (bn)	прамавугольны	[pramavu'ɣɔʎnɪ]
piramide (de)	піраміда (ж)	[pira'mida]
ruit (de)	ромб (м)	[rɔmp]
trapezium (het)	трапецыя (ж)	[tra'pɛtsɪja]
kubus (de)	куб (м)	[kup]
prisma (het)	прызма (ж)	['prɪzma]
omtrek (de)	акружнасць (ж)	[ak'ruʒnasʲts]
bol, sfeer (de)	сфера (ж)	['sfɛra]
bal (de)	шар (м)	[ʃar]
diameter (de)	дыяметр (м)	[dɪ'jamɛtr]
straal (de)	радыус (м)	['radɪus]
omtrek (~ van een cirkel)	перыметр (м)	[pɛ'rɪmɛtr]
middelpunt (het)	цэнтр (м)	[tsɛntr]
horizontaal (bn)	гарызантальны	[ɣarɪzan'taʎnɪ]
verticaal (bn)	вертыкальны	[wɛrtɪ'kaʎnɪ]
parallel (de)	паралель (ж)	[para'lɛʎ]
parallel (bn)	паралельны	[para'lɛʎnɪ]
lijn (de)	лінія (ж)	['linija]
streep (de)	рыса (ж)	['rɪsa]
rechte lijn (de)	прамая (ж)	[pra'maja]
kromme (de)	крывая (ж)	[krɪ'vaja]
dun (bn)	тонкі	['tɔŋki]
omlijning (de)	контур (м)	['kɔntur]
snijpunt (het)	перасячэнне (н)	[pɛrasʲa'ʧɛŋɛ]
rechte hoek (de)	прамы вугал (м)	[pra'mɪ 'vuɣal]
segment (het)	сегмент (м)	[sɛɣ'mɛnt]
sector (de)	сектар (м)	['sɛktar]
zijde (de)	старана (ж)	[stara'na]
hoek (de)	вугал (м)	['vuɣal]

22. Meeteenheden

gewicht (het)	вага (ж)	[va'ɣa]
lengte (de)	даўжыня (ж)	[dauʒɪ'ɲa]
breedte (de)	шырыня (ж)	[ʃɪrɪ'ɲa]
hoogte (de)	вышыня (ж)	[vɪʃɪ'ɲa]

diepte (de)	глыбіня (ж)	[ɣlɪbiˈɲa]
volume (het)	аб'ём (м)	[abʰɜm]
oppervlakte (de)	плошча (ж)	[ˈplɔʃʧa]

gram (het)	грам (м)	[ɣram]
milligram (het)	міліграм (м)	[miliɣˈram]
kilogram (het)	кілаграм (м)	[kilaɣˈram]
ton (duizend kilo)	тона (ж)	[ˈtɔna]
pond (het)	фунт (м)	[funt]
ons (het)	унцыя (ж)	[ˈunʦɪja]

meter (de)	метр (м)	[mɛtr]
millimeter (de)	міліметр (м)	[miliˈmɛtr]
centimeter (de)	сантыметр (м)	[santɪˈmɛtr]
kilometer (de)	кіламетр (м)	[kilaˈmɛtr]
mijl (de)	міля (ж)	[ˈmiʎa]

duim (de)	цаля (ж)	[ˈʦaʎa]
voet (de)	фут (м)	[fut]
yard (de)	ярд (м)	[jart]

| vierkante meter (de) | квадратны метр (м) | [kvadˈratnɪ ˈmɛtr] |
| hectare (de) | гектар (м) | [ɣɛkˈtar] |

liter (de)	літр (м)	[litr]
graad (de)	градус (м)	[ˈɣradus]
volt (de)	вольт (м)	[vɔʎt]
ampère (de)	ампер (м)	[amˈpɛr]
paardenkracht (de)	конская сіла (ж)	[ˈkɔnskaja ˈsila]

hoeveelheid (de)	колькасць (ж)	[ˈkɔʎkasʲʦ]
een beetje ...	трохі ...	[ˈtrɔhi]
helft (de)	палова (ж)	[paˈlɔva]
dozijn (het)	тузін (м)	[ˈtuzin]
stuk (het)	штука (ж)	[ˈʃtuka]

| afmeting (de) | памер (м) | [paˈmɛr] |
| schaal (bijv. ~ van 1 op 50) | маштаб (м) | [maʃˈtap] |

minimaal (bn)	мінімальны	[miniˈmaʎnɪ]
minste (bn)	найменшы	[najˈmɛnʃi]
medium (bn)	сярэдні	[sʲaˈrɛdni]
maximaal (bn)	максімальны	[maksiˈmaʎnɪ]
grootste (bn)	найбольшы	[najˈbɔʎʃɪ]

23. Containers

glazen pot (de)	слоік (м)	[ˈslɔik]
blik (conserven~)	бляшанка (ж)	[bʎaˈʃaŋka]
emmer (de)	вядро (н)	[vʲadˈrɔ]
ton (bijv. regenton)	бочка (ж)	[ˈbɔʧka]

| ronde waterbak (de) | таз (м) | [tas] |
| tank (bijv. watertank-70-ltr) | бак (м) | [bak] |

heupfles (de)	біклажка (ж)	[bik'laʃka]
jerrycan (de)	каністра (ж)	[ka'nistra]
tank (bijv. ketelwagen)	цыстэрна (ж)	[tsɪs'tɛrna]

beker (de)	кубак (м)	['kubak]
kopje (het)	кубак (м)	['kubak]
schoteltje (het)	сподак (м)	['spɔdak]
glas (het)	шклянка (ж)	['ʃkʎaŋka]
wijnglas (het)	келіх (м)	['kɛlih]
steelpan (de)	рондаль (м)	['rɔndaʎ]

| fles (de) | бутэлька (ж) | [bu'tɛʎka] |
| flessenhals (de) | рыльца (н) | ['rɪʎtsa] |

karaf (de)	графін (м)	[ɣra'fin]
kruik (de)	збан (м)	[zban]
vat (het)	пасудзіна (ж)	[pa'sudzina]
pot (de)	гаршчок (м)	[ɣarʃ'ʧɔk]
vaas (de)	ваза (ж)	['vaza]

flacon (de)	флакон (м)	[fla'kɔn]
flesje (het)	бутэлечка (ж)	[bu'tɛlɛʧka]
tube (bijv. ~ tandpasta)	цюбік (м)	['tsybik]

zak (bijv. ~ aardappelen)	мяшок (м)	[mʲa'ʃɔk]
tasje (het)	пакет (м)	[pa'kɛt]
pakje (~ sigaretten, enz.)	пачак (м)	['paʧak]

doos (de)	каробка (ж)	[ka'rɔpka]
kist (de)	скрынка (ж)	['skrɪŋka]
mand (de)	кош (м)	[kɔʃ]

24. Materialen

materiaal (het)	матэрыял (м)	[matɛrɪ'jal]
hout (het)	дрэва (н)	['drɛva]
houten (bn)	драўляны	[drau'ʎanɪ]

| glas (het) | шкло (н) | [ʃklɔ] |
| glazen (bn) | шкляны | [ʃkʎa'nɪ] |

| steen (de) | камень (м) | ['kamɛɲ] |
| stenen (bn) | каменны | [ka'mɛɲɪ] |

| plastic (het) | пластык (м) | ['plastɪk] |
| plastic (bn) | пластмасавы | [plast'masavɪ] |

| rubber (het) | гума (ж) | ['ɣuma] |
| rubber-, rubberen (bn) | гумовы | [ɣu'mɔvɪ] |

stof (de)	тканіна (ж)	[tka'nina]
van stof (bn)	з тканіны	[s tka'ninɪ]
papier (het)	папера (ж)	[pa'pɛra]
papieren (bn)	папяровы	[papʲa'rɔvɪ]

karton (het)	кардон (м)	[kar'dɔn]
kartonnen (bn)	кардонны	[kar'dɔɲı]
polyethyleen (het)	поліэтылен (м)	[pɔliɛtı'lɛn]
cellofaan (het)	цэлафан (м)	[tsɛla'fan]
multiplex (het)	фанера (ж)	[fa'nɛra]
porselein (het)	фарфор (м)	[far'fɔr]
porseleinen (bn)	фарфоравы	[far'fɔravı]
klei (de)	гліна (ж)	['ɣlina]
klei-, van klei (bn)	гліняны	[ɣli'ɲanı]
keramiek (de)	кераміка (ж)	[kɛ'ramika]
keramieken (bn)	керамічны	[kɛra'mitʃnı]

25. Metalen

metaal (het)	метал (м)	[mɛ'tal]
metalen (bn)	металічны	[mɛta'litʃnı]
legering (de)	сплаў (м)	['splau]
goud (het)	золата (н)	['zɔlata]
gouden (bn)	залаты	[zala'tı]
zilver (het)	срэбра (н)	['srɛbra]
zilveren (bn)	срэбны	['srɛbnı]
IJzer (het)	жалеза (н)	[ʒa'lɛza]
IJzeren (bn)	жалезны	[ʒa'lɛznı]
staal (het)	сталь (ж)	[staʎ]
stalen (bn)	сталёвы	[sta'lɜvı]
koper (het)	медзь (ж)	[mɛts]
koperen (bn)	медны	['mɛdnı]
aluminium (het)	алюміній (м)	[aly'minij]
aluminium (bn)	алюмініевы	[aly'miniɛvı]
brons (het)	бронза (ж)	['brɔnza]
bronzen (bn)	бронзавы	['brɔnzavı]
messing (het)	латунь (ж)	[la'tuɲ]
nikkel (het)	нікель (м)	['nikɛʎ]
platina (het)	плаціна (ж)	['platsina]
kwik (het)	ртуць (ж)	[rtuts]
tin (het)	волава (н)	['vɔlava]
lood (het)	свінец (м)	[sʲwi'nɛts]
zink (het)	цынк (м)	[tsınk]

MENS

Mens. Het lichaam

26. Mensen. Basisbegrippen

mens (de)	чалавек (м)	[ʧala'wɛk]
man (de)	мужчына (м)	[muʃ'ʧɪna]
vrouw (de)	жанчына (ж)	[ʒan'ʧɪna]
kind (het)	дзіця (н)	[dzi'ʦʲa]
meisje (het)	дзяўчынка (ж)	[dzʲau'ʧɪŋka]
jongen (de)	хлопчык (м)	['hlɔpʧɪk]
tiener, adolescent (de)	падлетак (м)	[pad'lɛtak]
oude man (de)	стары (м)	[sta'rɪ]
oude vrouw (de)	старая (ж)	[sta'raja]

27. Menselijke anatomie

organisme (het)	арганізм (м)	[arɣa'nizm]
hart (het)	сэрца (н)	['sɛrʦa]
bloed (het)	кроў (ж)	['krɔu]
slagader (de)	артэрыя (ж)	[ar'tɛrɪja]
ader (de)	вена (ж)	['wɛna]
hersenen (mv.)	мозг (м)	[mɔsk]
zenuw (de)	нерв (м)	[nɛrv]
zenuwen (mv.)	нервы (м мн)	['nɛrvɪ]
wervel (de)	пазванок (м)	[pazva'nɔk]
ruggengraat (de)	пазваночнік (м)	[pazva'nɔʧnik]
maag (de)	страўнік (м)	['straunik]
darmen (mv.)	кішэчнік (м)	[ki'ʃɛʧnik]
darm (de)	кішка (ж)	['kiʃka]
lever (de)	печань (ж)	['pɛʧaɲ]
nier (de)	нырка (ж)	['nɪrka]
been (deel van het skelet)	косць (ж)	[kɔsʲʦ]
skelet (het)	шкілет (м)	[ʃki'lɛt]
rib (de)	рабро (н)	[rab'rɔ]
schedel (de)	чэрап (м)	['ʧɛrap]
spier (de)	цягліца (ж)	[ʦʲaɣ'liʦa]
biceps (de)	біцэпс (м)	['biʦɛps]
triceps (de)	трыцэпс (м)	['trɪʦɛps]
pees (de)	сухажылле (н)	[suha'ʒɪllɛ]
gewricht (het)	сустаў (м)	[sus'tau]

longen (mv.)	лёгкія (н мн)	['lɔhkija]
geslachtsorganen (mv.)	палавыя органы (м мн)	[pala'vija 'orɣanı]
huid (de)	скура (ж)	['skura]

28. Hoofd

hoofd (het)	галава (ж)	[ɣala'va]
gezicht (het)	твар (м)	[tvar]
neus (de)	нос (м)	[nɔs]
mond (de)	рот (м)	[rɔt]

oog (het)	вока (н)	['vɔka]
ogen (mv.)	вочы (н мн)	['vɔtʃı]
pupil (de)	зрэнка (ж)	['zrɛŋka]
wenkbrauw (de)	брыво (н)	[brı'vɔ]
wimper (de)	вейка (ж)	['wɛjka]
ooglid (het)	павека (н)	[pa'wɛka]

tong (de)	язык (м)	[ja'zık]
tand (de)	зуб (м)	[zup]
lippen (mv.)	губы (ж мн)	['ɣubı]
jukbeenderen (mv.)	скулы (ж мн)	['skulı]
tandvlees (het)	дзясна (ж)	[dzʲas'na]
gehemelte (het)	паднябенне (н)	[padɲa'bɛŋɛ]

neusgaten (mv.)	ноздры (ж мн)	['nɔzdrı]
kin (de)	падбародак (м)	[padba'rɔdak]
kaak (de)	сківіца (ж)	['skiwitsa]
wang (de)	шчака (ж)	[ʃtʃa'ka]

voorhoofd (het)	лоб (м)	[lɔp]
slaap (de)	скронь (ж)	[skrɔɲ]
oor (het)	вуха (н)	['vuha]
achterhoofd (het)	патыліца (ж)	[pa'tılitsa]
hals (de)	шыя (ж)	['ʃıja]
keel (de)	горла (н)	['ɣɔrla]

haren (mv.)	валасы (м мн)	[vala'sı]
kapsel (het)	прычоска (ж)	[prı'tʃɔska]
haarsnit (de)	стрыжка (ж)	['strıʃka]
pruik (de)	парык (м)	[pa'rık]

snor (de)	вусы (м мн)	['vusı]
baard (de)	барада (ж)	[bara'da]
dragen (een baard, enz.)	насіць	[na'sits]
vlecht (de)	каса (ж)	[ka'sa]
bakkebaarden (mv.)	бакенбарды (мн)	[bakɛn'bardı]

ros (roodachtig, rossig)	рыжы	['rıʒı]
grijs (~ haar)	сівы	[si'vı]
kaal (bn)	лысы	['lısı]
kale plek (de)	лысіна (ж)	['lısina]
paardenstaart (de)	хвост (м)	[hvɔst]
pony (de)	чубок (м)	[tʃu'bɔk]

29. Menselijk lichaam

hand (de)	кісць (ж)	['kisʲts]
arm (de)	рука (ж)	[ru'ka]
vinger (de)	палец (м)	['palɛts]
duim (de)	вялікі палец (м)	[vʲa'liki 'palɛts]
pink (de)	мезенец (м)	['mɛzɛnɛts]
nagel (de)	пазногаць (м)	[paz'noɣatʲs]
vuist (de)	кулак (м)	[ku'lak]
handpalm (de)	далонь (ж)	[da'lɔɲ]
pols (de)	запясце (н)	[za'pʲasʲtsɛ]
voorarm (de)	перадплечча (н)	[pɛratp'lɛtʃa]
elleboog (de)	локаць (м)	['lɔkatʲs]
schouder (de)	плячо (н)	[pʎa'tʃɔ]
been (rechter ~)	нага (ж)	[na'ɣa]
voet (de)	ступня (ж)	[stup'ɲa]
knie (de)	калена (н)	[ka'lɛna]
kuit (de)	лытка (ж)	['lɨtka]
heup (de)	сцягно (н)	[sʲtsʲaɣ'nɔ]
hiel (de)	пятка (ж)	['pʲatka]
lichaam (het)	цела (н)	['tsɛla]
buik (de)	жывот (м)	[ʒɨ'vɔt]
borst (de)	грудзі (мн)	['ɣrudzi]
borst (de)	грудзі (мн)	['ɣrudzi]
zijde (de)	бок (м)	[bɔk]
rug (de)	спіна (ж)	['sʲpina]
lage rug (de)	паясніца (ж)	[pajasʲ'nitsa]
taille (de)	талія (ж)	['talija]
navel (de)	пупок (м)	[pu'pɔk]
billen (mv.)	ягадзіцы (ж мн)	['jaɣadzitsɨ]
achterwerk (het)	зад (м)	[zat]
huidvlek (de)	радзімка (ж)	[ra'dzimka]
moedervlek (de)	радзімая пляма (ж)	[ra'dzimaja 'pʎama]
tatoeage (de)	татуіроўка (ж)	[tatui'rɔuka]
litteken (het)	шрам (м)	[ʃram]

Kleding en accessoires

30. Bovenkleding. Jassen

kleren (mv.), kleding (de)	адзенне (н)	[a'dzɛŋɛ]
bovenkleding (de)	вопратка (ж)	['vɔpratka]
winterkleding (de)	зімовая вопратка (ж)	[zi'mɔvaja 'vɔpratka]
jas (de)	паліто (н)	[pali'tɔ]
bontjas (de)	футра (н)	['futra]
bontjasje (het)	паўкажушак (м)	[pauka'ʒuʃak]
donzen jas (de)	пухавік (м)	[puha'wik]
jasje (bijv. een leren ~)	куртка (ж)	['kurtka]
regenjas (de)	плашч (м)	[plaʃtʃ]
waterdicht (bn)	непрамакальны	[nɛprama'kaʎnı]

31. Heren & dames kleding

overhemd (het)	кашуля (ж)	[ka'ʃuʎa]
broek (de)	штаны (мн)	[ʃta'nı]
jeans (de)	джынсы (мн)	['dʒınsı]
colbert (de)	пінжак (м)	[pin'ʒak]
kostuum (het)	касцюм (м)	[kasʲ'tsym]
jurk (de)	сукенка (ж)	[su'kɛŋka]
rok (de)	спадніца (ж)	[spad'nitsa]
blouse (de)	блузка (ж)	['bluska]
wollen vest (de)	кофта (ж)	['kɔfta]
blazer (kort jasje)	жакет (м)	[ʒa'kɛt]
T-shirt (het)	футболка (ж)	[fud'bɔlka]
shorts (mv.)	шорты (мн)	['ʃɔrtı]
trainingspak (het)	спартыўны касцюм (м)	[spar'tıunı kasʲ'tsym]
badjas (de)	халат (м)	[ha'lat]
pyjama (de)	піжама (ж)	[pi'ʒama]
sweater (de)	світэр (м)	['sʲwitɛr]
pullover (de)	пуловер (м)	[pu'lɔwɛr]
gilet (het)	камізэлька (ж)	[kami'zɛʎka]
rokkostuum (het)	фрак (м)	[frak]
smoking (de)	смокінг (м)	['smɔkinh]
uniform (het)	форма (ж)	['fɔrma]
werkkleding (de)	працоўнае адзенне (н)	[pra'tsɔunaɛ a'dzɛŋɛ]
overall (de)	камбінезон (м)	[kambinɛ'zɔn]
doktersjas (de)	халат (м)	[ha'lat]

32. Kleding. Ondergoed

ondergoed (het)	бялізна (ж)	[bʲaˈlizna]
onderhemd (het)	майка (ж)	[ˈmajka]
sokken (mv.)	шкарпэткі (ж мн)	[ʃkarˈpɛtki]
nachthemd (het)	начная кашуля (ж)	[natʃˈnaja kaˈʃuʎa]
beha (de)	бюстгальтар (м)	[byzˈɣaʎtar]
kniekousen (mv.)	гольфы (мн)	[ˈɣɔʎfɪ]
panty (de)	калготкі (мн)	[kalˈɣɔtki]
nylonkousen (mv.)	панчохі (ж мн)	[panˈtʃɔhi]
badpak (het)	купальнік (м)	[kuˈpaʎnik]

33. Hoofddeksels

hoed (de)	шапка (ж)	[ˈʃapka]
deukhoed (de)	капялюш (м)	[kapʲaˈlyʃ]
honkbalpet (de)	бейсболка (ж)	[bɛjzˈbɔlka]
kleppet (de)	кепка (ж)	[ˈkɛpka]
baret (de)	берэт (м)	[bʲaˈrɛt]
kap (de)	капюшон (м)	[kapyˈʃɔn]
panamahoed (de)	панамка (ж)	[paˈnamka]
gebreide muts (de)	вязаная шапачка (ж)	[ˈvʲazanaja ˈʃapatʃka]
hoofddoek (de)	хустка (ж)	[ˈhustka]
dameshoed (de)	капялюшык (м)	[kapʲaˈlyʃɪk]
veiligheidshelm (de)	каска (ж)	[ˈkaska]
veldmuts (de)	пілотка (ж)	[piˈlɔtka]
helm, valhelm (de)	шлем (м)	[ʃlɛm]
bolhoed (de)	кацялок (м)	[katsʲaˈlɔk]
hoge hoed (de)	цыліндр (м)	[tsɪˈlindr]

34. Schoeisel

schoeisel (het)	абутак (м)	[aˈbutak]
schoenen (mv.)	чаравікі (м мн)	[tʃaraˈwiki]
vrouwenschoenen (mv.)	туфлі (м мн)	[ˈtufli]
laarzen (mv.)	боты (м мн)	[ˈbɔtɪ]
pantoffels (mv.)	тапачкі (ж мн)	[ˈtapatʃki]
sportschoenen (mv.)	красоўкі (ж мн)	[kraˈsɔuki]
sneakers (mv.)	кеды (м мн)	[ˈkɛdɪ]
sandalen (mv.)	сандалі (ж мн)	[sanˈdali]
schoenlapper (de)	шавец (м)	[ʃaˈwɛts]
hiel (de)	абцас (м)	[apˈtsas]
paar (een ~ schoenen)	пара (ж)	[ˈpara]
veter (de)	шнурок (м)	[ʃnuˈrɔk]

rijgen (schoenen ~)   шнураваць   [ʃnura'vats]
schoenlepel (de)   ражок (м)   [ra'ʒɔk]
schoensmeer (de/het)   крэм (м) для абутку   ['krɛm dʎa a'butku]

35. Textiel. Weefsel

katoen (de/het)	бавоўна (ж)	[ba'vɔuna]
katoenen (bn)	з бавоўны	[z ba'vɔunɪ]
vlas (het)	лён (м)	['lɜn]
vlas-, van vlas (bn)	з лёну	[zʲ 'lɜnu]
zijde (de)	шоўк (м)	['ʃɔuk]
zijden (bn)	шаўковы	[ʃau'kɔvɪ]
wol (de)	шэрсць (ж)	[ʃɛrsʲts]
wollen (bn)	шарсцяны	[ʃarsʲtsʲa'nɪ]
fluweel (het)	аксаміт (м)	[aksa'mit]
suède (de)	замша (ж)	['zamʃa]
ribfluweel (het)	вельвет (м)	[wɛʎ'wɛt]
nylon (de/het)	нейлон (м)	[nɛj'lɔn]
nylon-, van nylon (bn)	з нейлону	[zʲ nɛj'lɔnu]
polyester (het)	паліэстэр (м)	[pali'ɛstɛr]
polyester- (abn)	паліэстэравы	[pali'ɛstɛravɪ]
leer (het)	скура (ж)	['skura]
leren (van leer gemaak)	са скуры	[sa 'skurɪ]
bont (het)	футра (н)	['futra]
bont- (abn)	футравы	['futravɪ]

36. Persoonlijke accessoires

handschoenen (mv.)	пальчаткі (ж мн)	[paʎ'tʃatki]
wanten (mv.)	рукавіцы (ж мн)	[ruka'witsɪ]
sjaal (fleece ~)	шалік (м)	['ʃalik]
bril (de)	акуляры (мн)	[aku'ʎarɪ]
brilmontuur (het)	аправа (ж)	[ap'rava]
paraplu (de)	парасон (м)	[para'sɔn]
wandelstok (de)	палка (ж)	['palka]
haarborstel (de)	шчотка (ж) для валасоў	['ʃtʃɔtka dʎa vala'sɔu]
waaier (de)	веер (м)	['wɛ:r]
das (de)	гальштук (м)	['ɣaʎʃtuk]
strikje (het)	гальштук-мушка (ж)	['ɣaʎʃtuk 'muʃka]
bretels (mv.)	шлейкі (мн)	['ʃlɛjki]
zakdoek (de)	насоўка (ж)	[na'sɔuka]
kam (de)	грабянец (м)	[ɣrabʲa'nɛts]
haarspeldje (het)	заколка (ж)	[za'kɔlka]
schuifspeldje (het)	шпілька (ж)	['ʃpiʎka]
gesp (de)	спражка (ж)	['spraʃka]

| broekriem (de) | пояс (м) | ['pɔjas] |
| draagriem (de) | рэмень (м) | ['rɛmɛɲ] |

handtas (de)	сумка (ж)	['sumka]
damestas (de)	сумачка (ж)	['sumatʃka]
rugzak (de)	рукзак (м)	[ruɣ'zak]

37. Kleding. Diversen

mode (de)	мода (ж)	['mɔda]
de mode (bn)	модны	['mɔdnɪ]
kledingstilist (de)	мадэльер (м)	[madɛ'ʎjɛr]

kraag (de)	каўнер (м)	[kau'nɛr]
zak (de)	кішэня (ж)	[ki'ʃɛɲa]
zak- (abn)	кішэнны	[ki'ʃɛɲɪ]
mouw (de)	рукаў (м)	[ru'kau]
lusje (het)	вешалка (ж)	['wɛʃalka]
gulp (de)	прарэх (м)	[pra'rɛh]

rits (de)	маланка (ж)	[ma'laŋka]
sluiting (de)	зашпілька (ж)	[zaʃ'piʎka]
knoop (de)	гузік (м)	['ɣuzik]
knoopsgat (het)	прарэшак (м)	[pra'rɛʃak]
losraken (bijv. knopen)	адарвацца	[adar'vatsa]

naaien (kleren, enz.)	шыць	[ʃɪts]
borduren (ww)	вышываць	[vɪʃɪ'vats]
borduursel (het)	вышыўка (ж)	['vɪʃiuka]
naald (de)	іголка (ж)	[i'ɣɔlka]
draad (de)	нітка (ж)	['nitka]
naad (de)	шво (н)	[ʃvɔ]

vies worden (ww)	запэцкацца	[za'pɛtskatsa]
vlek (de)	пляма (ж)	['pʎama]
gekreukt raken (ov. kleren)	памяцца	[pa'mʲatsa]
scheuren (ov.ww.)	падраць	[pad'rats]
mot (de)	моль (ж)	[mɔʎ]

38. Persoonlijke verzorging. Schoonheidsmiddelen

tandpasta (de)	зубная паста (ж)	[zub'naja 'pasta]
tandenborstel (de)	зубная шчотка (ж)	[zub'naja 'ʃtʃɔtka]
tanden poetsen (ww)	чысціць зубы	['tʃɪsʲtsidzʲ zu'bɪ]

scheermes (het)	брытва (ж)	['brɪtva]
scheerschuim (het)	крэм (м) для галення	['krɛm dʎa ɣa'lɛɲja]
zich scheren (ww)	галіцца	[ɣa'litsa]

zeep (de)	мыла (н)	['mɪla]
shampoo (de)	шампунь (м)	[ʃam'puɲ]
schaar (de)	нажніцы (мн)	[naʒ'nitsɪ]

nagelvijl (de)	пілачка (ж) для пазногцяў	['pilatʃka dʎa paz'nɔhtsʲau]
nagelknipper (de)	шчыпчыкі (мн)	['ʃtʃɪptʃɪki]
pincet (het)	пінцэт (м)	[pin'tsɛt]

cosmetica (de)	касметыка (ж)	[kasʲ'mɛtɪka]
masker (het)	маска (ж)	['maska]
manicure (de)	манікюр (м)	[mani'kyr]
manicure doen	рабіць манікюр	[ra'bits mani'kyr]
pedicure (de)	педыкюр (м)	[pɛdɪ'kyr]

cosmetica tasje (het)	касметычка (ж)	[kasʲmɛ'tɪtʃka]
poeder (de/het)	пудра (ж)	['pudra]
poederdoos (de)	пудраніца (ж)	['pudranitsa]
rouge (de)	румяны (мн)	[ru'mʲanɪ]

parfum (de/het)	парфума (ж)	[par'fuma]
eau de toilet (de)	туалетная вада (ж)	[tua'lɛtnaja va'da]
lotion (de)	ласьён (м)	[la'sjɔn]
eau de cologne (de)	адэкалон (м)	[adɛka'lɔn]

oogschaduw (de)	цені (м мн) для павек	['tsɛni dʎa pa'wɛk]
oogpotlood (het)	аловак (м) для вачэй	[a'lɔvaɣ dʎa va'tʃɛj]
mascara (de)	туш (ж)	[tuʃ]

lippenstift (de)	губная памада (ж)	[ɣub'naja pa'mada]
nagellak (de)	лак (м) для пазногцяў	['laɣ dʎa paz'nɔhtsʲau]
haarlak (de)	лак (м) для валасоў	['laɣ dʎa vala'sɔu]
deodorant (de)	дэзадарант (м)	[dɛzada'rant]

crème (de)	крэм (м)	[krɛm]
gezichtscrème (de)	крэм (м) для твару	['krɛm dʎa 'tvaru]
handcrème (de)	крэм (м) для рук	['krɛm dʎa 'ruk]
antirimpelcrème (de)	крэм (м) супраць зморшчын	['krɛm 'supradzʲ z'mɔrʃtʃɪn]

dag- (abn)	дзённы	['dzɜŋɪ]
nacht- (abn)	начны	[natʃ'nɪ]

tampon (de)	тампон (м)	[tam'pɔn]
toiletpapier (het)	туалетная папера (ж)	[tua'lɛtnaja pa'pɛra]
föhn (de)	фен (м)	[fɛn]

39. Juwelen

sieraden (mv.)	каштоўнасці (ж мн)	[kaʃ'tɔunasʲtsi]
edel (bijv. ~ stenen)	каштоўны	[kaʃ'tɔunɪ]
keurmerk (het)	проба (ж)	['prɔba]

ring (de)	пярсцёнак (м)	[pʲarsʲ'tsɜnak]
trouwring (de)	заручальны пярсцёнак (м)	[zaru'tʃaʎnɪ pʲarsʲ'tsɜnak]
armband (de)	бранзалет (м)	[branza'lɛt]

oorringen (mv.)	завушніцы (ж мн)	[zavuʃ'nitsɪ]
halssnoer (het)	каралі (мн)	[ka'rali]
kroon (de)	карона (ж)	[ka'rɔna]

kralen snoer (het)	пацеркі (ж мн)	['patsɛrki]
diamant (de)	брыльянт (м)	[brɪ'ʎjant]
smaragd (de)	ізумруд (м)	[izum'rut]
robijn (de)	рубін (м)	[ru'bin]
saffier (de)	сапфір (м)	[sap'fir]
parel (de)	жэмчуг (м)	['ʒɛmtʃuh]
barnsteen (de)	бурштын (м)	[burʃ'tɪn]

40. Horloges. Klokken

polshorloge (het)	гадзіннік (м)	[ɣa'dziŋik]
wijzerplaat (de)	цыферблат (м)	[tsɪfɛrb'lat]
wijzer (de)	стрэлка (ж)	['strɛlka]
metalen horlogeband (de)	бранзалет (м)	[branza'lɛt]
horlogebandje (het)	раменьчык (м)	[ra'mɛɲtʃɪk]

batterij (de)	батарэйка (ж)	[bata'rɛjka]
leeg zijn (ww)	сесці	['sɛsʲtsi]
batterij vervangen	памяняць батарэйку	[pamʲa'ɲadzʲ bata'rɛjku]
voorlopen (ww)	спяшацца	[sʲpʲa'ʃatsa]
achterlopen (ww)	адставаць	[atsta'vats]

wandklok (de)	гадзіннік (м) насценны	[ɣa'dziŋik nasʲ'tsɛŋɪ]
zandloper (de)	гадзіннік (м) пясочны	[ɣa'dziŋik pʲa'sotʃnɪ]
zonnewijzer (de)	гадзіннік (м) сонечны	[ɣa'dziŋik 'sonɛtʃnɪ]
wekker (de)	будзільнік (м)	[bu'dziʎnik]
horlogemaker (de)	гадзіншчык (м)	[ɣa'dzinʃtʃɪk]
repareren (ww)	рамантаваць	[ramanta'vats]

Voedsel. Voeding

41. Voedsel

vlees (het)	мяса (н)	['mʲasa]
kip (de)	курыца (ж)	['kurɪtsa]
kuiken (het)	кураня (н)	[kura'ɲa]
eend (de)	качка (ж)	['katʃka]
gans (de)	гусь (ж)	[ɣusʲ]
wild (het)	дзічына (ж)	[dzi'tʃɪna]
kalkoen (de)	індычка (ж)	[in'dɪtʃka]

varkensvlees (het)	свініна (ж)	[sʲwi'nina]
kalfsvlees (het)	цяляціна (ж)	[tsʲaˈʎatsina]
schapenvlees (het)	бараніна (ж)	[ba'ranina]
rundvlees (het)	ялавічына (ж)	['jalawitʃɪna]
konijnenvlees (het)	трус (м)	[trus]

worst (de)	каўбаса (ж)	[kauba'sa]
saucijs (de)	сасіска (ж)	[sa'siska]
spek (het)	бекон (м)	[bɛ'kɔn]
ham (de)	вяндліна (ж)	[vʲand'lina]
gerookte achterham (de)	кумпяк (м)	[kum'pʲak]

paté, pastei (de)	паштэт (м)	[paʃ'tɛt]
lever (de)	печань (ж)	['pɛtʃaɲ]
varkensvet (het)	сала (н)	['sala]
gehakt (het)	фарш (м)	[farʃ]
tong (de)	язык (м)	[ja'zɪk]

ei (het)	яйка (н)	['jajka]
eieren (mv.)	яйкі (н мн)	['jajki]
eiwit (het)	бялок (м)	[bʲa'lɔk]
eigeel (het)	жаўток (м)	[ʒau'tɔk]

vis (de)	рыба (ж)	['rɪba]
zeevruchten (mv.)	марапрадукты (м мн)	[mɔrapra'duktɪ]
kaviaar (de)	ікра (ж)	[ik'ra]

krab (de)	краб (м)	[krap]
garnaal (de)	крэветка (ж)	[krɛ'wɛtka]
oester (de)	вустрыца (ж)	['vustrɪtsa]
langoest (de)	лангуст (м)	[la'ŋust]
octopus (de)	васьміног (м)	[vasʲmi'nɔh]
inktvis (de)	кальмар (м)	[kaʎ'mar]

steur (de)	асятрына (ж)	[asʲat'rɪna]
zalm (de)	ласось (м)	[la'sɔsʲ]
heilbot (de)	палтус (м)	['paltus]
kabeljauw (de)	траска (ж)	[tras'ka]

makreel (de)	скумбрыя (ж)	['skumbrɪja]
tonijn (de)	тунец (м)	[tu'nɛts]
paling (de)	вугор (м)	[vu'ɣɔr]
forel (de)	стронга (ж)	['strɔŋa]
sardine (de)	сардзіна (ж)	[sar'dzina]
snoek (de)	шчупак (м)	[ʃʧu'pak]
haring (de)	селядзец (м)	[sɛʎa'dzɛʦ]
brood (het)	хлеб (м)	[hlɛp]
kaas (de)	сыр (м)	[sɪr]
suiker (de)	цукар (м)	['ʦukar]
zout (het)	соль (ж)	[sɔʎ]
rijst (de)	рыс (м)	[rɪs]
pasta (de)	макарона (ж)	[maka'rɔna]
noedels (mv.)	локшына (ж)	['lɔkʃɪna]
boter (de)	масла (н)	['masla]
plantaardige olie (de)	алей (м)	[a'lɛj]
zonnebloemolie (de)	сланечнікавы алей (м)	[sla'nɛʧnikavɪ a'lɛj]
margarine (de)	маргарын (м)	[marɣa'rɪn]
olijven (mv.)	алівы (ж мн)	[a'livɪ]
olijfolie (de)	алей (м) аліўкавы	[a'lɛj a'liukavɪ]
melk (de)	малако (н)	[mala'kɔ]
gecondenseerde melk (de)	згушчанае малако (н)	['zɣuʃʧanaɛ mala'kɔ]
yoghurt (de)	ёгурт (м)	[ɜɣurt]
zure room (de)	смятана (ж)	[sʲmʲa'tana]
room (de)	вяршкі (мн)	[vʲarʃˈki]
mayonaise (de)	маянэз (м)	[maja'nɛs]
crème (de)	крэм (м)	[krɛm]
graan (het)	крупы (мн)	['krupɪ]
meel (het), bloem (de)	мука (ж)	[mu'ka]
conserven (mv.)	кансервы (ж мн)	[kan'sɛrvɪ]
maïsvlokken (mv.)	кукурузныя шматкі (м мн)	[kuku'ruznɪja ʃmat'ki]
honing (de)	мёд (м)	['mɜt]
jam (de)	джэм (м)	[dʒɛm]
kauwgom (de)	жавальная гумка (ж)	[ʒa'vaʎnaja 'ɣumka]

42. Drankjes

water (het)	вада (ж)	[va'da]
drinkwater (het)	пітная вада (ж)	[pit'naja va'da]
mineraalwater (het)	мінеральная вада (ж)	[minɛ'raʎnaja va'da]
zonder gas	без газу	[bʲaz 'ɣazu]
koolzuurhoudend (bn)	газіраваны	[ɣazira'vanɪ]
bruisend (bn)	з газам	[z 'ɣazam]
IJs (het)	лёд (м)	['lɔt]

met ijs	з лёдам	[zʲ ˈlɜdam]
alcohol vrij (bn)	безалкагольны	[bɛzalkaˈɣɔʎnɪ]
alcohol vrije drank (de)	безалкагольны напітак (м)	[bɛzalkaˈɣɔʎnɪ naˈpitak]
frisdrank (de)	прахаладжальны напітак (м)	[prahalaˈdʒaʎnɪ naˈpitak]
limonade (de)	ліманад (м)	[limaˈnat]

alcoholische dranken (mv.)	алкагольныя напіткі (м мн)	[alkaˈɣɔʎnɪja naˈpitki]
wijn (de)	віно (н)	[wiˈnɔ]
witte wijn (de)	белае віно (н)	[ˈbɛlaɛ wiˈnɔ]
rode wijn (de)	чырвонае віно (н)	[ʧɪrˈvɔnaɛ wiˈnɔ]

likeur (de)	лікёр (м)	[liˈkɜr]
champagne (de)	шампанскае (н)	[ʃamˈpanskaɛ]
vermout (de)	вермут (м)	[ˈwɛrmut]

whisky (de)	віскі (н)	[ˈwiski]
wodka (de)	гарэлка (ж)	[ɣaˈrɛlka]
gin (de)	джын (м)	[dʒɪn]
cognac (de)	каньяк (м)	[kaˈɲjak]
rum (de)	ром (м)	[rɔm]

koffie (de)	кава (ж)	[ˈkava]
zwarte koffie (de)	чорная кава (ж)	[ˈʧɔrnaja ˈkava]
koffie (de) met melk	кава (ж) з малаком	[ˈkava z malaˈkɔm]
cappuccino (de)	кава (ж) з вяршкамі	[ˈkava zʲ vʲarʃˈkami]
oploskoffie (de)	растваральная кава (ж)	[rastvaˈraʎnaja ˈkava]

melk (de)	малако (н)	[malaˈkɔ]
cocktail (de)	кактэйль (м)	[kakˈtɛjʎ]
milkshake (de)	малочны кактэйль (м)	[maˈlɔʧnɪ kakˈtɛjʎ]

sap (het)	сок (м)	[sɔk]
tomatensap (het)	таматны сок (м)	[taˈmatnɪ ˈsɔk]
sinaasappelsap (het)	апельсінавы сок (м)	[apɛʎˈsinavɪ ˈsɔk]
vers geperst sap (het)	свежавыціснуты сок (м)	[sʲwɛʒaˈvɪʦisnutɪ ˈsɔk]

bier (het)	піва (н)	[ˈpiva]
licht bier (het)	светлае піва (н)	[ˈsʲwɛtlaɛ ˈpiva]
donker bier (het)	цёмнае піва (н)	[ˈʦɜmnaɛ ˈpiva]

thee (de)	чай (м)	[ʧaj]
zwarte thee (de)	чорны чай (м)	[ˈʧɔrnɪ ˈʧaj]
groene thee (de)	зялёны чай (м)	[zʲaˈlɜnɪ ˈʧaj]

43. Groenten

| groenten (mv.) | гародніна (ж) | [ɣaˈrɔdnina] |
| verse kruiden (mv.) | зеляніна (ж) | [zɛʎaˈnina] |

tomaat (de)	памідор (м)	[pamiˈdɔr]
augurk (de)	агурок (м)	[aɣuˈrɔk]
wortel (de)	морква (ж)	[ˈmɔrkva]
aardappel (de)	бульба (ж)	[ˈbuʎba]

| ui (de) | цыбуля (ж) | [tsı'buʎa] |
| knoflook (de) | часнок (м) | [tʃas'nɔk] |

kool (de)	капуста (ж)	[ka'pusta]
bloemkool (de)	квяцістая капуста (ж)	[kvʲa'tsistaja ka'pusta]
spruitkool (de)	брусельская капуста (ж)	[bru'sɛʎskaja ka'pusta]
broccoli (de)	капуста (ж) браколі	[ka'pusta bra'kɔli]

rode biet (de)	бурак (м)	[bu'rak]
aubergine (de)	баклажан (м)	[bakla'ʒan]
courgette (de)	кабачок (м)	[kaba'tʃɔk]
pompoen (de)	гарбуз (м)	[ɣar'bus]
raap (de)	рэпа (ж)	['rɛpa]

peterselie (de)	пятрушка (ж)	[pʲat'ruʃka]
dille (de)	кроп (м)	[krɔp]
sla (de)	салата (ж)	[sa'lata]
selderij (de)	сельдэрэй (м)	[sɛʎdɛ'rɛj]
asperge (de)	спаржа (ж)	['sparʒa]
spinazie (de)	шпінат (м)	[ʃpi'nat]

erwt (de)	гарох (м)	[ɣa'rɔh]
bonen (mv.)	боб (м)	[bɔp]
maïs (de)	кукуруза (ж)	[kuku'ruza]
boon (de)	фасоля (ж)	[fa'sɔʎa]

peper (de)	перац (м)	['pɛrats]
radijs (de)	радыска (ж)	[ra'dıska]
artisjok (de)	артышок (м)	[artı'ʃɔk]

44. Vruchten. Noten

vrucht (de)	фрукт (м)	[frukt]
appel (de)	яблык (м)	['jablık]
peer (de)	груша (ж)	['ɣruʃa]
citroen (de)	лімон (м)	[li'mɔn]
sinaasappel (de)	апельсін (м)	[apɛʎ'sin]
aardbei (de)	клубніцы (ж мн)	[klub'nitsı]

mandarijn (de)	мандарын (м)	[manda'rın]
pruim (de)	сліва (ж)	['sʲliva]
perzik (de)	персік (м)	['pɛrsik]
abrikoos (de)	абрыкос (м)	[abrı'kɔs]
framboos (de)	маліны (ж мн)	[ma'linı]
ananas (de)	ананас (м)	[ana'nas]

banaan (de)	банан (м)	[ba'nan]
watermeloen (de)	кавун (м)	[ka'vun]
druif (de)	вінаград (м)	[winaɣ'rat]
zure kers (de)	вішня (ж)	['wiʃna]
zoete kers (de)	чарэшня (ж)	[tʃa'rɛʃna]
meloen (de)	дыня (ж)	['dına]
grapefruit (de)	грэйпфрут (м)	[ɣrɛjpf'rut]
avocado (de)	авакада (н)	[ava'kada]

papaja (de)	папайя (ж)	[pa'paja]
mango (de)	манга (н)	['maŋa]
granaatappel (de)	гранат (м)	[ɣra'nat]

rode bes (de)	чырвоныя парэчкі (ж мн)	[tʃɪr'vɔnɪja pa'rɛtʃki]
zwarte bes (de)	чорныя парэчкі (ж мн)	['tʃɔrnɪja pa'rɛtʃki]
kruisbes (de)	агрэст (м)	[aɣ'rɛst]
bosbes (de)	чарніцы (ж мн)	[tʃar'nitsɪ]
braambes (de)	ажыны (ж мн)	[a'ʒɪnɪ]

rozijn (de)	разынкі (ж мн)	[ra'zɪŋki]
vijg (de)	інжыр (м)	[in'ʒɪr]
dadel (de)	фінік (м)	['finik]

pinda (de)	арахіс (м)	[a'rahis]
amandel (de)	міндаль (м)	[min'daʎ]
walnoot (de)	арэх (м)	[a'rɛh]
hazelnoot (de)	арэх (м)	[a'rɛh]
kokosnoot (de)	арэх (м) какосавы	[a'rɛh ka'kɔsavɪ]
pistaches (mv.)	фісташкі (ж мн)	[fis'taʃki]

45. Brood. Snoep

suikerbakkerij (de)	кандытарскія вырабы (м мн)	[kan'dɪtarskija 'vɪrabɪ]
brood (het)	хлеб (м)	[hlɛp]
koekje (het)	печыва (н)	['pɛtʃɪva]

chocolade (de)	шакалад (м)	[ʃaka'lat]
chocolade- (abn)	шакаладны	[ʃaka'ladnɪ]
snoepje (het)	цукерка (ж)	[tsu'kɛrka]
cakeje (het)	пірожнае (н)	[pi'rɔʒnaɛ]
taart (bijv. verjaardags~)	торт (м)	[tɔrt]

pastei (de)	пірог (м)	[pi'rɔh]
vulling (de)	начынка (ж)	[na'tʃɪŋka]
confituur (de)	варэнне (н)	[va'rɛŋɛ]
marmelade (de)	мармелад (м)	[marmɛ'lat]
wafel (de)	вафлі (ж мн)	['vafli]
IJsje (het)	марожанае (н)	[ma'rɔʒanaɛ]

46. Bereide gerechten

gerecht (het)	страва (ж)	['strava]
keuken (bijv. Franse ~)	кухня (ж)	['kuhɲa]
recept (het)	рэцэпт (м)	[rɛ'tsɛpt]
portie (de)	порцыя (ж)	['pɔrtsɪja]

salade (de)	салата (ж)	[sa'lata]
soep (de)	суп (м)	[sup]
bouillon (de)	булён (м)	[bu'lɔn]
boterham (de)	бутэрброд (м)	[butɛrb'rɔt]

49

spiegelei (het)	яечня (ж)	[ja'ɛtʃna]
hamburger (de)	катлета (ж)	[kat'lɛta]
hamburger (de)	гамбургер (м)	['ɣamburɣɛr]
biefstuk (de)	біфштэкс (м)	[bifʃ'tɛks]
hutspot (de)	смажаніна (ж)	[smaʒa'nina]

garnering (de)	гарнір (м)	[ɣar'nir]
spaghetti (de)	спагеці (мн)	[spa'ɣɛtsi]
aardappelpuree (de)	бульбяное пюрэ (н)	[buʌbʲa'nɔɛ py'rɛ]
pizza (de)	піца (ж)	['pitsa]
pap (de)	каша (ж)	['kaʃa]
omelet (de)	амлет (м)	[am'lɛt]

gekookt (in water)	вараны	['varanɪ]
gerookt (bn)	вэнджаны	['vɛndʒanɪ]
gebakken (bn)	смажаны	['smaʒanɪ]
gedroogd (bn)	сушаны	['suʃanɪ]
diepvries (bn)	замарожаны	[zama'rɔʒanɪ]
gemarineerd (bn)	марынаваны	[marɪna'vanɪ]

zoet (bn)	салодкі	[sa'lɔtki]
gezouten (bn)	салёны	[sa'lɜnɪ]
koud (bn)	халодны	[ha'lɔdnɪ]
heet (bn)	гарачы	[ɣa'ratʃɪ]
bitter (bn)	горкі	['ɣɔrki]
lekker (bn)	смачны	['smatʃnɪ]

koken (in kokend water)	варыць	[va'rɪts]
bereiden (avondmaaltijd ~)	гатаваць	[ɣata'vats]
bakken (ww)	смажыць	['smaʒɪts]
opwarmen (ww)	разагравáць	[razaɣra'vats]

zouten (ww)	саліць	[sa'lits]
peperen (ww)	перчыць	['pɛrtʃɪts]
raspen (ww)	драць	[drats]
schil (de)	лупіна (ж)	[lu'pina]
schillen (ww)	абіраць	[abi'rats]

47. Kruiden

zout (het)	соль (ж)	[sɔʎ]
gezouten (bn)	салёны	[sa'lɜnɪ]
zouten (ww)	саліць	[sa'lits]

zwarte peper (de)	чорны перац (м)	['tʃɔrnɪ 'pɛrats]
rode peper (de)	чырвоны перац (м)	[tʃɪr'vonɪ 'pɛrats]
mosterd (de)	гарчыца (ж)	[ɣar'tʃɪtsa]
mierikswortel (de)	хрэн (м)	[hrɛn]

condiment (het)	прыправа (ж)	[prɪp'rava]
specerij , kruiderij (de)	духмяная спецыя (ж)	[duh'mʲanaja 'sʲpɛtsɪja]
saus (de)	соус (м)	['sɔus]
azijn (de)	воцат (м)	['vɔtsat]
anijs (de)	аніс (м)	[a'nis]

basilicum (de)	базілік (м)	[bazi'lik]
kruidnagel (de)	гваздзіка (ж)	[ɣvazi'dzika]
gember (de)	імбір (м)	[im'bir]
koriander (de)	каляндра (ж)	[ka'ʎandra]
kaneel (de/het)	карыца (ж)	[ka'rɪtsa]

sesamzaad (het)	кунжут (м)	[kun'ʒut]
laurierblad (het)	лаўровы ліст (м)	[lau'rɔvɪ 'list]
paprika (de)	папрыка (ж)	['paprɪka]
komijn (de)	кмен (м)	[kmɛn]
saffraan (de)	шафран (м)	[ʃaf'ran]

48. Maaltijden

| eten (het) | ежа (ж) | ['ɛʒa] |
| eten (ww) | есці | ['ɛsʲtsi] |

ontbijt (het)	сняданак (м)	[sʲna'danak]
ontbijten (ww)	снедаць	['sʲnɛdatsʲ]
lunch (de)	абед (м)	[a'bɛt]
lunchen (ww)	абедаць	[a'bɛdatsʲ]
avondeten (het)	вячэра (ж)	[vʲa'tʃɛra]
souperen (ww)	вячэраць	[vʲa'tʃɛratsʲ]

| eetlust (de) | апетыт (м) | [apɛ'tɪt] |
| Eet smakelijk! | Смачна есці! | ['smatʃna 'ɛsʲtsi] |

openen (een fles ~)	адкрываць	[atkrɪ'vatsʲ]
morsen (koffie, enz.)	разліць	[razʲ'litsʲ]
zijn gemorst	разліцца	[razʲ'litsa]

koken (water kookt bij 100°C)	кіпець	[ki'pɛtsʲ]
koken (Hoe om water te ~)	кіпяціць	[kipʲa'tsitsʲ]
gekookt (~ water)	кіпячоны	[kipʲa'tʃɔnɪ]
afkoelen (koeler maken)	астудзіць	[astu'dzitsʲ]
afkoelen (koeler worden)	астуджвацца	[as'tudʒvatsa]

| smaak (de) | смак (м) | ['smak] |
| nasmaak (de) | прысмак (м) | ['prɪsmak] |

volgen een dieet	худзець	[hu'dzɛtsʲ]
dieet (het)	дыета (ж)	[dɪ'ɛta]
vitamine (de)	вітамін (м)	[wita'min]
calorie (de)	калорыя (ж)	[ka'lɔrɪja]

| vegetariër (de) | вегетарыянец (м) | [wɛɣɛtarɪ'janɛts] |
| vegetarisch (bn) | вегетарыянскі | [wɛɣɛtarɪ'janski] |

vetten (mv.)	тлушчы (м мн)	[tluʃ'tʃɪ]
eiwitten (mv.)	бялкі (м мн)	[bʲal'ki]
koolhydraten (mv.)	вугляводы (м мн)	[vuɣʎa'vɔdɪ]
snede (de)	лустачка (ж)	['lustatʃka]
stuk (bijv. een ~ taart)	кавалак (м)	[ka'valak]
kruimel (de)	крошка (ж)	['krɔʃka]

49. Tafelschikking

lepel (de)	лыжка (ж)	['lıʃka]
mes (het)	нож (м)	[nɔʃ]
vork (de)	відэлец (м)	[wi'dɛlɛts]
kopje (het)	кубак (м)	['kubak]
bord (het)	талерка (ж)	[ta'lɛrka]
schoteltje (het)	сподак (м)	['spɔdak]
servet (het)	сурвэтка (ж)	[sur'vɛtka]
tandenstoker (de)	зубачыстка (ж)	[zuba'ʧıstka]

50. Restaurant

restaurant (het)	рэстаран (м)	[rɛsta'ran]
koffiehuis (het)	кавярня (ж)	[ka'vʲarɲa]
bar (de)	бар (м)	[bar]
tearoom (de)	чайны салон (м)	['ʧajnı sa'lɔn]
kelner, ober (de)	афіцыянт (м)	[afitsı'jant]
serveerster (de)	афіцыянтка (ж)	[afitsı'jantka]
barman (de)	бармэн (м)	[bar'mɛn]
menu (het)	меню (н)	[mɛ'ny]
wijnkaart (de)	карта (ж) вінаў	['karta 'winau]
een tafel reserveren	забраніраваць столік	[zabra'niravats 'stɔlik]
gerecht (het)	страва (ж)	['strava]
bestellen (eten ~)	заказаць	[zaka'zats]
een bestelling maken	зрабіць заказ	[zra'biʣ za'kas]
aperitief (de/het)	аперытыў (м)	[apɛrı'tıu]
voorgerecht (het)	закуска (ж)	[za'kuska]
dessert (het)	дэсерт (м)	[dɛ'sɛrt]
rekening (de)	рахунак (м)	[ra'hunak]
de rekening betalen	аплаціць рахунак	[apla'tsits ra'hunak]
wisselgeld teruggeven	даць рэшту	['dats 'rɛʃtu]
fooi (de)	чаявыя (мн)	[ʧaja'vıja]

Familie, verwanten en vrienden

51. Persoonlijke informatie. Formulieren

naam (de)	імя (н)	[i'mʲa]
achternaam (de)	прозвішча (н)	['prɔzʲwiʃʧa]
geboortedatum (de)	дата (ж) нараджэння	['data nara'ʤɛnja]
geboorteplaats (de)	месца (н) нараджэння	['mɛstsa nara'ʤɛnja]
nationaliteit (de)	нацыянальнасць (ж)	[natsɪja'naʎnasʲts]
woonplaats (de)	месца (н) жыхарства	['mɛstsa ʒɪ'harstva]
land (het)	краіна (ж)	[kra'ina]
beroep (het)	прафесія (ж)	[pra'fɛsija]
geslacht (ov. het vrouwelijk ~)	пол (м)	[pɔl]
lengte (de)	рост (м)	[rɔst]
gewicht (het)	вага (ж)	[va'ɣa]

52. Familieleden. Verwanten

moeder (de)	маці (ж)	['matsi]
vader (de)	бацька (м)	['batska]
zoon (de)	сын (м)	[sɪn]
dochter (de)	дачка (ж)	[daʧ'ka]
jongste dochter (de)	малодшая дачка (ж)	[ma'lɔtʃaja daʧ'ka]
jongste zoon (de)	малодшы сын (м)	[ma'lɔtʃɪ 'sɪn]
oudste dochter (de)	старэйшая дачка (ж)	[sta'rɛjʃaja daʧ'ka]
oudste zoon (de)	старэйшы сын (м)	[sta'rɛjʃɪ 'sɪn]
broer (de)	брат (м)	[brat]
zuster (de)	сястра (ж)	[sʲast'ra]
neef (zoon van oom/tante)	стрыечны брат (м)	[strɪ'ɛʧnɪ 'brat]
nicht (dochter van oom/tante)	стрыечная сястра (ж)	[strɪ'ɛʧnaja sʲast'ra]
mama (de)	мама (ж)	['mama]
papa (de)	тата (м)	['tata]
ouders (mv.)	бацькі (мн)	[bats'ki]
kind (het)	дзіця (н)	[dzi'tsʲa]
kinderen (mv.)	дзеці (н мн)	['dzɛtsi]
oma (de)	бабуля (ж)	[ba'buʎa]
opa (de)	дзядуля (м)	[dzʲa'duʎa]
kleinzoon (de)	унук (м)	[u'nuk]
kleindochter (de)	унучка (ж)	[u'nuʧka]
kleinkinderen (mv.)	унукі (м мн)	[u'nuki]
oom (de)	дзядзька (м)	['dzʲatska]

tante (de)	цётка (ж)	['tsɔtka]
neef (zoon van broer/zus)	пляменнік (м)	[pʎa'mɛŋik]
nicht (dochter van broer/zus)	пляменніца (ж)	[pʎa'mɛŋitsa]

schoonmoeder (de)	цешча (ж)	['tsɛʧa]
schoonvader (de)	свёкар (м)	['sʲwɔkar]
schoonzoon (de)	зяць (м)	[zʲats]
stiefmoeder (de)	мачаха (ж)	['maʧaha]
stiefvader (de)	айчым (м)	[aj'ʧɪm]

zuigeling (de)	грудное дзіця (н)	[ɣrud'nɔɛ dzi'tsʲa]
wiegenkind (het)	немаўля (н)	[nɛmau'ʎa]
kleuter (de)	малыш (м)	[ma'lɪʃ]

vrouw (de)	жонка (ж)	['ʒɔŋka]
man (de)	муж (м)	[muʃ]
echtgenoot (de)	муж (м)	[muʃ]
echtgenote (de)	жонка (ж)	['ʒɔŋka]

gehuwd (mann.)	жанаты	[ʒa'natɪ]
gehuwd (vrouw.)	замужняя	[za'muʒɲaja]
ongehuwd (mann.)	халасты	[halas'tɪ]
vrijgezel (de)	халасцяк (м)	[halasʲ'tsʲak]
gescheiden (bn)	разведзены	[razʲ'wɛdzɛnɪ]
weduwe (de)	удава (ж)	[u'dava]
weduwnaar (de)	удавец (м)	[uda'wɛts]

familielid (het)	сваяк (м)	[sva'jak]
dichte familielid (het)	блізкі сваяк (м)	['bliski sva'jak]
verre familielid (het)	далёкі сваяк (м)	[da'lɔki sva'jak]
familieleden (mv.)	сваякі (м мн)	[svaja'ki]

wees (de), weeskind (het)	сірата (м, ж)	[sira'ta]
voogd (de)	апякун (м)	[apʲa'kun]
adopteren (een jongen te ~)	усынавіць	[usɪna'wits]
adopteren (een meisje te ~)	удачарыць	[udaʧa'rɪts]

53. Vrienden. Collega's

vriend (de)	сябар (м)	['sʲabar]
vriendin (de)	сяброўка (ж)	[sʲab'rouka]
vriendschap (de)	сяброўства (н)	[sʲab'roustva]
bevriend zijn (ww)	сябраваць	[sʲabra'vats]

makker (de)	прыяцель (м)	['prɪjatsɛʎ]
vriendin (de)	прыяцелька (ж)	['prɪjatsɛʎka]
partner (de)	партнёр (м)	[part'nɜr]

chef (de)	шэф (м)	[ʃɛf]
baas (de)	начальнік (м)	[na'ʧaʎnik]
ondergeschikte (de)	падначалены (м)	[padna'ʧalɛnɪ]
collega (de)	калега (м, ж)	[ka'lɛɣa]
kennis (de)	знаёмы (м)	[zna'ɔmɪ]
medereiziger (de)	спадарожнік (м)	[spada'rɔʒnik]

klasgenoot (de)	аднакласнік (м)	[adnak'lasnik]
buurman (de)	сусед (м)	[su'sɛt]
buurvrouw (de)	суседка (ж)	[su'sɛtka]
buren (mv.)	суседзі (м мн)	[su'sɛdzi]

54. Man. Vrouw

vrouw (de)	жанчына (ж)	[ʒan'ʧɪna]
meisje (het)	дзяўчына (ж)	[dzau'ʧɪna]
bruid (de)	нявеста (ж)	[ɲa'wɛsta]

mooi(e) (vrouw, meisje)	прыгожая	[prɪ'ɣɔʒaja]
groot, grote (vrouw, meisje)	высокая	[vɪ'sɔkaja]
slank(e) (vrouw, meisje)	стройная	['strɔjnaja]
korte, kleine (vrouw, meisje)	невысокага росту	[nɛvɪ'sɔkaɣa 'rɔstu]

| blondine (de) | бландзінка (ж) | [blan'dziŋka] |
| brunette (de) | брунетка (ж) | [bru'nɛtka] |

dames- (abn)	дамскі	['damski]
maagd (de)	нявінніца (ж)	[ɲa'winitsa]
zwanger (bn)	цяжарная	[ʦa'ʒarnaja]

man (de)	мужчына (м)	[muʃ'ʧɪna]
blonde man (de)	бландзін (м)	[blan'dzin]
bruinharige man (de)	брунет (м)	[bru'nɛt]
groot (bn)	высокі	[vɪ'sɔki]
klein (bn)	невысокага росту	[nɛvɪ'sɔkaɣa 'rɔstu]

onbeleefd (bn)	грубы	['ɣrubɪ]
gedrongen (bn)	каржакаваты	[karʒaka'vatɪ]
robuust (bn)	дужы	['duʒɪ]
sterk (bn)	моцны	['mɔʦnɪ]
sterkte (de)	сіла (ж)	['sila]

mollig (bn)	поўны	['pɔunɪ]
getaand (bn)	смуглы	['smuɣlɪ]
slank (bn)	стройны	['strɔjnɪ]
elegant (bn)	элегантны	[ɛlɛ'ɣantnɪ]

55. Leeftijd

leeftijd (de)	узрост (м)	[uz'rɔst]
jeugd (de)	юнацтва (н)	[ju'natstva]
jong (bn)	малады	[mala'dɪ]

| jonger (bn) | маладзейшы за | [mala'dzɛjʃɪ za] |
| ouder (bn) | старэйшы за | [sta'rɛjʃɪ za] |

jongen (de)	юнак (м)	[ju'nak]
tiener, adolescent (de)	падлетак (м)	[pad'lɛtak]
kerel (de)	хлопец (м)	['hlɔpɛʦ]

| oude man (de) | стары (м) | [sta'rɪ] |
| oude vrouw (de) | старая (ж) | [sta'raja] |

volwassen (bn)	дарослы	[da'rɔslɪ]
van middelbare leeftijd (bn)	сярэдніх гадоў	[sʲa'rɛdniɣ ɣa'dɔu]
bejaard (bn)	пажылы	[paʒɪ'lɪ]
oud (bn)	стары	[sta'rɪ]

pensioen (het)	пенсія (ж)	['pɛnsija]
met pensioen gaan	пайсці на пенсію	[pajsʲ'tsi na 'pɛnsiju]
gepensioneerde (de)	пенсіянер (м)	[pɛnsija'nɛr]

56. Kinderen

kind (het)	дзіця (н)	[dʑi'tsʲa]
kinderen (mv.)	дзеці (н мн)	['dʑɛtsi]
tweeling (de)	блізняты (н мн)	[bliz'ɲatɪ]

wieg (de)	калыска (ж)	[ka'lɪska]
rammelaar (de)	бразготка (ж)	[brazɣ'ɔtka]
luier (de)	падгузак (м)	[pad'ɣuzak]

speen (de)	соска (ж)	['sɔska]
kinderwagen (de)	каляска (ж)	[ka'ʎaska]
kleuterschool (de)	дзіцячы сад (м)	[dʑi'tsʲatʃɪ 'sat]
babysitter (de)	нянька (ж)	['ɲaɲka]

kindertijd (de)	дзяцінства (н)	[dzʲa'tsinstva]
pop (de)	лялька (ж)	['ʎaʎka]
speelgoed (het)	цацка (ж)	['tsatska]
bouwspeelgoed (het)	канструктар (м)	[kanst'ruktar]

welopgevoed (bn)	выхаваны	['vɪhavanɪ]
onopgevoed (bn)	нявыхаваны	[ɲa'vɪhavanɪ]
verwend (bn)	распешчаны	[rasʲ'pɛʃtʃanɪ]

stout zijn (ww)	дурэць	[du'rɛts]
stout (bn)	дураслівы	[durasʲ'livɪ]
stoutheid (de)	свавольства (н)	[sva'vɔʎstva]
stouterd (de)	гарэза (ж)	[ɣa'rɛza]

| gehoorzaam (bn) | паслухмяны | [pasluh'mʲanɪ] |
| ongehoorzaam (bn) | непаслухмяны | [nɛpasluh'mʲanɪ] |

braaf (bn)	разумны	[ra'zumnɪ]
slim (verstandig)	разумны	[ra'zumnɪ]
wonderkind (het)	вундэркінд (м)	[vundɛr'kint]

57. Gehuwde paren. Gezinsleven

| kussen (een kus geven) | цалаваць | [tsala'vats] |
| elkaar kussen (ww) | цалавацца | [tsala'vatsa] |

gezin (het)	сям'я (ж)	[sʲamʰʲja]
gezins- (abn)	сямейны	[sʲaˈmɛjnɪ]
paar (het)	пара (ж)	[ˈpara]
huwelijk (het)	шлюб (м)	[ʃlyp]
thuis (het)	хатні ачаг (м)	[ˈhatni aˈʧah]
dynastie (de)	дынастыя (ж)	[dɪˈnastɪja]
date (de)	спатканне (н)	[spatˈkaŋɛ]
zoen (de)	пацалунак (м)	[paʦaˈlunak]
liefde (de)	каханне (н)	[kaˈhaŋɛ]
liefhebben (ww)	кахаць	[kaˈhaʦ]
geliefde (bn)	каханы	[kaˈhanɪ]
tederheid (de)	пяшчота (ж)	[pʲaʃˈʧota]
teder (bn)	пяшчотны	[pʲaʃˈʧotnɪ]
trouw (de)	вернасць (ж)	[ˈwɛrnasʲʦ]
trouw (bn)	верны	[ˈwɛrnɪ]
zorg (bijv. bejaarden~)	клопат (м)	[ˈklopat]
zorgzaam (bn)	клапатлівы	[klapatˈlivɪ]
jonggehuwden (mv.)	маладыя (мн)	[malaˈdɪja]
wittebroodsweken (mv.)	мядовы месяц (м)	[mʲaˈdovɪ ˈmɛsʲaʦ]
trouwen (vrouw)	выйсці замуж	[ˈvɪjsʲtsi ˈzamuʃ]
trouwen (man)	ажаніцца	[aʒaˈnitsa]
bruiloft (de)	вяселле (н)	[vʲaˈsɛllɛ]
gouden bruiloft (de)	залатое вяселле (н)	[zalaˈtoɛ vʲaˈsɛllɛ]
verjaardag (de)	гадавіна (ж)	[ɣadaˈwina]
minnaar (de)	палюбоўнік (м)	[palyˈbounik]
minnares (de)	палюбоўніца (ж)	[palyˈbounitsa]
overspel (het)	здрада (ж)	[ˈzdrada]
overspel plegen (ww)	здрадзіць	[ˈzdradzits]
jaloers (bn)	раўнівы	[rauˈnivɪ]
jaloers zijn (echtgenoot, enz.)	раўнаваць	[raunaˈvats]
echtscheiding (de)	развод (м)	[razˈvot]
scheiden (ww)	развесціся	[razʲiˈwɛsʲtsisʲa]
ruzie hebben (ww)	сварыцца	[svaˈrɪtsa]
vrede sluiten (ww)	мірыцца	[miˈrɪtsa]
samen (bw)	разам	[ˈrazam]
seks (de)	сэкс (м)	[sɛks]
geluk (het)	шчасце (н)	[ˈʃʧasʲtsɛ]
gelukkig (bn)	шчаслівы	[ʃʧasʲˈlivɪ]
ongeluk (het)	няшчасце (н)	[ɲaʃˈʧasʲtsɛ]
ongelukkig (bn)	няшчасны	[ɲaʃˈʧasnɪ]

57

Karakter. Gevoelens. Emoties

58. Gevoelens. Emoties

gevoel (het)	пачуццё (н)	[patʃuˈtsɜ]
gevoelens (mv.)	пачуцці (н мн)	[paˈtʃutsi]
voelen (ww)	адчуваць	[atʃuˈvats]
honger (de)	голад (м)	[ˈɣɔlat]
honger hebben (ww)	хацець есці	[haˈtsɛts ˈɛsʲtsi]
dorst (de)	смага (ж)	[ˈsmaɣa]
dorst hebben	хацець піць	[haˈtsɛts ˈpits]
slaperigheid (de)	санлівасць (ж)	[sanˈlivasʲts]
willen slapen	хацець спаць	[ħaˈtsɛts ˈspats]
moeheid (de)	стомленасць (ж)	[ˈstɔmlɛnasʲts]
moe (bn)	стомлены	[ˈstɔmlɛnɪ]
vermoeid raken (ww)	стаміцца	[staˈmitsa]
stemming (de)	настрой (м)	[nastˈrɔj]
verveling (de)	сум (м)	[sum]
zich vervelen (ww)	сумаваць	[sumaˈvats]
afzondering (de)	самота (ж)	[saˈmɔta]
zich afzonderen (ww)	адасобіцца	[adaˈsɔbitsa]
bezorgd maken (ww)	непакоіць	[nɛpaˈkɔits]
zich bezorgd maken	непакоіцца	[nɛpaˈkɔitsa]
zorg (bijv. geld~en)	неспакой (м)	[nɛspaˈkɔj]
ongerustheid (de)	трывога (ж)	[trɪˈvɔɣa]
ongerust (bn)	заклапочаны	[zaklaˈpɔtʃanɪ]
zenuwachtig zijn (ww)	нервавацца	[nɛrvaˈvatsa]
in paniek raken	панікаваць	[panikaˈvats]
hoop (de)	надзея (ж)	[naˈdzɛja]
hopen (ww)	спадзявацца	[spadzʲaˈvatsa]
zekerheid (de)	упэўненасць (ж)	[uˈpɛunɛnasʲts]
zeker (bn)	упэўнены	[uˈpɛunɛnɪ]
onzekerheid (de)	няўпэўненасць (ж)	[ɲauˈpɛunɛnasʲts]
onzeker (bn)	няўпэўнены	[ɲauˈpɛunɛnɪ]
dronken (bn)	п'яны	[ˈpʰjanɪ]
nuchter (bn)	цвярозы	[tsvʲaˈrɔzɪ]
zwak (bn)	слабы	[ˈslabɪ]
gelukkig (bn)	шчаслівы	[ʃtʃasʲˈlivɪ]
doen schrikken (ww)	напалохаць	[napaˈlɔhats]
toorn (de)	шаленства (н)	[ʃaˈlɛnstva]
woede (de)	лютасць (ж)	[ˈlytasʲts]
depressie (de)	дэпрэсія (ж)	[dɛpˈrɛsija]
ongemak (het)	дыскамфорт (м)	[dɪskamˈfɔrt]

gemak, comfort (het)	камфорт (м)	[kam'fɔrt]
spijt hebben (ww)	шкадаваць	[ʃkada'vats]
spijt (de)	шкадаванне (н)	[ʃkada'vaɲɛ]
pech (de)	нешанцаванне (н)	[nɛʃantsa'vaɲɛ]
bedroefdheid (de)	засмучэнне (н)	[zasmu'ʧɛɲɛ]

schaamte (de)	сорам (м)	['sɔram]
pret (de), plezier (het)	весялосць (ж)	[wɛsʲa'lɔsʲts]
enthousiasme (het)	энтузіязм (м)	[ɛntuzi'jazm]
enthousiasteling (de)	энтузіяст (м)	[ɛntuzi'jast]
enthousiasme vertonen	праяўіць энтузіязм	[praja'wits ɛntuzi'jazm]

59. Karakter. Persoonlijkheid

karakter (het)	характар (м)	[ha'raktar]
karakterfout (de)	недахоп (м)	[nɛda'hɔp]
rede (de), verstand (het)	розум (м)	['rɔzum]

geweten (het)	сумленне (н)	[sum'lɛɲɛ]
gewoonte (de)	звычка (ж)	['zvɪʧka]
bekwaamheid (de)	здольнасць (ж)	['zdɔʎnasʲts]
kunnen (bijv., ~ zwemmen)	умець	[u'mɛts]

geduldig (bn)	цярплівы	[tsʲarp'livɪ]
ongeduldig (bn)	нецярплівы	[nɛtsʲarp'livɪ]
nieuwsgierig (bn)	цікаўны	[tsi'kaunɪ]
nieuwsgierigheid (de)	цікаўнасць (ж)	[tsi'kaunasʲts]

bescheidenheid (de)	сціпласць (ж)	['sʲtsiplasʲts]
bescheiden (bn)	сціплы	['sʲtsiplɪ]
onbescheiden (bn)	нясціплы	[ɲasʲ'tsiplɪ]

luiheid (de)	лянота (ж)	[ʎa'nɔta]
lui (bn)	гультаяваты	[ɣuʎtaja'vatɪ]
luiwammes (de)	гультай (м)	[ɣuʎ'taj]

sluwheid (de)	хітрасць (ж)	['hitrasʲts]
sluw (bn)	хітры	['hitrɪ]
wantrouwen (het)	недавер (м)	[nɛda'wɛr]
wantrouwig (bn)	недаверлівы	[nɛda'wɛrlivɪ]

gulheid (de)	шчодрасць (ж)	['ʃʧɔdrasʲts]
gul (bn)	шчодры	['ʃʧɔdrɪ]
talentrijk (bn)	таленавіты	[talɛna'witɪ]
talent (het)	талент (м)	['talɛnt]

moedig (bn)	смелы	['sʲmɛlɪ]
moed (de)	смеласць (ж)	['sʲmɛlasʲts]
eerlijk (bn)	сумленны	[sum'lɛɲɪ]
eerlijkheid (de)	сумленнасць (ж)	[sum'lɛɲasʲts]

voorzichtig (bn)	асцярожны	[asʲtsʲa'rɔʒnɪ]
manhaftig (bn)	адважны	[ad'vaʒnɪ]
ernstig (bn)	сур'ёзны	[surʰ'ɔznɪ]

streng (bn)	строгі	['strɔɣi]
resoluut (bn)	рашучы	[ra'ʃutʃɪ]
onzeker, irresoluut (bn)	нерашучы	[nɛra'ʃutʃɪ]
schuchter (bn)	нясмелы	[ɲasʲ'mɛlɪ]
schuchterheid (de)	нясмеласць (ж)	[ɲasʲ'mɛlasʲts]
vertrouwen (het)	давер (м)	[da'wɛr]
vertrouwen (ww)	верыць	['wɛrɪts]
goedgelovig (bn)	даверлівы	[da'wɛrlivɪ]
oprecht (bw)	чыстасардэчна	[tʃɪstasar'dɛtʃna]
oprecht (bn)	чыстасардэчны	[tʃɪstasar'dɛtʃnɪ]
oprechtheid (de)	чыстасардэчнасць (ж)	[tʃɪstasar'dɛtʃnasʲts]
open (bn)	адкрыты	[atk'rɪtɪ]
rustig (bn)	ціхі	['tsihi]
openhartig (bn)	шчыры	['ʃtʃɪrɪ]
naïef (bn)	наіўны	[na'iunɪ]
verstrooid (bn)	рассеяны	[ras'sɛjanɪ]
leuk, grappig (bn)	смешны	['sʲmɛʃnɪ]
gierigheid (de)	прагнасць (ж)	['praɣnasʲts]
gierig (bn)	прагны	['praɣnɪ]
inhalig (bn)	скупы	[sku'pɪ]
kwaad (bn)	злы	[zlɪ]
koppig (bn)	упарты	[u'partɪ]
onaangenaam (bn)	непрыемны	[nɛprɪ'ɛmnɪ]
egoïst (de)	эгаіст (м)	[ɛɣa'ist]
egoïstisch (bn)	эгаістычны	[ɛɣais'tɪtʃnɪ]
lafaard (de)	баязлівец (м)	[bajazʲ'liwɛts]
laf (bn)	баязлівы	[bajazʲ'livɪ]

60. Slaap. Dromen

slapen (ww)	спаць	[spats]
slaap (in ~ vallen)	сон (м)	[sɔn]
droom (de)	сон (м)	[sɔn]
dromen (in de slaap)	сніць сны	['sʲnits 'snɪ]
slaperig (bn)	сонны	['sɔnɪ]
bed (het)	ложак (м)	['lɔʒak]
matras (de)	матрац (м)	[mat'rats]
deken (de)	коўдра (ж)	['kɔudra]
kussen (het)	падушка (ж)	[pa'duʃka]
laken (het)	прасціна (ж)	[prasʲtsi'na]
slapeloosheid (de)	бяссонніца (ж)	[bʲas'sɔɲitsa]
slapeloos (bn)	бяссонны	[bʲas'sɔɲɪ]
slaapmiddel (het)	снатворнае (н)	[snat'vɔrnaɛ]
slaapmiddel innemen	прыняць снатворнае	[prɪ'ɲats snat'vɔrnaɛ]
willen slapen	хацець спаць	[ha'tsɛts 'spats]
geeuwen (ww)	пазяхаць	[pazʲa'hats]

gaan slapen	ісці спаць	[isʲˈtsi ˈspats]
het bed opmaken	спаць пасцель	[ˈslats pasʲˈtsɛʎ]
inslapen (ww)	заснуць	[zasˈnuts]

nachtmerrie (de)	кашмар (м)	[kaʃˈmar]
gesnurk (het)	храп (м)	[hrap]
snurken (ww)	храпці	[hrapˈtsi]

wekker (de)	будзільнік (м)	[buˈdziʎnik]
wekken (ww)	разбудзіць	[razbuˈdzits]
wakker worden (ww)	прачынацца	[pratʃʲˈnatsa]
opstaan (ww)	уставаць	[ustaˈvats]
zich wassen (ww)	умывацца	[umɪˈvatsa]

61. Humor. Gelach. Blijdschap

humor (de)	гумар (м)	[ˈɣumar]
gevoel (het) voor humor	пачуццё (н)	[patʃuˈts3]
plezier hebben (ww)	весяліцца	[wɛsʲaˈlitsa]
vrolijk (bn)	вясёлы	[vʲaˈs3lɪ]
pret (de), plezier (het)	весялосць (ж)	[wɛsʲaˈlɔsʲts]

glimlach (de)	усмешка (ж)	[usʲˈmɛʃka]
glimlachen (ww)	усміхацца	[usʲmiˈhatsa]
beginnen te lachen (ww)	засмяяцца	[zasʲmʲaˈjatsa]
lachen (ww)	смяяцца	[sʲmʲaˈjatsa]
lach (de)	смех (м)	[sʲmɛh]

mop (de)	анекдот (м)	[anɛɣˈdɔt]
grappig (een ~ verhaal)	смешны	[ˈsʲmɛʃnɪ]
grappig (~e clown)	смешны	[ˈsʲmɛʃnɪ]

grappen maken (ww)	жартаваць	[ʒartaˈvats]
grap (de)	жарт (м)	[ʒart]
blijheid (de)	радасць (ж)	[ˈradasʲts]
blij zijn (ww)	радавацца	[ˈradavatsa]
blij (bn)	радасны	[ˈradasnɪ]

62. Discussie, conversatie. Deel 1

communicatie (de)	зносіны (мн)	[ˈznɔsinɪ]
communiceren (ww)	мець зносіны	[ˈmɛdzʲ ˈznɔsinɪ]

conversatie (de)	размова (ж)	[razˈmɔva]
dialoog (de)	дыялог (м)	[dɪjaˈlɔh]
discussie (de)	дыскусія (ж)	[dɪsˈkusija]
debat (het)	спрэчка (ж)	[ˈsprɛtʃka]
debatteren, twisten (ww)	спрачацца	[spraˈtʃatsa]

gesprekspartner (de)	суразмоўца (м)	[surazˈmoutsa]
thema (het)	тэма (ж)	[ˈtɛma]
standpunt (het)	пункт (м) погляду	[ˈpuŋkt ˈpoɣʎadu]

mening (de)	меркаванне (н)	[mɛrka'vaŋɛ]
toespraak (de)	прамова (ж)	[pra'mova]

bespreking (de)	абмеркаванне (н)	[abmɛrka'vaŋɛ]
bespreken (spreken over)	абмяркоўваць	[abmʲarˈkouvats]
gesprek (het)	гутарка (ж)	['ɣutarka]
spreken (converseren)	гутарыць	['ɣutarɪts]
ontmoeting (de)	сустрэча (ж)	[sust'rɛʧa]
ontmoeten (ww)	сустракацца	[sustra'katsa]

spreekwoord (het)	прыказка (ж)	['prɪkaska]
gezegde (het)	прымаўка (ж)	['prɪmauka]
raadsel (het)	загадка (ж)	[za'ɣatka]
een raadsel opgeven	загадваць загадку	[za'ɣadvadzʲ za'ɣatku]
wachtwoord (het)	пароль (м)	[pa'rɔʎ]
geheim (het)	сакрэт (м)	[sak'rɛt]

eed (de)	клятва (ж)	['kʎatva]
zweren (een eed doen)	клясціся	['kʎasʲtsisʲa]
belofte (de)	абяцанне (н)	[abʲa'tsaŋɛ]
beloven (ww)	абяцаць	[abʲa'tsats]

advies (het)	парада (ж)	[pa'rada]
adviseren (ww)	раіць	['raits]
luisteren (gehoorzamen)	слухацца	['sluhatsa]

nieuws (het)	навіна (ж)	[nawi'na]
sensatie (de)	сенсацыя (ж)	[sɛn'satsɪja]
informatie (de)	звесткі (ж мн)	['zʲwɛstki]
conclusie (de)	выснова (ж)	[vɪs'nova]
stem (de)	голас (м)	['ɣɔlas]
compliment (het)	камплімент (м)	[kampli'mɛnt]
vriendelijk (bn)	ласкавы	[las'kavɪ]

woord (het)	слова (н)	['slova]
zin (de), zinsdeel (het)	фраза (ж)	['fraza]
antwoord (het)	адказ (м)	[at'kas]

waarheid (de)	праўда (ж)	['prauda]
leugen (de)	хлусня (ж)	[hlusʲ'ɲa]

gedachte (de)	думка (ж)	['dumka]
idee (de/het)	ідэя (ж)	[i'dɛja]
fantasie (de)	фантазія (ж)	[fan'tazija]

63. Discussie, conversatie. Deel 2

gerespecteerd (bn)	паважаны	[pava'ʒanɪ]
respecteren (ww)	паважаць	[pava'ʒats]
respect (het)	павага (ж)	[pa'vaɣa]
Geachte ... (brief)	Паважаны ...	[pava'ʒanɪ]

voorstellen (Mag ik jullie ~)	пазнаёміць	[paznaɛ'mits]
intentie (de)	намер (м)	[na'mɛr]

intentie hebben (ww)	мець намер	[mɛts na'mɛr]
wens (de)	пажаданне (н)	[paʒa'daŋɛ]
wensen (ww)	пажадаць	[paʒa'dats]

verbazing (de)	здзіўленне (н)	[zʲdziu'lɛŋɛ]
verbazen (verwonderen)	здзіўляць	[zʲdziu'ʎats]
verbaasd zijn (ww)	здзіўляцца	[zʲdziu'ʎatsa]

geven (ww)	даць	[dats]
nemen (ww)	узяць	[u'zʲats]
teruggeven (ww)	вярнуць	[vʲar'nuts]
retourneren (ww)	аддаць	[ad'dats]

zich verontschuldigen	прасіць прабачэння	[pra'sits praba'tʃɛnja]
verontschuldiging (de)	прабачэнне (н)	[praba'tʃɛnɛ]
vergeven (ww)	выбачаць	[vɪba'tʃats]

spreken (ww)	размаўляць	[razmau'ʎats]
luisteren (ww)	слухаць	['sluhats]
aanhoren (ww)	выслухаць	['vɪsluhats]
begrijpen (ww)	зразумець	[zrazu'mɛts]

tonen (ww)	паказаць	[paka'zats]
kijken naar ...	глядзець	[ɣʎa'dzɛts]
roepen (vragen te komen)	паклікаць	[pak'likats]
storen (lastigvallen)	замінаць	[zami'nats]
doorgeven (ww)	перадаць	[pɛra'dats]

verzoek (het)	просьба (ж)	['prɔzʲba]
verzoeken (ww)	прасіць	[pra'sits]
eis (de)	патрабаванне (н)	[patraba'vaŋɛ]
eisen (met klem vragen)	патрабаваць	[patraba'vats]

beledigen	дражніць	[draʒ'nits]
(beledigende namen geven)		
uitlachen (ww)	кпіць	[kpits]
spot (de)	кпіны (мн)	['kpinɪ]
bijnaam (de)	празванне (н)	[praz'vaŋɛ]

zinspeling (de)	намёк (м)	[na'mɜk]
zinspelen (ww)	намякаць	[namʲa'kats]
impliceren (duiden op)	мець на ўвазе	['mɛts na u'vazɛ]

beschrijving (de)	апісанне (н)	[api'saŋɛ]
beschrijven (ww)	апісаць	[api'sats]
lof (de)	пахвала (ж)	[pahva'la]
loven (ww)	пахваліць	[pahva'lits]

teleurstelling (de)	расчараванне (н)	[raʃtʃara'vaŋɛ]
teleurstellen (ww)	расчараваць	[raʃtʃara'vats]
teleurgesteld zijn (ww)	расчаравацца	[raʃtʃara'vatsa]

veronderstelling (de)	дапушчэнне (н)	[dapuʃ'tʃɛŋɛ]
veronderstellen (ww)	дапускаць	[dapus'kats]
waarschuwing (de)	перасцярога (ж)	[pɛrasʲtsʲa'rɔɣa]
waarschuwen (ww)	перасцерагчы	[pɛrasʲtsɛrah'tʃɪ]

63

64. Discussie, conversatie. Deel 3

aanpraten (ww)	угаварыць	[uɣava'rɪts]
kalmeren (kalm maken)	супакойваць	[supa'kɔjvats]
stilte (de)	маўчанне (н)	[mau'ʧaŋɛ]
zwijgen (ww)	маўчаць	[mau'ʧats]
fluisteren (ww)	шапнуць	[ʃap'nuts]
gefluister (het)	шэпт (м)	[ʃɛpt]
open, eerlijk (bw)	шчыра	['ʃʧɪra]
volgens mij …	на маю думку …	[na ma'ju 'dumku]
detail (het)	падрабязнасць (ж)	[padra'bʲaznasʲts]
gedetailleerd (bn)	падрабязны	[padra'bʲaznɪ]
gedetailleerd (bw)	падрабязна	[padra'bʲazna]
hint (de)	падказка (ж)	[pat'kaska]
een hint geven	падказаць	[patka'zats]
blik (de)	позірк (м)	['pɔzirk]
een kijkje nemen	зірнуць	[zir'nuts]
strak (een ~ke blik)	нерухомы	[nɛru'hɔmɪ]
knipperen (ww)	міргаць	[mir'ɣats]
knipogen (ww)	мігнуць	[miɣ'nuts]
knikken (ww)	кіўнуць	[kiu'nuts]
zucht (de)	уздых (м)	[uz'dɪh]
zuchten (ww)	уздыхнуць	[uzdɪh'nuts]
huiveren (ww)	уздрыгваць	[uzd'rɪɣvats]
gebaar (het)	жэст (м)	[ʒɛst]
aanraken (ww)	дакрануцца	[dakra'nutsa]
grijpen (ww)	хапаць	[ha'pats]
een schouderklopje geven	ляпаць	['ʎapats]
Kijk uit!	Асцярожна!	[asʲtsʲa'rɔʒna]
Echt?	Няўжо?	[ɲau'ʒɔ]
Bent je er zeker van?	Ты ўпэўнены?	[tɪ u'pɛunɛnɪ]
Succes!	Удачы!	[u'datʃɪ]
Juist, ja!	Зразумела!	[zrazu'mɛla]
Wat jammer!	Шкада!	[ʃka'da]

65. Overeenstemming. Weigering

instemming (het)	згода (ж)	['zɣɔda]
instemmen (akkoord gaan)	згаджацца	[zɣa'dʒatsa]
goedkeuring (de)	ухвала (ж)	[uh'vala]
goedkeuren (ww)	ухваліць	[uhva'lits]
weigering (de)	адмова (ж)	[ad'mɔva]
weigeren (ww)	адмаўляцца	[admau'ʎatsa]
Geweldig!	Выдатна!	[vɪ'datna]
Goed!	Згода!	['zɣɔda]

Akkoord!	Добра!	['dɔbra]
verboden (bn)	забаронены	[zaba'rɔnɛnɪ]
het is verboden	нельга	['nɛʎɣa]
het is onmogelijk	немагчыма	[nɛmah'ʧɪma]
onjuist (bn)	няправільны	[ɲap'rawiʎnɪ]

afwijzen (ww)	адхіліць	[athi'lits]
steunen	падтрымаць	[pattrɪ'mats]
(een goed doel, enz.)		
aanvaarden (excuses ~)	прыняць	[prɪ'ɲats]

bevestigen (ww)	пацвердзіць	[pats'wɛrdzits]
bevestiging (de)	пацвярджэнне (н)	[patsvʲar'ʤɛɲɛ]

toestemming (de)	дазвол (м)	[daz'vɔl]
toestaan (ww)	дазволіць	[daz'volits]
beslissing (de)	рашэнне (н)	[ra'ʃɛɲɛ]
z'n mond houden (ww)	прамаўчаць	[pramau'ʧats]

voorwaarde (de)	умова (ж)	[u'mɔva]
smoes (de)	адгаворка (ж)	[adɣa'vɔrka]
lof (de)	пахвала (ж)	[pahva'la]
loven (ww)	хваліць	[hva'lits]

66. Succes. Veel geluk. Mislukking

succes (het)	поспех (м)	['pɔsʲpɛh]
succesvol (bw)	паспяхова	[pasʲpʲa'hova]
succesvol (bn)	паспяховы	[pasʲpʲa'hɔvɪ]

geluk (het)	удача (ж)	[u'daʧa]
Succes!	Удачы!	[u'daʧɪ]

geluks- (bn)	удалы	[u'dalɪ]
gelukkig (fortuinlijk)	удачлівы	[u'daʧlivɪ]

mislukking (de)	няўдача (ж)	[ɲau'daʧa]
tegenslag (de)	няўдача (ж)	[ɲau'daʧa]
pech (de)	нешанцаванне (н)	[nɛʃantsa'vaɲɛ]

zonder succes (bn)	няўдалы	[ɲau'dalɪ]
catastrofe (de)	катастрофа (ж)	[katast'rɔfa]

fierheid (de)	гонар (м)	['ɣɔnar]
fier (bn)	горды	['ɣɔrdɪ]
fier zijn (ww)	ганарыцца	[ɣana'rɪtsa]

winnaar (de)	пераможца (м)	[pɛra'mɔʃtsa]
winnen (ww)	перамагчы	[pɛramah'ʧɪ]

verliezen (ww)	прайграць	[prajɣ'rats]
poging (de)	спроба (ж)	['sprɔba]
pogen, proberen (ww)	спрабаваць	[spraba'vats]
kans (de)	шанец (м)	['ʃanɛts]

67. Ruzies. Negatieve emoties

schreeuw (de)	крык (м)	[krɪk]
schreeuwen (ww)	крычаць	[krɪ'ʧaʦ]
beginnen te schreeuwen	закрычаць	[zakrɪ'ʧaʦ]

ruzie (de)	сварка (ж)	['svarka]
ruzie hebben (ww)	сварыцца	[sva'rɪʦa]
schandaal (het)	скандал (м)	[skan'dal]
schandaal maken (ww)	скандаліць	[skan'daliʦ]
conflict (het)	канфлікт (м)	[kanf'likt]
misverstand (het)	непаразуменне (н)	[nɛparazu'mɛŋɛ]

belediging (de)	абраза (ж)	[ab'raza]
beledigen (met scheldwoorden)	абражаць	[abra'ʒaʦ]
beledigd (bn)	абражаны	[ab'raʒanɪ]
krenking (de)	крыўда (ж)	['krɪuda]
krenken (beledigen)	пакрыўдзіць	[pak'rɪudziʦ]
gekwetst worden (ww)	пакрыўдзіцца	[pak'rɪudziʦa]

verontwaardiging (de)	абурэнне (н)	[abu'rɛŋɛ]
verontwaardigd zijn (ww)	абурацца	[abu'raʦa]
klacht (de)	скарга (ж)	['skarɣa]
klagen (ww)	скардзіцца	['skardziʦa]

verontschuldiging (de)	прабачэнне (н)	[praba'ʧɛŋɛ]
zich verontschuldigen	прасіць прабачэння	[pra'siʦ praba'ʧɛŋja]
excuus vragen	перапрашаць	[pɛrapra'ʃaʦ]

kritiek (de)	крытыка (ж)	['krɪtɪka]
bekritiseren (ww)	крытыкаваць	[krɪtɪka'vaʦ]
beschuldiging (de)	абвінавачванне (н)	[abwina'vaʧvaŋɛ]
beschuldigen (ww)	абвінавачваць	[abwina'vaʧvaʦ]

wraak (de)	помста (ж)	['pɔmsta]
wreken (ww)	помсціць	['pɔmsʲʦiʦ]
wraak nemen (ww)	адплаціць	[atpla'ʦiʦ]

minachting (de)	пагарда (ж)	[pa'ɣarda]
minachten (ww)	пагарджаць	[paɣar'dʒaʦ]
haat (de)	нянавісць (ж)	[ɲa'nawisʲʦ]
haten (ww)	ненавідзець	[nɛna'widzɛʦ]

zenuwachtig (bn)	нервовы	[nɛr'vɔvɪ]
zenuwachtig zijn (ww)	нервавацца	[nɛrva'vaʦa]
boos (bn)	злосны	['zlɔsnɪ]
boos maken (ww)	раззлаваць	[razzla'vaʦ]

vernedering (de)	прыніжэнне (ж)	[prɪni'ʒɛŋɛ]
vernederen (ww)	прыніжаць	[prɪni'ʒaʦ]
zich vernederen (ww)	прыніжацца	[prɪni'ʒaʦa]

schok (de)	шок (м)	[ʃɔk]
schokken (ww)	шакіраваць	[ʃa'kiravaʦ]

| onaangenaamheid (de) | непрыемнасць (ж) | [nɛprɪ'ɛmnasʲts] |
| onaangenaam (bn) | непрыемны | [nɛprɪ'ɛmnɪ] |

vrees (de)	страх (м)	[strah]
vreselijk (bijv. ~ onweer)	страшэнны	[stra'ʃɛŋɪ]
eng (bn)	страшны	['straʃnɪ]
gruwel (de)	жах (м)	[ʒah]
vreselijk (~ nieuws)	жахлівы	[ʒah'livɪ]

huilen (wenen)	плакаць	['plakats]
beginnen te huilen (wenen)	заплакаць	[zap'lakats]
traan (de)	сляза (ж)	[sʲʎa'za]

schuld (~ geven aan)	віна (ж)	[wi'na]
schuldgevoel (het)	віна (ж)	[wi'na]
schande (de)	ганьба (ж)	['ɣaɲba]
protest (het)	пратэст (м)	[pra'tɛst]
stress (de)	стрэс (м)	[strɛs]

storen (lastigvallen)	турбаваць	[turba'vats]
kwaad zijn (ww)	злавацца	[zla'vatsa]
kwaad (bn)	злы	[zlɪ]
beëindigen (een relatie ~)	спыняць	[spɪ'ɲats]
vloeken (ww)	лаяцца	['lajatsa]

schrikken (schrik krijgen)	палохацца	[pa'lohatsa]
slaan (iemand ~)	стукнуць	['stuknuts]
vechten (ww)	біцца	['bitsa]

regelen (conflict)	урэгуляваць	[urɛɣuʎa'vats]
ontevreden (bn)	незадаволены	[nɛzada'volɛnɪ]
woedend (bn)	люты	['lytɪ]

| Dat is niet goed! | Гэта нядобра! | ['ɣɛta ɲa'dobra] |
| Dat is slecht! | Гэта дрэнна! | ['ɣɛta 'drɛŋa] |

Geneeskunde

68. Ziekten

ziekte (de)	хвароба (ж)	[hva'rɔba]
ziek zijn (ww)	хварэць	[hva'rɛts]
gezondheid (de)	здароўе (н)	[zda'rɔuɛ]
snotneus (de)	насмарк (м)	['nasmark]
angina (de)	ангіна (ж)	[a'ɲina]
verkoudheid (de)	прастуда (ж)	[pras'tuda]
verkouden raken (ww)	прастудзіцца	[prastu'dzitsa]
bronchitis (de)	бранхіт (м)	[bran'hit]
longontsteking (de)	запаленне (н) лёгкіх	[zapa'lɛɲɛ 'lɜhkih]
griep (de)	грып (м)	[ɣrɪp]
bijziend (bn)	блізарукі	[bliza'ruki]
verziend (bn)	дальназоркі	[daʎna'zɔrki]
scheelheid (de)	касавокасць (ж)	[kasa'vɔkasʲts]
scheel (bn)	касавокі	[kasa'vɔki]
grauwe staar (de)	катаракта (ж)	[kata'rakta]
glaucoom (het)	глаўкома (ж)	[ɣlau'kɔma]
beroerte (de)	інсульт (м)	[in'suʎt]
hartinfarct (het)	інфаркт (м)	[in'farkt]
myocardiaal infarct (het)	інфаркт (м) міякарда	[in'farkt mija'karda]
verlamming (de)	параліч (м)	[para'litʃ]
verlammen (ww)	паралізаваць	[paraliza'vats]
allergie (de)	алергія (ж)	[alɛr'ɣija]
astma (de/het)	астма (ж)	['astma]
diabetes (de)	дыябет (м)	[dɨja'bɛt]
tandpijn (de)	зубны боль (м)	[zub'nɪ 'bɔʎ]
tandbederf (het)	карыес (м)	['karɪɛs]
diarree (de)	дыярэя (ж)	[dɨja'rɛja]
constipatie (de)	запор (м)	[za'pɔr]
maagstoornis (de)	расстройства (н) страўніка	[rast'rɔjstva 'straunika]
voedselvergiftiging (de)	атручванне (н)	[at'rutʃvaɲɛ]
voedselvergiftiging oplopen	атруціцца	[atru'tsitsa]
artritis (de)	артрыт (м)	[art'rɪt]
rachitis (de)	рахіт (м)	[ra'hit]
reuma (het)	рэўматызм (м)	[rɛuma'tɪzm]
arteriosclerose (de)	атэрасклероз (м)	[atɛrasklɛ'rɔs]
gastritis (de)	гастрыт (м)	[ɣast'rɪt]
blindedarmontsteking (de)	апендыцыт (м)	[apɛndɪ'tsɪt]

| galblaasontsteking (de) | халецыстыт (м) | [halɛtsɪsˈtɪt] |
| zweer (de) | язва (ж) | [ˈjazva] |

mazelen (mv.)	адзёр (м)	[aˈdzɜr]
rodehond (de)	краснуха (ж)	[krasˈnuha]
geelzucht (de)	жаўтуха (ж)	[ʒauˈtuha]
leverontsteking (de)	гепатыт (м)	[ɣɛpaˈtɪt]

schizofrenie (de)	шызафрэнія (ж)	[ʃɪzafrɛˈnija]
dolheid (de)	шаленства (н)	[ʃaˈlɛnstva]
neurose (de)	неўроз (м)	[nɛuˈrɔs]
hersenschudding (de)	страсенне (н) мазгоў	[straˈsɛɲɛ mazɣˈɔu]

kanker (de)	рак (м)	[rak]
sclerose (de)	склероз (м)	[sklɛˈrɔs]
multiple sclerose (de)	рассеяны склероз (м)	[rasˈsɛjanɪ sklɛˈrɔs]

alcoholisme (het)	алкагалізм (м)	[alkaɣaˈlizm]
alcoholicus (de)	алкаголік (м)	[alkaˈɣɔlik]
syfilis (de)	сіфіліс (м)	[ˈsifilis]
AIDS (de)	СНІД (м)	[sʲnit]

tumor (de)	пухліна (ж)	[puhˈlina]
kwaadaardig (bn)	злаякасная	[zlaˈjakasnaja]
goedaardig (bn)	дабраякасная	[dabraˈjakasnaja]

koorts (de)	ліхаманка (ж)	[lihaˈmaŋka]
malaria (de)	малярыя (ж)	[maʎaˈrɪja]
gangreen (het)	гангрэна (ж)	[ɣaŋˈrɛna]
zeeziekte (de)	марская хвароба (ж)	[marsˈkaja hvaˈrɔba]
epilepsie (de)	эпілепсія (ж)	[ɛpiˈlɛpsija]

epidemie (de)	эпідэмія (ж)	[ɛpiˈdɛmija]
tyfus (de)	тыф (м)	[tɪf]
tuberculose (de)	сухоты (мн)	[suˈhɔtɪ]
cholera (de)	халера (ж)	[haˈlɛra]
pest (de)	чума (ж)	[ʧuˈma]

69. Symptomen. Behandelingen. Deel 1

symptoom (het)	сімптом (м)	[simpˈtɔm]
temperatuur (de)	тэмпература (ж)	[tɛmpɛraˈtura]
verhoogde temperatuur (de)	высокая тэмпература (ж)	[vɪˈsɔkaja tɛmpɛraˈtura]
polsslag (de)	пульс (м)	[puʎs]

duizeling (de)	галавакружэнне (н)	[ɣalavakˈruʒɛŋɛ]
heet (erg warm)	гарачы	[ɣaˈratʃɪ]
koude rillingen (mv.)	дрыжыкі (мн)	[ˈdrɪʒɪki]
bleek (bn)	бледны	[ˈblɛdnɪ]

hoest (de)	кашаль (м)	[ˈkaʃaʎ]
hoesten (ww)	кашляць	[ˈkaʃʎats]
niezen (ww)	чхаць	[ʧhats]
flauwte (de)	непрытомнасць (ж)	[nɛprɪˈtɔmnasʲts]

flauwvallen (ww) | страціць прытомнасць | ['stratsits prɪ'tomnasits]
blauwe plek (de) | сіняк (м) | [si'ɲak]
buil (de) | гуз (м) | [ɣus]
zich stoten (ww) | стукнуцца | ['stuknutsa]
kneuzing (de) | выцятае месца (н) | ['vɪtsiataɛ 'mɛstsa]
kneuzen (gekneusd zijn) | выцяцца | ['vɪtsiatsa]

hinken (ww) | кульгаць | [kuʎ'ɣats]
verstuiking (de) | звіх (м) | [zⁱwih]
verstuiken (enkel, enz.) | звіхнуць | [zⁱwih'nuts]
breuk (de) | пералом (м) | [pɛra'lom]
een breuk oplopen | атрымаць пералом | [atrɪ'mats pɛra'lom]

snijwond (de) | парэз (м) | [pa'rɛs]
zich snijden (ww) | парэзацца | [pa'rɛzatsa]
bloeding (de) | крывацёк (м) | [krɪva'tsɜk]

brandwond (de) | апёк (м) | [a'pɜk]
zich branden (ww) | апячыся | [apⁱa'tʃɪsⁱa]

prikken (ww) | укалоць | [uka'lots]
zich prikken (ww) | укалоцца | [uka'lotsa]
blesseren (ww) | пашкодзіць | [paʃ'kodzits]
blessure (letsel) | пашкоджанне (н) | [paʃ'kodʒaɲɛ]
wond (de) | рана (ж) | ['rana]
trauma (het) | траўма (ж) | ['trauma]

IJlen (ww) | трызніць | ['trɪzⁱnits]
stotteren (ww) | заікацца | [zai'katsa]
zonnesteek (de) | сонечны ўдар (м) | ['sonɛtʃnɪ u'dar]

70. Symptomen. Behandelingen. Deel 2

pijn (de) | боль (м) | [boʎ]
splinter (de) | стрэмка (ж) | ['strɛmka]

zweet (het) | пот (м) | [pot]
zweten (ww) | пацець | [pa'tsɛts]
braking (de) | ваніты (мн) | [va'nitɪ]
stuiptrekkingen (mv.) | сутаргі (ж мн) | ['sutarɣi]

zwanger (bn) | цяжарная | [tsⁱa'ʒarnaja]
geboren worden (ww) | нарадзіцца | [nara'dzitsa]
geboorte (de) | роды (мн) | ['rodɪ]
baren (ww) | нараджаць | [nara'dʒats]
abortus (de) | аборт (м) | [a'bort]

ademhaling (de) | дыханне (н) | [dɪ'haɲɛ]
inademing (de) | удых (м) | [u'dɪh]
uitademing (de) | выдых (м) | ['vɪdɪh]
uitademen (ww) | выдыхнуць | ['vɪdɪhnuts]
inademen (ww) | зрабіць удых | [zra'bits u'dɪh]
invalide (de) | інвалід (м) | [inva'lit]
gehandicapte (de) | калека (м, ж) | [ka'lɛka]

drugsverslaafde (de)	наркаман (м)	[narka'man]
doof (bn)	глухі	[ɣlu'hi]
stom (bn)	нямы	[ɲa'mɪ]
doofstom (bn)	глуханямы	[ɣluhaɲa'mɪ]
krankzinnig (bn)	звар'яцелы	[zvarʰja'ʦɛlɪ]
krankzinnige (man)	вар'ят (м)	[varʰ'jat]
krankzinnige (vrouw)	вар'ятка (ж)	[varʰ'jatka]
krankzinnig worden	звар'яцець	[zvarʰja'ʦɛʦs]
gen (het)	ген (м)	[ɣɛn]
immuniteit (de)	імунітэт (м)	[imuni'tɛt]
erfelijk (bn)	спадчынны	['spatʃɪɳɪ]
aangeboren (bn)	прыроджаны	[prɪ'rɔʤanɪ]
virus (het)	вірус (м)	['wirus]
microbe (de)	мікроб (м)	[mik'rɔp]
bacterie (de)	бактэрыя (ж)	[bak'tɛrɪja]
infectie (de)	інфекцыя (ж)	[in'fɛktsɪja]

71. Symptomen. Behandelingen. Deel 3

ziekenhuis (het)	бальніца (ж)	[baʎ'nitsa]
patiënt (de)	пацыент (м)	[patsɪ'ɛnt]
diagnose (de)	дыягназ (м)	[dɪ'jaɣnas]
genezing (de)	лячэнне (н)	[ʎa'ʧɛɲɛ]
onder behandeling zijn	лячыцца	[ʎa'ʧɪtsa]
behandelen (ww)	лячыць	[ʎa'ʧɪts]
zorgen (zieken ~)	даглядаць	[daɣʎa'dats]
ziekenzorg (de)	догляд (м)	['dɔɣʎat]
operatie (de)	аперацыя (ж)	[apɛ'ratsɪja]
verbinden (een arm ~)	перавязаць	[pɛravʲa'zats]
verband (het)	перавязанне (н)	[pɛra'vʲazvaɲɛ]
vaccin (het)	прышчэпка (ж)	[prɪʃ'ʧɛpka]
inenten (vaccineren)	рабіць прышчэпку	[ra'bits prɪʃ'ʧɛpku]
injectie (de)	укол (м)	[u'kɔl]
een injectie geven	рабіць укол	[ra'bits u'kɔl]
amputatie (de)	ампутацыя (ж)	[ampu'tatsɪja]
amputeren (ww)	ампутаваць	[amputa'vats]
coma (het)	кома (ж)	['kɔma]
in coma liggen	быць у коме	['bɪts u 'kɔmɛ]
intensieve zorg, ICU (de)	рэанімацыя (ж)	[rɛani'matsɪja]
zich herstellen (ww)	паправляцца	[paprau'ʎatsa]
toestand (de)	стан (м)	[stan]
bewustzijn (het)	прытомнасць (ж)	[prɪ'tɔmnasʲʦs]
geheugen (het)	памяць (ж)	['pamʲats]
trekken (een kies ~)	вырываць	[vɪrɪ'vats]
vulling (de)	пломба (ж)	['plɔmba]

vullen (ww)	пламбіраваць	[plambira'vats]
hypnose (de)	гіпноз (м)	[ɣip'nɔs]
hypnotiseren (ww)	гіпнатызаваць	[ɣipnatıza'vats]

72. Artsen

dokter, arts (de)	урач (м)	[u'ratʃ]
ziekenzuster (de)	медсястра (ж)	[mɛtsˈastˈra]
lijfarts (de)	асабісты ўрач (м)	[asa'bistı u'ratʃ]

tandarts (de)	дантыст (м)	[dan'tıst]
oogarts (de)	акуліст (м)	[aku'list]
therapeut (de)	тэрапеўт (м)	[tɛra'pɛut]
chirurg (de)	хірург (м)	[hi'rurh]

psychiater (de)	псіхіятр (м)	[psihi'jatr]
pediater (de)	педыятр (м)	[pɛdı'jatr]
psycholoog (de)	псіхолаг (м)	[psi'hɔlah]
gynaecoloog (de)	гінеколаг (м)	[ɣinɛ'kɔlah]
cardioloog (de)	кардыёлаг (м)	[kardıɔlah]

73. Geneeskunde. Medicijnen. Accessoires

geneesmiddel (het)	лякарства (н)	[ʎa'karstva]
middel (het)	сродак (м)	['srɔdak]
voorschrijven (ww)	прапісаць	[prapi'sats]
recept (het)	рэцэпт (м)	[rɛ'tsɛpt]

tablet (de/het)	таблетка (ж)	[tab'lɛtka]
zalf (de)	мазь (ж)	[masˈ]
ampul (de)	ампула (ж)	['ampula]
drank (de)	мікстура (ж)	[miks'tura]
siroop (de)	сіроп (м)	[si'rɔp]
pil (de)	пілюля (ж)	[pi'lyʎa]
poeder (de/het)	парашок (м)	[para'ʃɔk]

verband (het)	бінт (м)	[bint]
watten (mv.)	вата (ж)	['vata]
jodium (het)	ёд (м)	[ɔt]
pleister (de)	лейкапластыр (м)	[lɛjkap'lastır]
pipet (de)	піпетка (ж)	[pi'pɛtka]
thermometer (de)	градуснік (м)	['ɣradusˈnik]
spuit (de)	шпрыц (м)	[ʃprıts]

| rolstoel (de) | каляска (ж) | [ka'ʎaska] |
| krukken (mv.) | мыліцы (ж мн) | ['mılitsı] |

pijnstiller (de)	абязбольвальнае (н)	[abˈaz'bɔʎvaʎnaɛ]
laxeermiddel (het)	слабіцельнае (н)	[sla'bitsɛʎnaɛ]
spiritus (de)	спірт (м)	[sˈpirt]
medicinale kruiden (mv.)	трава (ж)	[tra'va]
kruiden- (abn)	травяны	[travˈa'nı]

74. Roken. Tabaksproducten

tabak (de)	тытунь (м)	[tɪˈtuɲ]
sigaret (de)	цыгарэта (ж)	[tsɪɣaˈrɛta]
sigaar (de)	цыгара (ж)	[tsɪˈɣara]
pijp (de)	люлька (ж)	[ˈlyʎka]
pakje (~ sigaretten)	пачак (м)	[ˈpatʃak]
lucifers (mv.)	запалкі (ж мн)	[zaˈpalki]
luciferdoosje (het)	запалкавы пачак (м)	[zaˈpalkavɪ ˈpatʃak]
aansteker (de)	запальніца (ж)	[zapaʎˈnitsa]
asbak (de)	попельніца (ж)	[ˈpɔpɛʎnitsa]
sigarettendoosje (het)	партабак (м)	[partaˈbak]
sigarettenpijpje (het)	муштук (м)	[muʃˈtuk]
filter (de/het)	фільтр (м)	[fiʎtr]
roken (ww)	курыць	[kuˈrɪts]
een sigaret opsteken	закурыць	[zakuˈrɪts]
roken (het)	курэнне (н)	[kuˈrɛɲɛ]
roker (de)	курэц (м)	[kuˈrɛts]
peuk (de)	недакурак (м)	[nɛdaˈkurak]
rook (de)	дым (м)	[dɪm]
as (de)	попел (м)	[ˈpɔpɛl]

HET MENSELIJKE LEEFGEBIED

Stad

75. Stad. Het leven in de stad

stad (de)	горад (м)	[ˈɣɔrat]
hoofdstad (de)	сталіца (ж)	[staˈlitsa]
dorp (het)	вёска (ж)	[ˈwɜska]
plattegrond (de)	план (м) горада	[plan ˈɣɔrada]
centrum (ov. een stad)	цэнтр (м) горада	[ʦɛntr ˈɣɔrada]
voorstad (de)	прыгарад (м)	[ˈprɪɣarat]
voorstads- (abn)	прыгарадны	[ˈprɪɣaradnɪ]
randgemeente (de)	ускраіна (ж)	[uskˈraina]
omgeving (de)	наваколле (н)	[navaˈkɔllɛ]
blok (huizenblok)	квартал (м)	[kvarˈtal]
woonwijk (de)	жылы квартал (м)	[ʒɪˈlɪ kvarˈtal]
verkeer (het)	рух (м)	[ruh]
verkeerslicht (het)	святлафор (м)	[sʲvʲatlaˈfɔr]
openbaar vervoer (het)	гарадскі транспарт (м)	[ɣaraʦˈki ˈtransport]
kruispunt (het)	скрыжаванне (н)	[skrɪʒaˈvaɲɛ]
zebrapad (oversteekplaats)	пераход (м)	[pɛraˈhɔt]
onderdoorgang (de)	падземны пераход (м)	[paˈdzɛmnɪ pɛraˈhɔt]
oversteken (de straat ~)	пераходзіць	[pɛraˈhɔdziʦ]
voetganger (de)	пешаход (м)	[pɛʃaˈhɔt]
trottoir (het)	ходнік (м)	[ˈhɔdnik]
brug (de)	мост (м)	[mɔst]
dijk (de)	набярэжная (ж)	[nabʲaˈrɛʒnaja]
fontein (de)	фантан (м)	[fanˈtan]
allee (de)	алея (ж)	[aˈlɛja]
park (het)	парк (м)	[park]
boulevard (de)	бульвар (м)	[buʎˈvar]
plein (het)	плошча (ж)	[ˈplɔʃʧa]
laan (de)	праспект (м)	[prasʲˈpɛkt]
straat (de)	вуліца (ж)	[ˈvulitsa]
zijstraat (de)	завулак (м)	[zaˈvulak]
doodlopende straat (de)	тупік (м)	[tuˈpik]
huis (het)	дом (м)	[dɔm]
gebouw (het)	будынак (м)	[buˈdɪnak]
wolkenkrabber (de)	хмарачос (м)	[hmaraˈʧɔs]
gevel (de)	фасад (м)	[faˈsat]
dak (het)	дах (м)	[dah]

venster (het)	акно (н)	[ak'nɔ]
boog (de)	арка (ж)	['arka]
pilaar (de)	калона (ж)	[ka'lɔna]
hoek (ov. een gebouw)	рог (м)	[rɔh]

vitrine (de)	вітрына (ж)	[wit'rɪna]
gevelreclame (de)	шыльда (ж)	['ʃɪʎda]
affiche (de/het)	афіша (ж)	[a'fiʃa]
reclameposter (de)	рэкламны плакат (м)	[rɛk'lamnɪ pla'kat]
aanplakbord (het)	рэкламны шчыт (м)	[rɛk'lamnɪ ʃtʃɪt]

vuilnis (de/het)	смецце (н)	['sʲmɛtsɛ]
vuilnisbak (de)	урна (ж)	['urna]
afval weggooien (ww)	насмечваць	[nasʲ'mɛtʃvatsʲ]
stortplaats (de)	сметнік (м)	['sʲmɛtnik]

telefooncel (de)	тэлефонная будка (ж)	[tɛlɛ'fɔŋaja 'butka]
straatlicht (het)	ліхтарны слуп (м)	[lih'tarnɪ 'slup]
bank (de)	лаўка (ж)	['lauka]

politieagent (de)	паліцэйскі (м)	[pali'tsɛjski]
politie (de)	паліцыя (ж)	[pa'litsɪja]
zwerver (de)	жабрак (м)	[ʒab'rak]
dakloze (de)	беспрытульны (м)	[bɛsprɪ'tuʎnɪ]

76. Stedelijke instellingen

winkel (de)	крама (ж)	['krama]
apotheek (de)	аптэка (ж)	[ap'tɛka]
optiek (de)	оптыка (ж)	['ɔptɪka]
winkelcentrum (het)	гандлёвы цэнтр (м)	[ɣand'lɔvɪ 'tsɛntr]
supermarkt (de)	супермаркет (м)	[supɛr'markɛt]

bakkerij (de)	булачная (ж)	['bulatʃnaja]
bakker (de)	пекар (м)	['pɛkar]
banketbakkerij (de)	кандытарская (ж)	[kan'dɪtarskaja]
kruidenier (de)	бакалея (ж)	[baka'lɛja]
slagerij (de)	мясная крама (ж)	[mʲas'naja 'krama]

| groentewinkel (de) | крама (ж) гароднíны | ['krama ɣa'rɔdninɪ] |
| markt (de) | рынак (м) | ['rɪnak] |

koffiehuis (het)	кавярня (ж)	[ka'vʲarɲa]
restaurant (het)	рэстаран (м)	[rɛsta'ran]
bar (de)	піўная (ж)	[piu'naja]
pizzeria (de)	піцэрыя (ж)	[pi'tsɛrɪja]

kapperssalon (de/het)	цырульня (ж)	[tsɪ'ruʎna]
postkantoor (het)	пошта (ж)	['pɔʃta]
stomerij (de)	хімчыстка (ж)	[him'tʃɪstka]
fotostudio (de)	фотаатэлье (н)	[fɔta:tɛ'ʎjɛ]

| schoenwinkel (de) | абуткова крама (ж) | [abut'kɔvaja 'krama] |
| boekhandel (de) | кнігарня (ж) | [kni'ɣarɲa] |

sportwinkel (de)	спартыўная крама (ж)	[spar'tɪunaja 'krama]
kledingreparatie (de)	рамонт (м) адзення	[ra'mɔnt a'dzɛnja]
kledingverhuur (de)	пракат (м) адзення	[pra'kat a'dzɛnja]
videotheek (de)	пракат (м) фільмаў	[pra'kat 'fiʎmau]
circus (de/het)	цырк (м)	[tsɪrk]
dierentuin (de)	заапарк (м)	[za:'park]
bioscoop (de)	кінатэатр (м)	[kinatɛ'atr]
museum (het)	музей (м)	[mu'zɛj]
bibliotheek (de)	бібліятэка (ж)	[biblija'tɛka]
theater (het)	тэатр (м)	[tɛ'atr]
opera (de)	опера (ж)	['ɔpɛra]
nachtclub (de)	начны клуб (м)	[natʃ'nɪ 'klup]
casino (het)	казіно (н)	[kazi'nɔ]
moskee (de)	мячэць (ж)	[mʲa'tʃɛts]
synagoge (de)	сінагога (ж)	[sina'ɣɔɣa]
kathedraal (de)	сабор (м)	[sa'bɔr]
tempel (de)	храм (м)	[hram]
kerk (de)	царква (ж)	[tsark'va]
instituut (het)	інстытут (м)	[instɪ'tut]
universiteit (de)	універсітэт (м)	[uniwɛrsi'tɛt]
school (de)	школа (ж)	['ʃkɔla]
gemeentehuis (het)	прэфектура (ж)	[prɛfɛk'tura]
stadhuis (het)	мэрыя (ж)	['mɛrɪja]
hotel (het)	гасцініца (ж)	[ɣasʲ'tsinitsa]
bank (de)	банк (м)	[baŋk]
ambassade (de)	пасольства (н)	[pa'sɔʎstva]
reisbureau (het)	турагенцтва (н)	[tura'ɣɛntstva]
informatieloket (het)	бюро (н) даведак	[by'rɔ da'wɛdak]
wisselkantoor (het)	абменны пункт (м)	[ab'mɛnɪ 'puŋkt]
metro (de)	метро (н)	[mɛt'rɔ]
ziekenhuis (het)	бальніца (ж)	[baʎ'nitsa]
benzinestation (het)	бензазапраўка (ж)	[bɛnzazap'rauka]
parking (de)	стаянка (ж)	[sta'janka]

77. Stedelijk vervoer

bus, autobus (de)	аўтобус (м)	[au'tɔbus]
tram (de)	трамвай (м)	[tram'vaj]
trolleybus (de)	тралейбус (м)	[tra'lɛjbus]
route (de)	маршрут (м)	[marʃ'rut]
nummer (busnummer, enz.)	нумар (м)	['numar]
rijden met …	ехаць на …	['ɛhatsʲ na]
stappen (in de bus ~)	сесці	['sɛsʲtsi]
afstappen (ww)	сысці	[sɪsʲ'tsi]
halte (de)	прыпынак (м)	[prɪ'pɪnak]

volgende halte (de)	наступны прыпынак (м)	[nas'tupnı prı'pınak]
eindpunt (het)	канцавы прыпынак (м)	[kanʦa'vı prı'pınak]
dienstregeling (de)	расклад (м)	[rask'lat]
wachten (ww)	чакаць	[ʧa'kaʦ]

| kaartje (het) | білет (м) | [bi'lɛt] |
| reiskosten (de) | кошт (м) білета | ['kɔʒd bi'lɛta] |

kassier (de)	касір (м)	[ka'sir]
kaartcontrole (de)	кантроль (м)	[kant'rɔʎ]
controleur (de)	кантралёр (м)	[kantra'lɜr]

te laat zijn (ww)	спазняцца	[spazʲ'ɲaʦa]
missen (de bus ~)	спазніцца	[spazʲ'niʦa]
zich haasten (ww)	спяшацца	[sʲpʲa'ʃaʦa]

taxi (de)	таксі (н)	[tak'si]
taxichauffeur (de)	таксіст (м)	[tak'sist]
met de taxi (bw)	на таксі	[na tak'si]
taxistandplaats (de)	стаянка (ж) таксі	[sta'jaŋka tak'si]
een taxi bestellen	выклікаць таксі	['vıklikaʦ tak'si]
een taxi nemen	узяць таксі	[u'zʲaʦ tak'si]

verkeer (het)	вулічны рух (м)	['vuliʧnı 'ruh]
file (de)	затор (м)	[za'tɔr]
spitsuur (het)	час (м) пік	['ʧasʲ 'pik]
parkeren (on.ww.)	паркавацца	[parka'vaʦa]
parkeren (ov.ww.)	паркаваць	[parka'vaʦ]
parking (de)	стаянка (ж)	[sta'jaŋka]

metro (de)	метро (н)	[mɛt'rɔ]
halte (bijv. kleine treinhalte)	станцыя (ж)	['stanʦıja]
de metro nemen	ехаць на метро	['ɛhaʦ na mɛt'rɔ]
trein (de)	цягнік (м)	[ʦʲaɣ'nik]
station (treinstation)	вакзал (м)	[vaɣ'zal]

78. Bezienswaardigheden

monument (het)	помнік (м)	['pɔmnik]
vesting (de)	крэпасць (ж)	['krɛpasʲʦ]
paleis (het)	палац (м)	[pa'laʦ]
kasteel (het)	замак (м)	['zamak]
toren (de)	вежа (ж)	['wɛʒa]
mausoleum (het)	маўзалей (м)	[mauza'lɛj]

architectuur (de)	архітэктура (ж)	[arhitɛk'tura]
middeleeuws (bn)	сярэдневяковы	[sʲarɛdnɛvʲa'kɔvı]
oud (bn)	старадаўні	[stara'dauni]
nationaal (bn)	нацыянальны	[naʦıja'naʎnı]
bekend (bn)	вядомы	[vʲa'dɔmı]

toerist (de)	турыст (м)	[tu'rıst]
gids (de)	гід (м)	[ɣit]
rondleiding (de)	экскурсія (ж)	[ɛks'kursija]

| tonen (ww) | паказваць | [pa'kazvats] |
| vertellen (ww) | апавядаць | [apavʲaˈdats] |

vinden (ww)	знайсці	[znajsʲ'tsi]
verdwalen (de weg kwijt zijn)	згубіцца	[zɣu'bitsa]
plattegrond (~ van de metro)	схема (ж)	['shɛma]
plattegrond (~ van de stad)	план (м)	[plan]

souvenir (het)	сувенір (м)	[suwɛ'nir]
souvenirwinkel (de)	крама (ж) сувеніраў	['krama suwɛ'nirau]
een foto maken (ww)	фатаграфаваць	[fataɣrafa'vats]
zich laten fotograferen	фатаграфавацца	[fataɣrafa'vatsa]

79. Winkelen

kopen (ww)	купляць	[kup'ʎats]
aankoop (de)	пакупка (ж)	[pa'kupka]
winkelen (ww)	рабіць закупы	[ra'bidzʲ 'zakupɪ]
winkelen (het)	шопінг (м)	['ʃopinh]

| open zijn (ov. een winkel, enz.) | працаваць | [pratsa'vats] |
| gesloten zijn (ww) | зачыніцца | [zatʃɪ'nitsa] |

schoeisel (het)	абутак (м)	[a'butak]
kleren (mv.)	адзенне (н)	[a'dzɛŋɛ]
cosmetica (de)	касметыка (ж)	[kasʲ'mɛtɪka]
voedingswaren (mv.)	прадукты (м мн)	[pra'duktɪ]
geschenk (het)	падарунак (м)	[pada'runak]

| verkoper (de) | прадавец (м) | [prada'wɛts] |
| verkoopster (de) | прадаўшчыца (ж) | [pradauʃ'tʃɪtsa] |

kassa (de)	каса (ж)	['kasa]
spiegel (de)	люстэрка (н)	[lys'tɛrka]
toonbank (de)	прылавак (м)	[prɪ'lavak]
paskamer (de)	прымерачная (ж)	[prɪ'mɛratʃnaja]

aanpassen (ww)	прымераць	[prɪ'mɛrats]
passen (ov. kleren)	пасаваць	[pasa'vats]
bevallen (prettig vinden)	падабацца	[pada'batsa]

prijs (de)	цана (ж)	[tsa'na]
prijskaartje (het)	цэннік (м)	['tsɛŋik]
kosten (ww)	каштаваць	[kaʃta'vats]
Hoeveel?	Колькі?	['kɔʎki]
korting (de)	скідка (ж)	['skitka]

niet duur (bn)	недарагі	[nɛdara'ɣi]
goedkoop (bn)	танны	['taŋɪ]
duur (bn)	дарагі	[dara'ɣi]
Dat is duur.	Гэта дорага.	['ɣɛta 'dɔraɣa]
verhuur (de)	пракат (м)	[pra'kat]
huren (smoking, enz.)	узяць напракат	[u'zʲats napra'kat]

| krediet (het) | крэдыт (м) | [krɛ'dɪt] |
| op krediet (bw) | у крэдыт | [u krɛ'dɪt] |

80. Geld

geld (het)	грошы (мн)	['ɣrɔʃɪ]
ruil (de)	абмен (м)	[ab'mɛn]
koers (de)	курс (м)	[kurs]
geldautomaat (de)	банкамат (м)	[baŋka'mat]
muntstuk (de)	манета (ж)	[ma'nɛta]

| dollar (de) | долар (м) | ['dɔlar] |
| euro (de) | еўра (м) | ['ɛura] |

lire (de)	ліра (ж)	['lira]
Duitse mark (de)	марка (ж)	['marka]
frank (de)	франк (м)	[fraŋk]
pond sterling (het)	фунт (м) стэрлінгаў	['funt 'stɛrliŋau]
yen (de)	іена (ж)	[i'ɛna]

schuld (geldbedrag)	доўг (м)	['dɔuh]
schuldenaar (de)	даўжнік (м)	[dauʒ'nik]
uitlenen (ww)	даць у доўг	['dats u 'dɔuh]
lenen (geld ~)	узяць у доўг	[u'zʲats u 'dɔuh]

bank (de)	банк (м)	[baŋk]
bankrekening (de)	рахунак (м)	[ra'hunak]
op rekening storten	пакласці на рахунак	[pak'lasʲtsi na ra'hunak]
opnemen (ww)	зняць з рахунку	['zʲnadzʲ z ra'huŋku]

kredietkaart (de)	крэдытная картка (ж)	[krɛ'dɪtnaja 'kartka]
baar geld (het)	гатоўка (ж)	[ɣa'tɔuka]
cheque (de)	чэк (м)	[tʃɛk]
een cheque uitschrijven	выпісаць чэк	['vɪpisatsʲ 'tʃɛk]
chequeboekje (het)	чэкавая кніжка (ж)	['tʃɛkavaja 'kniʃka]

portefeuille (de)	бумажнік (м)	[bu'maʒnik]
geldbeugel (de)	кашалёк (м)	[kaʃa'lɔk]
portemonnee (de)	партманэт (м)	[partma'nɛt]
safe (de)	сейф (м)	[sɛjf]

erfgenaam (de)	спадчыннік (м)	['spatʃɪŋik]
erfenis (de)	спадчына (ж)	['spatʃɪna]
fortuin (het)	маёмасць (ж)	[maзmasʲts]

huur (de)	арэнда (ж)	[a'rɛnda]
huurprijs (de)	кватэрная плата (ж)	[kva'tɛrnaja 'plata]
huren (huis, kamer)	наймаць	[naj'matsʲ]

prijs (de)	цана (ж)	[tsa'na]
kostprijs (de)	кошт (м)	[kɔʃt]
som (de)	сума (ж)	['suma]
uitgeven (geld besteden)	траціць	['tratsitsʲ]
kosten (mv.)	выдаткі (м мн)	[vɪ'datki]

| bezuinigen (ww) | эканоміць | [ɛka'nɔmits] |
| zuinig (bn) | эканомны | [ɛka'nɔmnı] |

betalen (ww)	плаціць	[pla'tsits]
betaling (de)	аплата (ж)	[ap'lata]
wisselgeld (het)	рэшта (ж)	['rɛʃta]

belasting (de)	падатак (м)	[pa'datak]
boete (de)	штраф (м)	[ʃtraf]
beboeten (bekeuren)	штрафаваць	[ʃtrafa'vats]

81. Post. Postkantoor

postkantoor (het)	пошта (ж)	['pɔʃta]
post (de)	пошта (ж)	['pɔʃta]
postbode (de)	паштальён (м)	[paʃta'ʎɔn]
openingsuren (mv.)	гадзіны (ж мн) працы	[ɣa'dzinı 'pratsı]

brief (de)	ліст (м)	[list]
aangetekende brief (de)	заказны ліст (м)	[zakaz'nı 'list]
briefkaart (de)	паштоўка (ж)	[paʃ'tɔuka]
telegram (het)	тэлеграма (ж)	[tɛlɛɣ'rama]
postpakket (het)	пасылка (ж)	[pa'sılka]
overschrijving (de)	грашовы перавод (м)	[ɣra'ʃɔvı pɛra'vɔt]

ontvangen (ww)	атрымаць	[atrı'mats]
sturen (zenden)	адправіць	[atp'rawits]
verzending (de)	адпраўка (ж)	[atp'rauka]

adres (het)	адрас (м)	['adras]
postcode (de)	індэкс (м)	['indɛks]
verzender (de)	адпраўшчык (м)	[atp'rauʃtʃık]
ontvanger (de)	атрымальнік (м)	[atrı'maʎnik]

| naam (de) | імя (н) | [i'mʲa] |
| achternaam (de) | прозвішча (н) | ['prɔzʲwiʃtʃa] |

tarief (het)	тарыф (м)	[ta'rıf]
standaard (bn)	звычайны	[zvı'tʃajnı]
zuinig (bn)	эканамічны	[ɛkana'mitʃnı]

gewicht (het)	вага (ж)	[va'ɣa]
afwegen (op de weegschaal)	узважваць	[uz'vaʒvats]
envelop (de)	канверт (м)	[kan'wɛrt]
postzegel (de)	марка (ж)	['marka]

Woning. Huis. Thuis

82. Huis. Woning

huis (het)	дом (м)	[dɔm]
thuis (bw)	дома	['dɔma]
cour (de)	двор (м)	[dvɔr]
omheining (de)	агароджа (ж)	[aɣa'rɔdʒa]
baksteen (de)	цэгла (ж)	['tsɛɣla]
van bakstenen	цагляны	[tsaɣ'ʎanɪ]
steen (de)	камень (м)	['kamɛɲ]
stenen (bn)	каменны	[ka'mɛɲɪ]
beton (het)	бетон (м)	[bɛ'tɔn]
van beton	бетонны	[bɛ'tɔnɪ]
nieuw (bn)	новы	['nɔvɪ]
oud (bn)	стары	[sta'rɪ]
vervallen (bn)	састарэлы	[sasta'rɛlɪ]
modern (bn)	сучасны	[su'tʃasnɪ]
met veel verdiepingen	шматпавярховы	[ʃmatpavʲar'hɔvɪ]
hoog (bn)	высокі	[vɪ'sɔki]
verdieping (de)	паверх (м)	[pa'wɛrh]
met een verdieping	аднапавярховы	[adnapavʲar'hɔvɪ]
laagste verdieping (de)	ніжні паверх (м)	['niʒni pa'wɛrh]
bovenverdieping (de)	верхні паверх (м)	['wɛrhni pa'wɛrh]
dak (het)	дах (м)	[dah]
schoorsteen (de)	комін (м)	['kɔmin]
dakpan (de)	дахоўка (ж)	[da'hɔuka]
pannen- (abn)	даховачны	[da'hɔvatʃnɪ]
zolder (de)	гарышча (н)	[ɣa'rɪʃtʃa]
venster (het)	акно (н)	[ak'nɔ]
glas (het)	шкло (н)	[ʃklɔ]
vensterbank (de)	падаконнік (м)	[pada'kɔɲik]
luiken (mv.)	аканіцы (ж мн)	[aka'nitsɪ]
muur (de)	сцяна (ж)	[sʲtsʲa'na]
balkon (het)	балкон (м)	[bal'kɔn]
regenpijp (de)	вадасцёкавая труба (ж)	[vadasʲ'tsɔkavaja tru'ba]
boven (bw)	наверсе	[na'wɛrsɛ]
naar boven gaan (ww)	паднімацца	[padni'matsa]
afdalen (on.ww.)	спускацца	[spus'katsa]
verhuizen (ww)	пераязджаць	[pɛrajaʒ'dʒatsʲ]

83. Huis. Ingang. Lift

ingang (de)	пад'езд (м)	[padʰ'ɛst]
trap (de)	лесвіца (ж)	['lɛsʲwiʦa]
treden (mv.)	прыступкі (ж мн)	[prɪs'tupki]
trapleuning (de)	парэнчы (мн)	[pa'rɛnʧɪ]
hal (de)	хол (м)	[hɔl]
postbus (de)	паштовая скрынка (ж)	[paʃ'tovaja 'skrɪŋka]
vuilnisbak (de)	бак (м) для смецця	['baɣ dʎa 'sʲmɛʦʲa]
vuilniskoker (de)	смеццеправод (м)	[sʲmɛʦɛpra'vɔt]
lift (de)	ліфт (м)	[lift]
goederenlift (de)	грузавы ліфт (м)	[ɣruza'vɪ 'lift]
liftcabine (de)	кабіна (ж)	[ka'bina]
de lift nemen	ехаць на ліфце	['ɛhaʦ na 'liftsɛ]
appartement (het)	кватэра (ж)	[kva'tɛra]
bewoners (mv.)	жыхары (м мн)	[ʒɪha'rɪ]
buurman (de)	сусед (м)	[su'sɛt]
buurvrouw (de)	суседка (ж)	[su'sɛtka]
buren (mv.)	суседзі (м мн)	[su'sɛʣi]

84. Huis. Deuren. Sloten

deur (de)	дзверы (мн)	['dzʲwɛrɪ]
toegangspoort (de)	вароты (мн)	[va'rɔtɪ]
deurkruk (de)	ручка (ж)	['ruʧka]
ontsluiten (ontgrendelen)	адамкнуць	[adamk'nuʦ]
openen (ww)	адчыняць	[atʃɪ'ɲaʦ]
sluiten (ww)	зачыняць	[zatʃɪ'ɲaʦ]
sleutel (de)	ключ (м)	[klyʧ]
sleutelbos (de)	звязак (м)	['zʲvʲazak]
knarsen (bijv. scharnier)	скрыпець	[skrɪ'pɛʦ]
knarsgeluid (het)	скрып (м)	[skrɪp]
scharnier (het)	завеса (ж)	[za'wɛsa]
deurmat (de)	дыванок (м)	[dɪva'nɔk]
slot (het)	замок (м)	[za'mɔk]
sleutelgat (het)	замочная шчыліна (ж)	[za'mɔʧnaja 'ʃʧɪlina]
grendel (de)	засаўка (ж)	['zasauka]
schuif (de)	засаўка (ж)	['zasauka]
hangslot (het)	навясны замок (м)	[navʲas'nɪ za'mɔk]
aanbellen (ww)	званіць	[zva'niʦ]
bel (geluid)	званок (м)	[zva'nɔk]
deurbel (de)	званок (м)	[zva'nɔk]
belknop (de)	кнопка (ж)	['knɔpka]
geklop (het)	стук (м)	[stuk]
kloppen (ww)	стукаць	['stukaʦ]
code (de)	код (м)	[kɔt]
cijferslot (het)	кодавы замок (м)	['kɔdavɪ za'mɔk]

parlofoon (de)	дамафон (м)	[damaˈfɔn]
nummer (het)	нумар (м)	[ˈnumar]
naambordje (het)	таблічка (ж)	[tabˈlitʃka]
deurspion (de)	вочка (н)	[ˈvɔtʃka]

85. Huis op het platteland

| dorp (het) | вёска (ж) | [ˈwɜska] |
| moestuin (de) | агарод (м) | [aɣaˈrɔt] |

hek (het)	плот (м)	[plɔt]
houten hekwerk (het)	загарадзь (ж)	[ˈzaɣaratsʲ]
tuinpoortje (het)	веснічкі (мн)	[ˈwɛsʲnitʃki]

| graanschuur (de) | свіран (м) | [ˈsʲwiran] |
| wortelkelder (de) | склеп (м) | [sklɛp] |

| schuur (de) | хлеў (м) | [ˈhlɛu] |
| waterput (de) | калодзеж (м) | [kaˈlɔdzɛʃ] |

kachel (de)	печ (ж)	[pɛtʃ]
de kachel stoken	паліць	[paˈlitsʲ]
brandhout (het)	дровы (мн)	[ˈdrɔvɪ]
houtblok (het)	палена (н)	[paˈlɛna]

veranda (de)	веранда (ж)	[wɛˈranda]
terras (het)	тэраса (ж)	[tɛˈrasa]
bordes (het)	ганак (м)	[ˈɣanak]
schommel (de)	арэлі (мн)	[aˈrɛli]

86. Kasteel. Paleis

kasteel (het)	замак (м)	[ˈzamak]
paleis (het)	палац (м)	[paˈlats]
vesting (de)	крэпасць (ж)	[ˈkrɛpasʲts]

ringmuur (de)	мур (м)	[mur]
toren (de)	вежа (ж)	[ˈwɛʒa]
donjon (de)	галоўная вежа (ж)	[ɣaˈlounaja ˈwɛʒa]

valhek (het)	пад'ёмныя вароты (мн)	[padʰɜmnija vaˈrɔtɪ]
onderaardse gang (de)	падземны ход (м)	[paˈdzɛmnɪ ˈhɔt]
slotgracht (de)	роў (м)	[ˈrɔu]

| ketting (de) | ланцуг (м) | [lanˈtsuh] |
| schietgat (het) | байніца (ж) | [bajˈnitsa] |

| prachtig (bn) | раскошны | [rasˈkɔʃnɪ] |
| majestueus (bn) | велічны | [ˈwɛlitʃnɪ] |

| onneembaar (bn) | непрыступны | [nɛprɪsˈtupnɪ] |
| middeleeuws (bn) | сярэдневяковы | [sʲarɛdnɛvʲaˈkɔvɪ] |

87. Appartement

appartement (het)	кватэра (ж)	[kva'tɛra]
kamer (de)	пакой (м)	[pa'kɔj]
slaapkamer (de)	спальня (ж)	['spaʎna]
eetkamer (de)	сталоўка (ж)	[sta'lɔuka]
salon (de)	гасцёўня (ж)	[ɣasʲ'tsɜuɲa]
studeerkamer (de)	кабінет (м)	[kabi'nɛt]
gang (de)	вітальня (ж)	[wi'taʎna]
badkamer (de)	ванны пакой (м)	['vaɳɪ pa'kɔj]
toilet (het)	прыбіральня (ж)	[prɪbi'raʎna]
plafond (het)	столь (ж)	[stɔʎ]
vloer (de)	падлога (ж)	[pad'lɔɣa]
hoek (de)	кут (м)	[kut]

88. Appartement. Schoonmaken

schoonmaken (ww)	прыбіраць	[prɪbi'rats]
opbergen (in de kast, enz.)	прымаць	[prɪ'mats]
stof (het)	пыл (м)	[pɪl]
stoffig (bn)	запылены	[za'pɪlɛnɪ]
stoffen (ww)	выціраць пыл	[vɪtsi'rats pɪl]
stofzuiger (de)	пыласос (м)	[pɪla'sɔs]
stofzuigen (ww)	пыласосіць	[pɪla'sɔsits]
vegen (de vloer ~)	падмятаць	[padmʲa'tats]
veegsel (het)	смецце (н)	['sʲmɛtsɛ]
orde (de)	парадак (м)	[pa'radak]
wanorde (de)	беспарадак (м)	[bɛspa'radak]
zwabber (de)	швабра (ж)	['ʃvabra]
poetsdoek (de)	ануча (ж)	[a'nutʃa]
veger (de)	венік (м)	['wɛnik]
stofblik (het)	шуфлік (м) для смецця	['ʃufliɣ dʎa 'sʲmɛtsʲa]

89. Meubels. Interieur

meubels (mv.)	мэбля (ж)	['mɛbʎa]
tafel (de)	стол (м)	[stɔl]
stoel (de)	крэсла (н)	['krɛsla]
bed (het)	ложак (м)	['lɔʒak]
bankstel (het)	канапа (ж)	[ka'napa]
fauteuil (de)	фатэль (м)	[fa'tɛʎ]
boekenkast (de)	шафа (ж)	['ʃafa]
boekenrek (het)	паліца (ж)	[pa'litsa]
stellingkast (de)	этажэрка (ж)	[ɛta'ʒɛrka]
kledingkast (de)	шафа (ж)	['ʃafa]
kapstok (de)	вешалка (ж)	['wɛʃalka]

staande kapstok (de)	вешалка (ж)	['wɛʃalka]
commode (de)	камода (ж)	[ka'mɔda]
salontafeltje (het)	часопісны столік (м)	[ʧa'sɔpisnɪ 'stɔlik]

spiegel (de)	люстэрка (н)	[lys'tɛrka]
tapijt (het)	дыван (м)	[dɪ'van]
tapijtje (het)	дыванок (м)	[dɪva'nɔk]

haard (de)	камін (м)	[ka'min]
kaars (de)	свечка (ж)	['sʲwɛʧka]
kandelaar (de)	падсвечнік (м)	[patsʲ'wɛʧnik]

gordijnen (mv.)	шторы (мн)	['ʃtɔrɪ]
behang (het)	шпалеры (ж мн)	[ʃpa'lɛrɪ]
jaloezie (de)	жалюзі (мн)	[ʒaly'zi]

bureaulamp (de)	настольная лямпа (ж)	[nas'tɔʎnaja 'ʎampa]
wandlamp (de)	свяцільня (ж)	[sʲvʲa'ʦiʎɲa]
staande lamp (de)	таршэр (м)	[tar'ʃɛr]
luchter (de)	люстра (ж)	['lystra]

poot (ov. een tafel, enz.)	ножка (ж)	['nɔʃka]
armleuning (de)	падлакотнік (м)	[padla'kɔtnik]
rugleuning (de)	спінка (ж)	['sʲpiŋka]
la (de)	шуфляда (ж)	[ʃuf'ʎada]

90. Beddengoed

beddengoed (het)	бялізна (ж)	[bʲa'lizna]
kussen (het)	падушка (ж)	[pa'duʃka]
kussenovertrek (de)	навалочка (ж)	[nava'lɔʧka]
deken (de)	коўдра (ж)	['kɔudra]
laken (het)	прасціна (ж)	[prasʲʦi'na]
sprei (de)	пакрывала (н)	[pakrɪ'vala]

91. Keuken

keuken (de)	кухня (ж)	['kuhɲa]
gas (het)	газ (м)	[ɣas]
gasfornuis (het)	пліта (ж) газавая	[pliʲta 'ɣazavaja]
elektrisch fornuis (het)	пліта (ж) электрычная	[pliʲta ɛlɛkt'rɪʧnaja]
oven (de)	духоўка (ж)	[du'hɔuka]
magnetronoven (de)	мікрахвалевая печ (ж)	[mikrah'valɛvaja 'pɛʧ]

koelkast (de)	халадзільнік (м)	[hala'dziʎnik]
diepvriezer (de)	маразілка (ж)	[mara'zilka]
vaatwasmachine (de)	пасудамыечная машына (ж)	[pasuda'mɪɛʧnaja ma'ʃɪna]

vleesmolen (de)	мясарубка (ж)	[mʲasa'rupka]
vruchtenpers (de)	сокавыціскалка (ж)	[sɔkavɪʦis'kalka]
toaster (de)	тостэр (м)	['tɔstɛr]

mixer (de)	мiксер (м)	['miksɛr]
koffiemachine (de)	кававарка (ж)	[kava'varka]
koffiepot (de)	кафейнiк (м)	[ka'fɛjnik]
koffiemolen (de)	кавамолка (ж)	[kava'mɔlka]

fluitketel (de)	чайнiк (м)	['ʧajnik]
theepot (de)	iмбрычак (м)	[imb'rɪʧak]
deksel (de/het)	накрыўка (ж)	['nakrɪuka]
theezeefje (het)	сiтца (н)	['sitsa]

lepel (de)	лыжка (ж)	['lɪʃka]
theelepeltje (het)	чайная лыжка (ж)	['ʧajnaja 'lɪʃka]
eetlepel (de)	сталовая лыжка (ж)	[sta'lɔvaja 'lɪʃka]
vork (de)	вiдэлец (м)	[wi'dɛlɛts]
mes (het)	нож (м)	[nɔʃ]

vaatwerk (het)	посуд (м)	['pɔsut]
bord (het)	талерка (ж)	[ta'lɛrka]
schoteltje (het)	сподак (м)	['spɔdak]

likeurglas (het)	чарка (ж)	['ʧarka]
glas (het)	шклянка (ж)	['ʃkʎaŋka]
kopje (het)	кубак (м)	['kubak]

suikerpot (de)	цукарнiца (ж)	['tsukarnitsa]
zoutvat (het)	салянка (ж)	[sa'ʎaŋka]
pepervat (het)	перачнiца (ж)	['pɛratʃnitsa]
boterschaaltje (het)	масленiца (ж)	['masʲlɛnitsa]

steelpan (de)	рондаль (м)	['rɔndaʎ]
bakpan (de)	патэльня (ж)	[pa'tɛʎna]
pollepel (de)	апалонiк (м)	[apa'lɔnik]
vergiet (de/het)	друшляк (м)	[druʃ'ʎak]
dienblad (het)	паднос (м)	[pad'nɔs]

fles (de)	бутэлька (ж)	[bu'tɛʎka]
glazen pot (de)	слоiк (м)	['slɔik]
blik (conserven~)	бляшанка (ж)	[bʎa'ʃaŋka]

flesopener (de)	адкрывалка (ж)	[atkrɪ'valka]
blikopener (de)	адкрывалка (ж)	[atkrɪ'valka]
kurkentrekker (de)	штопар (м)	['ʃtɔpar]
filter (de/het)	фiльтр (м)	[fiʎtr]
filteren (ww)	фiльтраваць	[fiʎtra'vats]

huisvuil (het)	смецце (н)	['sʲmɛtsɛ]
vuilnisemmer (de)	вядро (н) для смецця	[vʲad'rɔ dʎa 'sʲmɛtsʲa]

92. Badkamer

badkamer (de)	ванны пакой (м)	['vanɪ pa'kɔj]
water (het)	вада (ж)	[va'da]
kraan (de)	кран (м)	[kran]
warm water (het)	гарачая вада (ж)	[ɣa'raʧaja va'da]

koud water (het)	халодная вада (ж)	[ha'lɔdnaja va'da]
tandpasta (de)	зубная паста (ж)	[zub'naja 'pasta]
tanden poetsen (ww)	чысціць зубы	['t͡ʃɪsʲt͡sidzʲ zu'bɪ]

zich scheren (ww)	галіцца	[ɣa'litsa]
scheercrème (de)	пена (ж) для галення	['pɛna dʎa ɣa'lɛnja]
scheermes (het)	брытва (ж)	['brɪtva]

wassen (ww)	мыць	[mɪt͡s]
een bad nemen	мыцца	['mɪt͡sa]
douche (de)	душ (м)	[duʃ]
een douche nemen	прымаць душ	[prɪ'madzʲ 'duʃ]

bad (het)	ванна (ж)	['vaŋa]
toiletpot (de)	унітаз (м)	[uni'tas]
wastafel (de)	ракавіна (ж)	['rakawina]

| zeep (de) | мыла (н) | ['mɪla] |
| zeepbakje (het) | мыльніца (ж) | ['mɪʎnit͡sa] |

spons (de)	губка (ж)	['ɣupka]
shampoo (de)	шампунь (ж)	[ʃam'puɲ]
handdoek (de)	ручнік (м)	[rut͡ʃ'nik]
badjas (de)	халат (м)	[ha'lat]

was (bijv. handwas)	мыццё (н)	[mɪ't͡sɔ]
wasmachine (de)	пральная машына (ж)	['praʎnaja ma'ʃɪna]
de was doen	мыць бялізну	['mɪdzʲ bʲa'liznu]
waspoeder (de)	пральны парашок (м)	['praʎnɪ para'ʃɔk]

93. Huishoudelijke apparaten

televisie (de)	тэлевізар (м)	[tɛlɛ'wizar]
cassettespeler (de)	магнітафон (м)	[maɣnita'fɔn]
videorecorder (de)	відэамагнітафон (м)	[widɛamaɣnita'fɔn]
radio (de)	прыёмнік (м)	[prɪɔmnik]
speler (de)	плэер (м)	['plɛ:r]

videoprojector (de)	відэапраектар (м)	[widɛapra'ɛktar]
home theater systeem (het)	хатні кінатэатр (м)	['hatni kinatɛ'atr]
DVD-speler (de)	прайгравальнік (м) DVD	[prajɣra'vaʎniɣ dziwi'dzi]
versterker (de)	узмацняльнік (м)	[uzmat͡s'ɲaʎnik]
spelconsole (de)	гульнявая прыстаўка (ж)	[ɣuʎɲa'vaja prɪs'tauka]

videocamera (de)	відэакамера (ж)	[widɛa'kamɛra]
fotocamera (de)	фотаапарат (м)	[fɔta:pa'rat]
digitale camera (de)	лічбавы фотаапарат (м)	['lidʒbavɪ fɔta:pa'rat]

stofzuiger (de)	пыласос (м)	[pɪla'sɔs]
strijkijzer (het)	прас (м)	[pras]
strijkplank (de)	прасавальная дошка (ж)	[prasa'vaʎnaja 'dɔʃka]

| telefoon (de) | тэлефон (м) | [tɛlɛ'fɔn] |
| mobieltje (het) | мабільны тэлефон (м) | [ma'biʎnɪ tɛlɛ'fɔn] |

schrijfmachine (de)	машынка (ж)	[maˈʃɨŋka]
naaimachine (de)	машынка (ж)	[maˈʃɨŋka]
microfoon (de)	мікрафон (м)	[mikraˈfɔn]
koptelefoon (de)	навушнікі (м мн)	[naˈvuʃniki]
afstandsbediening (de)	пульт (м)	[puʌt]
CD (de)	кампакт-дыск (м)	[kamˈpaɣd ˈdɪsk]
cassette (de)	касета (ж)	[kaˈsɛta]
vinylplaat (de)	пласцінка (ж)	[plasʲˈtsiŋka]

94. Reparaties. Renovatie

renovatie (de)	рамонт (м)	[raˈmɔnt]
renoveren (ww)	рабіць рамонт	[raˈbits raˈmɔnt]
repareren (ww)	рамантаваць	[ramantaˈvats]
op orde brengen	прыводзіць у парадак	[prɪˈvɔdzits u paˈradak]
overdoen (ww)	перарабляць	[pɛrarabˈʎats]
verf (de)	фарба (ж)	[ˈfarba]
verven (muur ~)	фарбаваць	[farbaˈvats]
schilder (de)	маляр (м)	[maˈʎar]
kwast (de)	пэндзаль (м)	[ˈpɛndzaʎ]
kalk (de)	пабелка (ж)	[paˈbɛlka]
kalken (ww)	бяліць	[bʲaˈlits]
behang (het)	шпалеры (ж мн)	[ʃpaˈlɛrɪ]
behangen (ww)	абклеіць шпалерамі	[apkˈlɛits ʃpaˈlɛrami]
lak (de/het)	лак (м)	[lak]
lakken (ww)	пакрываць лакам	[pakrɪˈvats ˈlakam]

95. Loodgieterswerk

water (het)	вада (ж)	[vaˈda]
warm water (het)	гарачая вада (ж)	[ɣaˈratʃaja vaˈda]
koud water (het)	халодная вада (ж)	[haˈlɔdnaja vaˈda]
kraan (de)	кран (м)	[kran]
druppel (de)	кропля (ж)	[ˈkrɔpʎa]
druppelen (ww)	капаць	[ˈkapats]
lekken (een lek hebben)	цячы	[tsʲaˈtʃɪ]
lekkage (de)	цеча (ж)	[ˈtsɛtʃa]
plasje (het)	лужына (ж)	[ˈluʒɨna]
buis, leiding (de)	труба (ж)	[truˈba]
stopkraan (de)	вентыль (м)	[ˈwɛntɪʎ]
verstopt raken (ww)	засмецinstіцца	[zasʲˈmɛtsitsa]
gereedschap (het)	інструменты (м мн)	[instruˈmɛntɪ]
Engelse sleutel (de)	развадны ключ (м)	[razvadˈnɪ ˈklytʃ]
losschroeven (ww)	адкруціць	[atkruˈtsits]

aanschroeven (ww)	закручваць	[zak'rutʃvats]
ontstoppen (riool, enz.)	прачышчаць	[pratʃiʃ'tʃats]
loodgieter (de)	сантэхнік (м)	[san'tɛhnik]
kelder (de)	падвал (м)	[pad'val]
riolering (de)	каналізацыя (ж)	[kanali'zatsɪja]

96. Brand. Vuurzee

vuur (het)	агонь (м)	[a'ɣɔn]
vlam (de)	полымя (н)	['pɔlɪmʲa]
vonk (de)	іскра (ж)	['iskra]
rook (de)	дым (м)	[dɪm]
fakkel (de)	факел (м)	['fakɛl]
kampvuur (het)	вогнішча (н)	['vɔɣniʃtʃa]

benzine (de)	бензін (м)	[bɛn'zin]
kerosine (de)	газа (ж)	['ɣaza]
brandbaar (bn)	гаручы	[ɣa'rutʃɪ]
ontplofbaar (bn)	выбуховаанебяспечны	[vɪbuhovanɛbʲasʲ'pɛtʃnɪ]
VERBODEN TE ROKEN!	НЕ КУРЫЦЬ!	[nɛ ku'rɪts]

veiligheid (de)	бяспека (ж)	[bʲasʲ'pɛka]
gevaar (het)	небяспека (ж)	[nɛbʲasʲ'pɛka]
gevaarlijk (bn)	небяспечны	[nɛbʲasʲ'pɛtʃnɪ]

in brand vliegen (ww)	загарэцца	[zaɣa'rɛtsa]
explosie (de)	выбух (м)	['vɪbuh]
in brand steken (ww)	падпаліць	[patpa'lits]
brandstichter (de)	падпальшчык (м)	[pat'paʎʃtʃɪk]
brandstichting (de)	падпал (м)	[pat'pal]

vlammen (ww)	палаць	[pa'lats]
branden (ww)	гарэць	[ɣa'rɛts]
afbranden (ww)	згарэць	[zɣa'rɛts]

brandweerman (de)	пажарны (м)	[pa'ʒarnɪ]
brandweerwagen (de)	пажарная машына (ж)	[pa'ʒarnaja ma'ʃɪna]
brandweer (de)	пажарная каманда (ж)	[pa'ʒarnaja ka'manda]
uitschuifbare ladder (de)	драбіны (мн)	[dra'binɪ]

brandslang (de)	шланг (м)	[ʃlanh]
brandblusser (de)	вогнетушыцель (м)	[vɔɣnɛtu'ʃɪtsɛʎ]
helm (de)	каска (ж)	['kaska]
sirene (de)	сірэна (ж)	[si'rɛna]

roepen (ww)	крычаць	[krɪ'tʃats]
hulp roepen	клікаць на дапамогу	['klikats na dapa'mɔɣu]
redder (de)	ратавальнік (м)	[rata'vaʎnik]
redden (ww)	ратаваць	[rata'vats]

aankomen (per auto, enz.)	прыехаць	[prɪ'ɛhats]
blussen (ww)	тушыць	[tu'ʃɪts]
water (het)	вада (ж)	[va'da]
zand (het)	пясок (м)	[pʲa'sɔk]

ruïnes (mv.)	руіны (ж мн)	[ru'inı]
instorten (gebouw, enz.)	паваліцца	[pava'litsa]
ineenstorten (ww)	абваліцца	[abva'litsa]
inzakken (ww)	абурыцца	[abu'rıtsa]
brokstuk (het)	абломак (м)	[ab'lɔmak]
as (de)	попел (м)	['pɔpɛl]
verstikken (ww)	задыхнуцца	[zadıh'nutsa]
omkomen (ww)	загінуць	[za'ɣinuts]

MENSELIJKE ACTIVITEITEN

Baan. Business. Deel 1

97. Bankieren

bank (de)	банк (м)	[baŋk]
bankfiliaal (het)	аддзяленне (н)	[addzʲaˈlɛŋɛ]
bankbediende (de)	кансультант (м)	[kansuʎˈtant]
manager (de)	загадчык (м)	[zaˈɣatʃık]
bankrekening (de)	рахунак (м)	[raˈhunak]
rekeningnummer (het)	нумар (м) рахунку	[ˈnumar raˈhuŋku]
lopende rekening (de)	бягучы рахунак (м)	[bʲaˈɣutʃı raˈhunak]
spaarrekening (de)	назапашвальны рахунак (м)	[nazaˈpaʃvaʎnı raˈhunak]
een rekening openen	адкрыць рахунак	[atkˈrıts raˈhunak]
de rekening sluiten	закрыць рахунак	[zakˈrıts raˈhunak]
op rekening storten	пакласці на рахунак	[pakˈlasʲtsi na raˈhunak]
opnemen (ww)	зняць з рахунку	[ˈzʲnadzʲ z raˈhuŋku]
storting (de)	уклад (м)	[ukˈlat]
een storting maken	зрабіць уклад	[zraˈbits ukˈlat]
overschrijving (de)	перавод (м)	[pɛraˈvɔt]
een overschrijving maken	зрабіць перавод	[zraˈbits pɛraˈvɔt]
som (de)	сума (ж)	[ˈsuma]
Hoeveel?	Колькі?	[ˈkɔʎki]
handtekening (de)	подпіс (м)	[ˈpɔtpis]
ondertekenen (ww)	падпісаць	[patpiˈsats]
kredietkaart (de)	крэдытная картка (ж)	[krɛˈdıtnaja ˈkartka]
code (de)	код (м)	[kɔt]
kredietkaartnummer (het)	нумар (м) крэдытнай карткі	[ˈnumar krɛˈdıtnaj ˈkartki]
geldautomaat (de)	банкамат (м)	[baŋkaˈmat]
cheque (de)	чэк (м)	[tʃɛk]
een cheque uitschrijven	выпісаць чэк	[ˈvıpisats ˈtʃɛk]
chequeboekje (het)	чэкавая кніжка (ж)	[ˈtʃɛkavaja ˈkniʃka]
lening, krediet (de)	крэдыт (м)	[krɛˈdıt]
een lening aanvragen	звяртацца па крэдыт	[zʲvʲarˈtatsa pa krɛˈdıt]
een lening nemen	браць крэдыт	[ˈbrats krɛˈdıt]
een lening verlenen	даваць крэдыт	[daˈvats krɛˈdıt]
garantie (de)	гарантыя (ж)	[ɣaˈrantıja]

98. Telefoon. Telefoongesprek

telefoon (de)	тэлефон (м)	[tɛlɛ'fon]
mobieltje (het)	мабільны тэлефон (м)	[ma'biʌnɪ tɛlɛ'fon]
antwoordapparaat (het)	аўтаадказчык (м)	[auta:t'kaʃʧık]
bellen (ww)	тэлефанаваць	[tɛlɛfana'vats]
belletje (telefoontje)	тэлефанаванне (н)	[tɛlɛfana'vaɲɛ]
een nummer draaien	набраць нумар	[nab'rats 'numar]
Hallo!	алё!	[a'lз]
vragen (ww)	спытаць	[spı'tats]
antwoorden (ww)	адказаць	[atka'zats]
horen (ww)	чуць	[ʧuts]
goed (bw)	добра	['dobra]
slecht (bw)	дрэнна	['drɛɲa]
storingen (mv.)	перашкоды (ж мн)	[pɛraʃ'kɔdı]
hoorn (de)	трубка (ж)	['trupka]
opnemen (ww)	зняць трубку	['z'ɲats 'trupku]
ophangen (ww)	пакласці трубку	[pak'las'tsi 'trupku]
bezet (bn)	заняты	[za'ɲatı]
overgaan (ww)	званіць	[zva'nits]
telefoonboek (het)	тэлефонная кніга (ж)	[tɛlɛ'foɲaja 'kniɣa]
lokaal (bn)	мясцовы	[m'as'tsɔvı]
interlokaal (bn)	міжгародні	[miʒɣa'rɔdni]
buitenlands (bn)	міжнародны	[miʒna'rɔdnı]

99. Mobiele telefoon

mobieltje (het)	мабільны тэлефон (м)	[ma'biʌnɪ tɛlɛ'fon]
scherm (het)	дысплей (м)	[dısp'lɛj]
toets, knop (de)	кнопка (ж)	['knɔpka]
simkaart (de)	SIM-картка (ж)	[sim'kartka]
batterij (de)	батарэя (ж)	[bata'rɛja]
leeg zijn (ww)	разрадзіцца	[razra'dzitsa]
acculader (de)	зарадная прылада (ж)	[za'radnaja prı'lada]
menu (het)	меню (н)	[mɛ'ny]
instellingen (mv.)	наладкі (ж мн)	[na'latki]
melodie (beltoon)	мелодыя (ж)	[mɛ'lɔdıja]
selecteren (ww)	выбраць	['vıbrats]
rekenmachine (de)	калькулятар (м)	[kaʌku'ʌatar]
voicemail (de)	аўтаадказчык (м)	[auta:t'kaʃʧık]
wekker (de)	будзільнік (м)	[bu'dziʌnik]
contacten (mv.)	тэлефонная кніга (ж)	[tɛlɛ'foɲaja 'kniɣa]
SMS-bericht (het)	SMS-паведамленне (н)	[ɛsɛ'mɛs pawɛdam'lɛɲɛ]
abonnee (de)	абанент (м)	[aba'nɛnt]

100. Schrijfbehoeften

balpen (de)	аўтаручка (ж)	[auta'rutʃka]
vulpen (de)	ручка (ж) пёравая	['rutʃka 'pɜravaja]
potlood (het)	аловак (м)	[a'lɔvak]
marker (de)	маркёр (м)	[mar'kɜr]
viltstift (de)	фламастэр (м)	[fla'mastɛr]
notitieboekje (het)	блакнот (м)	[blak'nɔt]
agenda (boekje)	штодзённік (м)	[ʃtɔ'dzɜɲik]
liniaal (de/het)	лінейка (ж)	[li'nɛjka]
rekenmachine (de)	калькулятар (м)	[kaʎku'ʎatar]
gom (de)	сцірка (ж)	['sʲtsirka]
punaise (de)	кнопка (ж)	['knɔpka]
paperclip (de)	сашчэпка (ж)	[saʃ'tʃɛpka]
lijm (de)	клей (м)	[klɛj]
nietmachine (de)	стэплер (м)	['stɛplɛr]
perforator (de)	дзіркакол (м)	[dzirka'kɔl]
potloodslijper (de)	тачылка (ж)	[ta'tʃɪlka]

Baan. Business. Deel 2

101. Massamedia

krant (de)	газета (ж)	[ɣaˈzɛta]
tijdschrift (het)	часопіс (м)	[ʧaˈsopis]
pers (gedrukte media)	прэса (ж)	[ˈprɛsa]
radio (de)	радыё (н)	[ˈradɪɜ]
radiostation (het)	радыёстанцыя (ж)	[radɪɜsˈtanʦɪja]
televisie (de)	тэлебачанне (н)	[tɛlɛˈbaʧaɲɛ]
presentator (de)	вядучы (м)	[vʲaˈduʧɪ]
nieuwslezer (de)	дыктар (м)	[ˈdɪktar]
commentator (de)	каментатар (м)	[kamɛnˈtatar]
journalist (de)	журналіст (м)	[ʒurnaˈlist]
correspondent (de)	карэспандэнт (м)	[karɛspanˈdɛnt]
fotocorrespondent (de)	фотакарэспандэнт (м)	[fotakarɛspanˈdɛnt]
reporter (de)	рэпарцёр (м)	[rɛparˈʦɜr]
redacteur (de)	рэдактар (м)	[rɛˈdaktar]
chef-redacteur (de)	галоўны рэдактар (м)	[ɣaˈlounɪ rɛˈdaktar]
zich abonneren op	падпісацца	[patpiˈsaʦa]
abonnement (het)	падпіска (ж)	[patˈpiska]
abonnee (de)	падпісчык (м)	[patˈpiʃʧɪk]
lezen (ww)	чытаць	[ʧɪˈtaʦ]
lezer (de)	чытач (м)	[ʧɪˈtaʧ]
oplage (de)	тыраж (м)	[tɪˈraʃ]
maand-, maandelijks (bn)	штомесячны	[ʃtoˈmɛsʲaʧnɪ]
wekelijks (bn)	штотыднёвы	[ʃtotidˈnɜvɪ]
nummer (het)	нумар (м)	[ˈnumar]
vers (~ van de pers)	свежы	[ˈsʲwɛʒɪ]
kop (de)	загаловак (м)	[zaɣaˈlovak]
korte artikel (het)	нататка (ж)	[naˈtatka]
rubriek (de)	рубрыка (ж)	[ˈrubrɪka]
artikel (het)	артыкул (м)	[arˈtɪkul]
pagina (de)	старонка (ж)	[staˈrɔŋka]
reportage (de)	рэпартаж (м)	[rɛparˈtaʃ]
gebeurtenis (de)	падзея (ж)	[paˈʣɛja]
sensatie (de)	сенсацыя (ж)	[sɛnˈsaʦɪja]
schandaal (het)	скандал (м)	[skanˈdal]
schandalig (bn)	скандальны	[skanˈdaʎnɪ]
groot (~ schandaal, enz.)	гучны	[ˈɣuʧnɪ]
programma (het)	перадача (ж)	[pɛraˈdaʧa]
interview (het)	інтэрв'ю (н)	[intɛrvʰˈju]

| live uitzending (de) | прамая трансляцыя (ж) | [pra'maja transˡʲ'ʎatsɪja] |
| kanaal (het) | канал (м) | [ka'nal] |

102. Landbouw

landbouw (de)	сельская гаспадарка (ж)	['sɛʎskaja ɣaspa'darka]
boer (de)	селянін (м)	[sɛʎa'nin]
boerin (de)	сялянка (ж)	[sʲa'ʎaŋka]
landbouwer (de)	фермер (м)	['fɛrmɛr]

| tractor (de) | трактар (м) | ['traktar] |
| maaidorser (de) | камбайн (м) | [kam'bajn] |

ploeg (de)	плуг (м)	[pluh]
ploegen (ww)	араць	[a'ratsʲ]
akkerland (het)	ралля (ж)	[ra'ʎa]
voor (de)	баразна (ж)	[baraz'na]

zaaien (ww)	сеяць	['sɛjatsʲ]
zaaimachine (de)	сеялка (ж)	['sɛjalka]
zaaien (het)	сяўба (ж)	[sʲau'ba]

| zeis (de) | каса (ж) | [ka'sa] |
| maaien (ww) | касіць | [ka'sitsʲ] |

| schop (de) | лапата (ж) | [la'pata] |
| spitten (ww) | капаць | [ka'patsʲ] |

schoffel (de)	матыка (ж)	[ma'tɪka]
wieden (ww)	палоць	[pa'lɔtsʲ]
onkruid (het)	пустазелле (н)	[pusta'zɛllɛ]

gieter (de)	палівачка (ж)	[pali'vatʃka]
begieten (water geven)	паліваць	[pali'vatsʲ]
bewatering (de)	паліванне (н)	[pali'vaɲɛ]

| riek, hooivork (de) | вілы (мн) | ['wilɪ] |
| hark (de) | граблі (мн) | ['ɣrabli] |

meststof (de)	угнаенне (н)	[uɣna'ɛɲɛ]
bemesten (ww)	угнойваць	[uɣ'nɔjvatsʲ]
mest (de)	гной (м)	[ɣnɔj]

veld (het)	поле (н)	['pɔlɛ]
wei (de)	луг (м)	[luh]
moestuin (de)	агарод (м)	[aɣa'rɔt]
boomgaard (de)	сад (м)	[sat]

weiden (ww)	пасвіць	['pasʲwitsʲ]
herder (de)	пастух (м)	[pas'tuh]
weiland (de)	паша (ж)	['paʃa]

| veehouderij (de) | жывёлагадоўля (ж) | [ʒɪwɜlaɣa'dɔuʎa] |
| schapenteelt (de) | авечкагадоўля (ж) | [awɛtʃkaɣa'dɔuʎa] |

plantage (de)	плантацыя (ж)	[plan'tatsɪja]
rijtje (het)	градка (ж)	['ɣratka]
broeikas (de)	парнік (м)	[par'nik]

droogte (de)	засуха (ж)	['zasuha]
droog (bn)	засушлівы	[za'suʃlivɪ]

graangewassen (mv.)	зерневыя (н)	['zɛrnɛvija]
oogsten (ww)	збіраць	[zʲbi'ratsʲ]

molenaar (de)	млынар (м)	[mlɪ'nar]
molen (de)	млын (м)	[mlɪn]
malen (graan ~)	малоць	[ma'lɔdzʲ]
bloem (bijv. tarwebloem)	мука (ж)	[mu'ka]
stro (het)	салома (ж)	[sa'lɔma]

103. Gebouw. Bouwproces

bouwplaats (de)	будоўля (ж)	[bu'dɔuʎa]
bouwen (ww)	будаваць	[buda'vats]
bouwvakker (de)	будаўнік (м)	[budau'nik]

project (het)	праект (м)	[pra'ɛkt]
architect (de)	архітэктар (м)	[arhi'tɛktar]
arbeider (de)	рабочы (м)	[ra'bɔtʃɪ]

fundering (de)	падмурак (м)	[pad'murak]
dak (het)	дах (м)	[dah]
heipaal (de)	паля (ж)	['paʎa]
muur (de)	сцяна (ж)	[sʲtsʲa'na]

betonstaal (het)	арматура (ж)	[arma'tura]
steigers (mv.)	будаўнічыя рыштаванні (н мн)	[budau'nitʃɪja rɪʃta'vaɲi]

beton (het)	бетон (м)	[bɛ'tɔn]
graniet (het)	граніт (м)	[ɣra'nit]
steen (de)	камень (м)	['kamɛɲ]
baksteen (de)	цэгла (ж)	['tsɛɣla]

zand (het)	пясок (м)	[pʲa'sɔk]
cement (de/het)	цэмент (м)	[tsɛ'mɛnt]
pleister (het)	тынк (м)	[tɪŋk]
pleisteren (ww)	тынкаваць	[tɪŋka'vats]
verf (de)	фарба (ж)	['farba]
verven (muur ~)	фарбаваць	[farba'vats]
ton (de)	бочка (ж)	['bɔtʃka]

kraan (de)	кран (м)	[kran]
heffen, hijsen (ww)	паднімаць	[padni'mats]
neerlaten (ww)	апускаць	[apus'kats]

bulldozer (de)	бульдозер (м)	[buʎ'dɔzɛr]
graafmachine (de)	экскаватар (м)	[ɛkska'vatar]

graafbak (de)	коўш (м)	['kɔuʃ]
graven (tunnel, enz.)	капаць	[ka'pats]
helm (de)	каска (ж)	['kaska]

Beroepen en ambachten

104. Zoeken naar werk. Ontslag

baan (de)	праца (ж)	['pratsa]
personeel (het)	штат (м)	[ʃtat]
carrière (de)	кар'ера (ж)	[karʰ'ɛra]
vooruitzichten (mv.)	перспектыва (ж)	[pɛrsʲpɛk'tɪva]
meesterschap (het)	майстэрства (н)	[majs'tɛrstva]
keuze (de)	падбор (м)	[pad'bɔr]
uitzendbureau (het)	кадравае агенцтва (н)	['kadravaɛ a'ɣɛntstva]
CV, curriculum vitae (het)	рэзюмэ (н)	[rɛzy'mɛ]
sollicitatiegesprek (het)	сумоўе (н)	[su'mɔuɛ]
vacature (de)	вакансія (ж)	[va'kansija]
salaris (het)	заробак (м)	[za'rɔbak]
vaste salaris (het)	аклад (м)	[ak'lat]
loon (het)	аплата (ж)	[ap'lata]
betrekking (de)	пасада (ж)	[pa'sada]
taak, plicht (de)	абавязак (м)	[aba'vʲazak]
takenpakket (het)	кола (н)	['kɔla]
bezig (~ zijn)	заняты	[za'ɲatɪ]
ontslagen (ww)	звольніць	['zvɔʎnits]
ontslag (het)	звальненне (н)	[zvaʎ'nɛɲɛ]
werkloosheid (de)	беспрацоўе (н)	[bɛspra'tsɔuɛ]
werkloze (de)	беспрацоўны (м)	[bɛspra'tsɔunɪ]
pensioen (het)	пенсія (ж)	['pɛnsija]
met pensioen gaan	пайсці на пенсію	[pajsʲ'tsi na 'pɛnsiju]

105. Zakenmensen

directeur (de)	дырэктар (м)	[dɪ'rɛktar]
beheerder (de)	загадчык (м)	[za'ɣatʃɪk]
hoofd (het)	кіраўнік (м)	[kirau'nik]
baas (de)	начальнік (м)	[na'tʃaʎnik]
superieuren (mv.)	начальства (н)	[na'tʃaʎstva]
president (de)	прэзідэнт (м)	[prɛzi'dɛnt]
voorzitter (de)	старшыня (ж)	[starʃɪ'ɲa]
adjunct (de)	намеснік (м)	[na'mɛsʲnik]
assistent (de)	памочнік (м)	[pa'mɔtʃnik]
secretaris (de)	сакратар (м)	[sakra'tar]

persoonlijke assistent (de)	асабісты сакратар (м)	[asa'bıstı sakra'tar]
zakenman (de)	бізнэсмен (м)	[biznɛsʲ'mɛn]
ondernemer (de)	прадпрымальнік (м)	[pratprı'maʎnik]
oprichter (de)	заснавальнік (м)	[zasna'vaʎnik]
oprichten (een nieuw bedrijf ~)	заснаваць	[zasna'vats]

stichter (de)	заснавальнік (м)	[zasna'vaʎnik]
partner (de)	партнёр (м)	[part'nɜr]
aandeelhouder (de)	акцыянер (м)	[aktsıja'nɛr]

miljonair (de)	мільянер (м)	[miʎja'nɛr]
miljardair (de)	мільярдэр (м)	[miʎjar'dɛr]
eigenaar (de)	уладальнік (м)	[ula'daʎnik]
landeigenaar (de)	землеўладальнік (м)	[zɛmlɛula'daʎnik]

klant (de)	кліент (м)	[kli'ɛnt]
vaste klant (de)	сталы кліент (м)	['stalı kli'ɛnt]
koper (de)	пакупнік (м)	[pakup'nik]
bezoeker (de)	наведвальнік (м)	[na'wɛdvaʎnik]

professioneel (de)	прафесіянал (м)	[prafɛsija'nal]
expert (de)	эксперт (м)	[ɛksʲ'pɛrt]
specialist (de)	спецыяліст (м)	[sʲpɛtsıja'list]

| bankier (de) | банкір (м) | [ba'ŋkir] |
| makelaar (de) | брокер (м) | ['brɔkɛr] |

kassier (de)	касір (м)	[ka'sir]
boekhouder (de)	бухгалтар (м)	[buɣ'ɣaltar]
bewaker (de)	ахоўнік (м)	[a'hɔunik]

investeerder (de)	інвестар (м)	[in'wɛstar]
schuldenaar (de)	даўжнік (м)	[dauʒ'nik]
crediteur (de)	крэдытор (м)	[krɛdı'tɔr]
lener (de)	пазычальнік (м)	[pazı'tʃaʎnik]

| importeur (de) | імпарцёр (м) | [impar'tsɜr] |
| exporteur (de) | экспарцёр (м) | [ɛkspar'tsɜr] |

producent (de)	вытворца (м)	[vıt'vortsa]
distributeur (de)	дыстрыб'ютар (м)	[dıstrıbʰʲjutar]
bemiddelaar (de)	пасярэднік (м)	[pasʲa'rɛdnik]

adviseur, consulent (de)	кансультант (м)	[kansuʎ'tant]
vertegenwoordiger (de)	прадстаўнік (м)	[pratsstau'nik]
agent (de)	агент (м)	[a'ɣɛnt]
verzekeringsagent (de)	страхавы агент (м)	[straha'vı a'ɣɛnt]

106. Dienstverlenende beroepen

kok (de)	повар (м)	['pɔvar]
chef-kok (de)	шэф-повар (м)	[ʃɛf'pɔvar]
bakker (de)	пекар (м)	['pɛkar]

barman (de)	бармэн (м)	[bar'mɛn]
kelner, ober (de)	афіцыянт (м)	[afitsɪ'jant]
serveerster (de)	афіцыянтка (ж)	[afitsɪ'jantka]
advocaat (de)	адвакат (м)	[adva'kat]
jurist (de)	юрыст (м)	[ju'rɪst]
notaris (de)	натарыус (м)	[na'tarɪus]
elektricien (de)	манцёр (м)	[man'tsзr]
loodgieter (de)	сантэхнік (м)	[san'tɛhnik]
timmerman (de)	цясляр (м)	[tsʲasʲ'ʎar]
masseur (de)	масажыст (м)	[masa'ʒɪst]
masseuse (de)	масажыстка (ж)	[masa'ʒɪstka]
dokter, arts (de)	урач (м)	[u'ratʃ]
taxichauffeur (de)	таксіст (м)	[tak'sist]
chauffeur (de)	шафёр (м)	[ʃa'fзr]
koerier (de)	кур'ер (м)	[kurʰ'ɛr]
kamermeisje (het)	пакаёўка (ж)	[paka3uka]
bewaker (de)	ахоўнік (м)	[a'hounik]
stewardess (de)	сцюардэса (ж)	[sʲtsyar'dɛsa]
meester (de)	настаўнік (м)	[nas'taunik]
bibliothecaris (de)	бібліятэкар (м)	[biblija'tɛkar]
vertaler (de)	перакладчык (м)	[pɛrak'latʃɪk]
tolk (de)	перакладчык (м)	[pɛrak'latʃɪk]
gids (de)	гід (м)	[ɣit]
kapper (de)	цырульнік (м)	[tsɪ'ruʎnik]
postbode (de)	паштальён (м)	[paʃta'ʎjɔn]
verkoper (de)	прадавец (м)	[prada'wɛts]
tuinman (de)	садоўнік (м)	[sa'dɔunik]
huisbediende (de)	слуга (м, ж)	[slu'ɣa]
dienstmeisje (het)	служанка (ж)	[slu'ʒaŋka]
schoonmaakster (de)	прыбіральшчыца (ж)	[prɪbi'raʎʃtʃɪtsa]

107. Militaire beroepen en rangen

soldaat (rang)	радавы (м)	[rada'vɪ]
sergeant (de)	сяржант (м)	[sʲar'ʒant]
luitenant (de)	лейтэнант (м)	[lɛjtɛ'nant]
kapitein (de)	капітан (м)	[kapi'tan]
majoor (de)	маёр (м)	[maзr]
kolonel (de)	палкоўнік (м)	[pal'kɔunik]
generaal (de)	генерал (м)	[ɣɛnɛ'ral]
maarschalk (de)	маршал (м)	['marʃal]
admiraal (de)	адмірал (м)	[admi'ral]
militair (de)	вайсковец (м)	[vajs'kɔwɛts]
soldaat (de)	салдат (м)	[sal'dat]

| officier (de) | афіцэр (м) | [afi'tsɛr] |
| commandant (de) | камандзір (м) | [kaman'dzir] |

grenswachter (de)	пагранічнік (м)	[paɣra'nitʃnik]
marconist (de)	радыст (м)	[ra'dɪst]
verkenner (de)	разведчык (м)	[raz'ʲwɛtʃɪk]
sappeur (de)	сапёр (м)	[sa'pɜr]
schutter (de)	стралок (м)	[stra'lɔk]
stuurman (de)	штурман (м)	['ʃturman]

108. Ambtenaren. Priesters

| koning (de) | кароль (м) | [ka'rɔʎ] |
| koningin (de) | каралева (ж) | [kara'lɛva] |

| prins (de) | прынц (м) | [prɪnts] |
| prinses (de) | прынцэса (ж) | [prɪn'tsɛsa] |

| tsaar (de) | цар (м) | [tsar] |
| tsarina (de) | царыца (ж) | [tsa'rɪtsa] |

president (de)	Прэзідэнт (м)	[prɛzi'dɛnt]
minister (de)	міністр (м)	[mi'nistr]
eerste minister (de)	прэм'ер-міністр (м)	[prɛmʰ'ɛr mi'nistr]
senator (de)	сенатар (м)	[sɛ'natar]

diplomaat (de)	дыпламат (м)	[dɪpla'mat]
consul (de)	консул (м)	['kɔnsul]
ambassadeur (de)	пасол (м)	[pa'sɔl]
adviseur (de)	саветнік (м)	[sa'wɛtnik]

ambtenaar (de)	чыноўнік (м)	[tʃɪ'nɔunik]
prefect (de)	прэфект (м)	[prɛ'fɛkt]
burgemeester (de)	мэр (м)	[mɛr]

| rechter (de) | суддзя (м) | [sud'dzʲa] |
| aanklager (de) | пракурор (м) | [praku'rɔr] |

missionaris (de)	місіянер (м)	[misija'nɛr]
monnik (de)	манах (м)	[ma'nah]
abt (de)	абат (м)	[a'bat]
rabbi, rabbijn (de)	рабін (м)	[ra'bin]

vizier (de)	візір (м)	[wi'zir]
sjah (de)	шах (м)	[ʃah]
sjeik (de)	шэйх (м)	[ʃɛjh]

109. Agrarische beroepen

imker (de)	пчаляр (м)	[ptʃa'ʎar]
herder (de)	пастух (м)	[pas'tuh]
landbouwkundige (de)	аграном (м)	[aɣra'nɔm]

| veehouder (de) | жывёлавод (м) | [ʒɪwʒla'vɔt] |
| dierenarts (de) | ветэрынар (м) | [wɛtɛrɪ'nar] |

landbouwer (de)	фермер (м)	['fɛrmɛr]
wijnmaker (de)	вінароб (м)	[wina'rɔp]
zoöloog (de)	заолаг (м)	[za'ɔlah]
cowboy (de)	каўбой (м)	[kau'bɔj]

110. Kunst beroepen

| acteur (de) | акцёр (м) | [ak'tsɜr] |
| actrice (de) | актрыса (ж) | [akt'rɪsa] |

| zanger (de) | спявак (м) | [sʲpʲa'vak] |
| zangeres (de) | спявачка (ж) | [sʲpʲa'vatʃka] |

| danser (de) | танцор (м) | [tan'tsɔr] |
| danseres (de) | танцоўшчыца (ж) | [tan'tsɔuʃtʃɪtsa] |

| artiest (mann.) | артыст (м) | [ar'tɪst] |
| artiest (vrouw.) | артыстка (ж) | [ar'tɪstka] |

muzikant (de)	музыка (м)	[mu'zɪka]
pianist (de)	піяніст (м)	[pija'nist]
gitarist (de)	гітарыст (м)	[ɣita'rɪst]

orkestdirigent (de)	дырыжор (м)	[dɪrɪ'ʒɔr]
componist (de)	кампазітар (м)	[kampa'zitar]
impresario (de)	імпрэсарыо (м)	[imprɛ'sarɪɔ]

filmregisseur (de)	рэжысёр (м)	[rɛʒɪ'sɜr]
filmproducent (de)	прадзюсер (м)	[pra'dzysɛr]
scenarioschrijver (de)	сцэнарыст (м)	[stsɛna'rɪst]
criticus (de)	крытык (м)	['krɪtɪk]

schrijver (de)	пісьменнік (м)	[pisʲ'mɛɲik]
dichter (de)	паэт (м)	[pa'ɛt]
beeldhouwer (de)	скульптар (м)	['skuʌptar]
kunstenaar (de)	мастак (м)	[mas'tak]

jongleur (de)	жанглёр (м)	[ʒaŋ'lɜr]
clown (de)	клоун (м)	['klɔun]
acrobaat (de)	акрабат (м)	[akra'bat]
goochelaar (de)	фокуснік (м)	['fɔkusʲnik]

111. Verschillende beroepen

dokter, arts (de)	урач (м)	[u'ratʃ]
ziekenzuster (de)	медсястра (ж)	[mɛtsʲastʲra]
psychiater (de)	псіхіятр (м)	[psihi'jatr]
tandarts (de)	стаматолаг (м)	[stama'tɔlah]
chirurg (de)	хірург (м)	[hi'rurh]

astronaut (de)	астранаўт (м)	[astra'naut]
astronoom (de)	астраном (м)	[astra'nɔm]
chauffeur (de)	вадзіцель (м)	[va'dzitsɛʎ]
machinist (de)	машыніст (м)	[maʃı'nist]
mecanicien (de)	механік (м)	[mɛ'hanik]
mijnwerker (de)	шахцёр (м)	[ʃah'tsɜr]
arbeider (de)	рабочы (м)	[ra'bɔʧı]
bankwerker (de)	слесар (м)	['slɛsar]
houtbewerker (de)	сталяр (м)	[sta'ʎar]
draaier (de)	токар (м)	['tɔkar]
bouwvakker (de)	будаўнік (м)	[budau'nik]
lasser (de)	зваршчык (м)	['zvarʃʧık]
professor (de)	прафесар (м)	[pra'fɛsar]
architect (de)	архітэктар (м)	[arhi'tɛktar]
historicus (de)	гісторык (м)	[ɣis'tɔrık]
wetenschapper (de)	навуковец (м)	[navu'kɔwɛts]
fysicus (de)	фізік (м)	['fizik]
scheikundige (de)	хімік (м)	['himik]
archeoloog (de)	археолаг (м)	[arhɛ'ɔlah]
geoloog (de)	геолаг (м)	[ɣɛ'ɔlah]
onderzoeker (de)	даследчык (м)	[das'ʲlɛʧık]
babysitter (de)	нянька (ж)	['ɲaɲka]
leraar, pedagoog (de)	педагог (м)	[pɛda'ɣɔh]
redacteur (de)	рэдактар (м)	[rɛ'daktar]
chef-redacteur (de)	галоўны рэдактар (м)	[ɣa'lɔunı rɛ'daktar]
correspondent (de)	карэспандэнт (м)	[karɛspan'dɛnt]
typiste (de)	машыністка (ж)	[maʃı'nistka]
designer (de)	дызайнер (м)	[dı'zajnɛr]
computerexpert (de)	камп'ютэршчык (м)	[kampʰ'jutɛrʃʧık]
programmeur (de)	праграміст (м)	[praɣra'mist]
ingenieur (de)	інжынер (м)	[inʒı'nɛr]
matroos (de)	марак (м)	[ma'rak]
zeeman (de)	матрос (м)	[mat'rɔs]
redder (de)	ратавальнік (м)	[rata'vaʎnik]
brandweerman (de)	пажарны (м)	[pa'ʒarnı]
politieagent (de)	паліцэйскі (м)	[pali'tsɛjski]
nachtwaker (de)	вартаўнік (м)	[vartau'nik]
detective (de)	сышчык (м)	['sıʃʧık]
douanier (de)	мытнік (м)	['mıtnik]
lijfwacht (de)	целаахоўнік (м)	[tsɛla:'hɔunik]
gevangenisbewaker (de)	наглядчык (м)	[naɣ'ʎatʧık]
inspecteur (de)	інспектар (м)	[insʲ'pɛktar]
sportman (de)	спартсмен (м)	[spartss'ʲmɛn]
trainer (de)	трэнер (м)	['trɛnɛr]
slager, beenhouwer (de)	мяснік (м)	[mʲasʲ'nik]

103

schoenlapper (de)	шавец (м)	[ʃaˈwɛts]
handelaar (de)	камерсант (м)	[kamɛrˈsant]
lader (de)	грузчык (м)	[ˈɣruʃʧɪk]

| kledingstilist (de) | мадэльер (м) | [madɛˈʎjɛr] |
| model (het) | мадэль (ж) | [maˈdɛʎ] |

112. Beroepen. Sociale status

| scholier (de) | школьнік (м) | [ˈʃkoʎnik] |
| student (de) | студэнт (м) | [stuˈdɛnt] |

filosoof (de)	філосаф (м)	[fiˈlɔsaf]
econoom (de)	эканаміст (м)	[ɛkanaˈmist]
uitvinder (de)	вынаходца (м)	[vɪnaˈhɔtsa]

werkloze (de)	беспрацоўны (м)	[bɛspraˈtsɔunɪ]
gepensioneerde (de)	пенсіянер (м)	[pɛnsijaˈnɛr]
spion (de)	шпіён (м)	[ʃpiɜn]

gedetineerde (de)	зняволены (м)	[zʲnaˈvɔlɛnɪ]
staker (de)	забастоўшчык (м)	[zabasˈtɔuʃʧɪk]
bureaucraat (de)	бюракрат (м)	[byrakˈrat]
reiziger (de)	падарожнік (м)	[padaˈrɔʒnik]

| homoseksueel (de) | гомасексуаліст (м) | [ɣɔmasɛksuaˈlist] |
| hacker (computerkraker) | хакер (м) | [ˈhakɛr] |

bandiet (de)	бандыт (м)	[banˈdɪt]
huurmoordenaar (de)	наёмны забойца (м)	[naɜmnɪ zaˈbɔjtsa]
drugsverslaafde (de)	наркаман (м)	[narkaˈman]
drugshandelaar (de)	наркагандляр (м)	[narkaɣandˈʎar]
prostituee (de)	прастытутка (ж)	[prastɪˈtutka]
pooier (de)	сутэнёр (м)	[sutɛˈnɜr]

tovenaar (de)	вядзьмак (м)	[vʲadzʲˈmak]
tovenares (de)	вядзьмарка (ж)	[vʲadzʲˈmarka]
piraat (de)	пірат (м)	[piˈrat]
slaaf (de)	раб (м)	[rap]
samoerai (de)	самурай (м)	[samuˈraj]
wilde (de)	дзікун (м)	[dziˈkun]

Sport

113. Soorten sporten. Sporters

sportman (de)	спартсмен (м)	[sparʦsʲ'mɛn]
soort sport (de/het)	від (м) спорту	['wit 'spɔrtu]
basketbal (het)	баскетбол (м)	[baskɛd'bɔl]
basketbalspeler (de)	баскетбаліст (м)	[baskɛdba'list]
baseball (het)	бейсбол (м)	[bɛjz'bɔl]
baseballspeler (de)	бейсбаліст (м)	[bɛjzba'list]
voetbal (het)	футбол (м)	[fud'bɔl]
voetballer (de)	футбаліст (м)	[fudba'list]
doelman (de)	варатар (м)	[vara'tar]
hockey (het)	хакей (м)	[ha'kɛj]
hockeyspeler (de)	хакеіст (м)	[hakɛ'ist]
volleybal (het)	валейбол (м)	[valɛj'bɔl]
volleybalspeler (de)	валейбаліст (м)	[valɛjba'list]
boksen (het)	бокс (м)	[bɔks]
bokser (de)	баксёр (м)	[bak'sɜr]
worstelen (het)	барацьба (ж)	[baradzʲ'ba]
worstelaar (de)	барэц (м)	[ba'rɛʦ]
karate (de)	каратэ (н)	[kara'tɛ]
karateka (de)	каратыст (м)	[kara'tıst]
judo (de)	дзюдо (н)	[dzy'dɔ]
judoka (de)	дзюдаіст (м)	[dzyda'ist]
tennis (het)	тэніс (м)	['tɛnis]
tennisspeler (de)	тэнісіст (м)	[tɛni'sist]
zwemmen (het)	плаванне (н)	['plavaŋɛ]
zwemmer (de)	плывец (м)	[plı'wɛʦ]
schermen (het)	фехтаванне (н)	[fɛhta'vaŋɛ]
schermer (de)	фехтавальшчык (м)	[fɛhta'vaʎʧık]
schaak (het)	шахматы (мн)	['ʃahmatı]
schaker (de)	шахматыст (м)	[ʃahma'tıst]
alpinisme (het)	альпінізм (м)	[aʎpi'nizm]
alpinist (de)	альпініст (м)	[aʎpi'nist]
hardlopen (het)	бег (м)	[bɛh]

renner (de)	бягун (м)	[bʲaˈɣun]
atletiek (de)	лёгкая атлетыка (ж)	[ˈlɔhkaja atˈlɛtɪka]
atleet (de)	атлет (м)	[atˈlɛt]

| paardensport (de) | конны спорт (м) | [ˈkɔnɪ ˈspɔrt] |
| ruiter (de) | коннік (м) | [ˈkɔnik] |

kunstschaatsen (het)	фігурнае катанне (н)	[fiˈɣurnaɛ kaˈtaɲɛ]
kunstschaatser (de)	фігурыст (м)	[fiɣuˈrɪst]
kunstschaatsster (de)	фігурыстка (ж)	[fiɣuˈrɪstka]

gewichtheffen (het)	цяжкая атлетыка (ж)	[ˈtsʲaʃkaja atˈlɛtɪka]
autoraces (mv.)	аўтагонкі (ж мн)	[autaˈɣɔŋki]
coureur (de)	гоншчык (м)	[ˈɣɔnʃʧɪk]

| wielersport (de) | веласпорт (м) | [wɛlasˈpɔrt] |
| wielrenner (de) | веласіпедыст (м) | [wɛlasipɛˈdɪst] |

verspringen (het)	скачкі (м мн) ў даўжыню	[skaʧˈki u dauʒɪˈny]
polsstokspringen (het)	скачкі (м мн) з шастом	[skaʧˈki ʃ ʃasˈtɔm]
verspringer (de)	скакун (м)	[skaˈkun]

114. Soorten sporten. Diversen

Amerikaans voetbal (het)	амерыканскі футбол (м)	[amɛrɪˈkanski fudˈbɔl]
badminton (het)	бадмінтон (м)	[badminˈtɔn]
biatlon (de)	біятлон (м)	[bijatˈlɔn]
biljart (het)	більярд (м)	[biˈʎjart]

bobsleeën (het)	бобслей (м)	[ˈbɔpsʲlɛj]
bodybuilding (de)	бодыбілдынг (м)	[bɔdɪˈbildɪnh]
waterpolo (het)	воднае пола (н)	[ˈvɔdnaɛ ˈpɔla]
handbal (de)	гандбол (м)	[ɣandˈbɔl]
golf (het)	гольф (м)	[ɣɔʎf]

roeisport (de)	веславанне (н)	[wɛslaˈvaɲɛ]
duiken (het)	дайвінг (м)	[ˈdajwinh]
langlaufen (het)	лыжныя гонкі (ж мн)	[ˈlɪʒnija ˈɣɔŋki]
tafeltennis (het)	настольны тэніс (м)	[nasˈtɔlnɪ ˈtɛnis]

zeilen (het)	парусны спорт (м)	[ˈparusnɪ ˈspɔrt]
rally (de)	ралі (н)	[ˈrali]
rugby (het)	рэгбі (н)	[ˈrɛɣbi]
snowboarden (het)	снаўборд (м)	[snauˈbɔrt]
boogschieten (het)	стральба (ж) з лука	[straʎˈba z ˈluka]

115. Fitnessruimte

lange halter (de)	штанга (ж)	[ˈʃtaŋa]
halters (mv.)	гантэлі (ж мн)	[ɣanˈtɛli]
training machine (de)	трэнажор (м)	[trɛnaˈʒɔr]
hometrainer (de)	велатрэнажор (м)	[wɛlatrɛnaˈʒɔr]

loopband (de)	бегавая дарожка (ж)	[bɛɣa'vaja da'rɔʃka]
rekstok (de)	перакладзіна (ж)	[pɛrak'ladzina]
brug (de) gelijke leggers	брусы (м мн)	[bru'sɪ]
paardsprong (de)	конь (м)	[kɔɲ]
mat (de)	мат (м)	[mat]

| aerobics (de) | аэробіка (ж) | [aɛ'rɔbika] |
| yoga (de) | ёга (ж) | [zɣa] |

116. Sporten. Diversen

Olympische Spelen (mv.)	Алімпійскія гульні (ж мн)	[alim'pijskija 'ɣuʌni]
winnaar (de)	пераможца (м)	[pɛra'mɔʃtsa]
overwinnen (ww)	перамагаць	[pɛrama'ɣats]
winnen (ww)	выйграць	['vijɣrats]

| leider (de) | лідэр (м) | ['lidɛr] |
| leiden (ww) | лідзіраваць | [li'dziravats] |

eerste plaats (de)	першае месца (н)	['pɛrʃaɛ 'mɛstsa]
tweede plaats (de)	другое месца (н)	[dru'ɣɔɛ 'mɛstsa]
derde plaats (de)	трэцяе месца (н)	['trɛtslaɛ 'mɛstsa]

medaille (de)	медаль (м)	[mɛ'daʌ]
trofee (de)	трафей (м)	[tra'fɛj]
beker (de)	кубак (м)	['kubak]
prijs (de)	прыз (м)	[prɪs]
hoofdprijs (de)	галоўны прыз (м)	[ɣa'lɔunɪ 'prɪs]

| record (het) | рэкорд (м) | [rɛ'kɔrt] |
| een record breken | ставіць рэкорд | ['stawits rɛ'kɔrt] |

| finale (de) | фінал (м) | [fi'nal] |
| finale (bn) | фінальны | [fi'naʌnɪ] |

| kampioen (de) | чэмпіён (м) | [tʃɛmpiɜn] |
| kampioenschap (het) | чэмпіянат (м) | [tʃɛmpija'nat] |

stadion (het)	стадыён (м)	[stadɪɜn]
tribune (de)	трыбуна (ж)	[trɪ'buna]
fan, supporter (de)	заўзятар (м)	[zau'zlatar]
tegenstander (de)	праціўнік (м)	[pra'tsiunik]

| start (de) | старт (м) | [start] |
| finish (de) | фініш (м) | ['finiʃ] |

| nederlaag (de) | паражэнне (н) | [para'ʒɛnɛ] |
| verliezen (ww) | прайграць | [prajɣ'rats] |

rechter (de)	суддзя (м)	[sud'dzla]
jury (de)	журы (н)	[ʒu'rɪ]
stand (~ is 3-1)	лік (м)	[lik]
gelijkspel (het)	нічыя (ж)	[nitʃɪ'ja]
in gelijk spel eindigen	згуляць унічыю	[zɣu'ʌats unitʃɪ'ju]

| punt (het) | ачко (н) | [aʧ'kɔ] |
| uitslag (de) | вынік (м) | ['vɪnik] |

pauze (de)	перапынак (м)	[pɛra'pɪnak]
doping (de)	допінг (м)	['dɔpinh]
straffen (ww)	штрафаваць	[ʃtrafa'vaʦ]
diskwalificeren (ww)	дыскваліфікаваць	[dɪskvalifika'vaʦ]

toestel (het)	прылада (ж)	[prɪ'lada]
speer (de)	кап'ё (н)	[kapʰз]
kogel (de)	ядро (н)	[jad'rɔ]
bal (de)	шар (м)	[ʃar]

doel (het)	цэль (ж)	[ʦɛʎ]
schietkaart (de)	мішэнь (ж)	[mi'ʃɛɲ]
schieten (ww)	страляць	[stra'ʎaʦ]
precies (bijv. precieze schot)	дакладны	[dak'ladnɪ]

trainer, coach (de)	трэнер (м)	['trɛnɛr]
trainen (ww)	трэніраваць	[trɛnira'vaʦ]
zich trainen (ww)	трэніравацца	[trɛnira'vaʦa]
training (de)	трэніроўка (ж)	[trɛni'rɔuka]

gymnastiekzaal (de)	спартзала (ж)	[spar'dzala]
oefening (de)	практыкаванне (н)	[praktɪka'vaɲɛ]
opwarming (de)	размінка (ж)	[razⁱ'miŋka]

Onderwijs

117. School

school (de)	школа (ж)	['ʃkɔla]
schooldirecteur (de)	дырэктар (м) школы	[dɪ'rɛktar 'ʃkɔlɪ]
leerling (de)	вучань (м)	['vutʃaɲ]
leerlinge (de)	вучаніца (ж)	[vutʃa'nitsa]
scholier (de)	школьнік (м)	['ʃkɔʎnik]
scholiere (de)	школьніца (ж)	['ʃkɔʎnitsa]
leren (lesgeven)	навучаць	[navu'tʃats]
studeren (bijv. een taal ~)	вучыць	[vu'tʃɪts]
van buiten leren	вучыць напамяць	[vu'tʃɪts na'pamʲats]
leren (bijv. ~ tellen)	вучыцца	[vu'tʃɪtsa]
in school zijn	вучыцца	[vu'tʃɪtsa]
(schooljongen zijn)		
naar school gaan	ісці ў школу	[isʲ'tsi u 'ʃkɔlu]
alfabet (het)	алфавіт (м)	[alfa'wit]
vak (schoolvak)	прадмет (м)	[prad'mɛt]
klaslokaal (het)	клас (м)	[klas]
les (de)	урок (м)	[u'rɔk]
pauze (de)	перапынак (м)	[pɛra'pɪnak]
bel (de)	званок (м)	[zva'nɔk]
schooltafel (de)	парта (ж)	['parta]
schoolbord (het)	дошка (ж)	['dɔʃka]
cijfer (het)	адзнака (ж)	[adz'naka]
goed cijfer (het)	добрая адзнака (ж)	['dɔbraja adz'naka]
slecht cijfer (het)	дрэнная адзнака (ж)	['drɛɲaja adz'naka]
een cijfer geven	ставіць адзнаку	['stawits adz'naku]
fout (de)	памылка (ж)	[pa'mɪlka]
fouten maken	рабіць памылкі	[ra'bits pa'mɪlki]
corrigeren (fouten ~)	выпраўляць	[vɪprau'ʎats]
spiekbriefje (het)	шпаргалка (ж)	[ʃpar'ɣalka]
huiswerk (het)	дамашняе заданне (н)	[da'maʃɲaɛ za'daɲɛ]
oefening (de)	практыкаванне (н)	[praktɪka'vaɲɛ]
aanwezig zijn (ww)	прысутнічаць	[prɪ'sutnitʃats]
absent zijn (ww)	адсутнічаць	[a'tsutnitʃats]
bestraffen (een stout kind ~)	караць	[ka'rats]
bestraffing (de)	пакаранне (н)	[paka'raɲɛ]
gedrag (het)	паводзіны (мн)	[pa'vɔdzinɪ]

cijferlijst (de)	дзённік (м)	['dzɛŋik]
potlood (het)	аловак (м)	[a'lɔvak]
gom (de)	сцірка (ж)	['sʲtsirka]
krijt (het)	крэйда (ж)	['krɛjda]
pennendoos (de)	пенал (м)	[pɛ'nal]

boekentas (de)	партфель (м)	[part'fɛʎ]
pen (de)	ручка (ж)	['rutʃka]
schrift (de)	сшытак (м)	['ʃitak]
leerboek (het)	падручнік (м)	[pad'rutʃnik]
passer (de)	цыркуль (м)	['tsɪrkuʎ]

| technisch tekenen (ww) | чарціць | [tʃar'tsits] |
| technische tekening (de) | чарцёж (м) | [tʃar'tsɜʃ] |

gedicht (het)	верш (м)	[wɛrʃ]
van buiten (bw)	напамяць	[na'pamʲats]
van buiten leren	вучыць напамяць	[vu'tʃɪts na'pamʲats]

| vakantie (de) | канікулы (мн) | [ka'nikulɪ] |
| met vakantie zijn | быць на канікулах | ['bɪts na ka'nikulah] |

toets (schriftelijke ~)	кантрольная работа (ж)	[kant'rɔʎnaja ra'bota]
opstel (het)	сачыненне (н)	[satʃɪ'nɛŋɛ]
dictee (het)	дыктоўка (ж)	[dɪk'tɔuka]

examen (het)	экзамен (м)	[ɛɣ'zamɛn]
examen afleggen	здаваць экзамены	[zda'vats ɛɣ'zamɛnɪ]
experiment (het)	дослед (м)	['dɔsʲlɛt]

118. Hogeschool. Universiteit

academie (de)	акадэмія (ж)	[aka'dɛmija]
universiteit (de)	універсітэт (м)	[uniwɛrsi'tɛt]
faculteit (de)	факультэт (м)	[fakuʎ'tɛt]

student (de)	студэнт (м)	[stu'dɛnt]
studente (de)	студэнтка (ж)	[stu'dɛntka]
leraar (de)	выкладчык (м)	[vɪk'latʃɪk]

| collegezaal (de) | аўдыторыя (ж) | [audɪ'tɔrɪja] |
| afgestudeerde (de) | выпускнік (м) | [vɪpusk'nik] |

| diploma (het) | дыплом (м) | [dɪp'lɔm] |
| dissertatie (de) | дысертацыя (ж) | [dɪsɛr'tatsɪja] |

| onderzoek (het) | даследаванне (н) | [dasʲʲlɛdavaŋɛ] |
| laboratorium (het) | лабараторыя (ж) | [labara'tɔrɪja] |

| college (het) | лекцыя (ж) | ['lɛktsɪja] |
| medestudent (de) | аднакурснік (м) | [adna'kursʲnik] |

| studiebeurs (de) | стыпендыя (ж) | [stɪ'pɛndɪja] |
| academische graad (de) | навуковая ступень (ж) | [navu'kɔvaja stu'pɛɲ] |

119. Wetenschappen. Disciplines

wiskunde (de)	матэматыка (ж)	[matɛ'matɪka]
algebra (de)	алгебра (ж)	['alɣɛbra]
meetkunde (de)	геаметрыя (ж)	[ɣɛa'mɛtrɪja]
astronomie (de)	астраномія (ж)	[astra'nɔmija]
biologie (de)	біялогія (ж)	[bija'lɔɣija]
geografie (de)	геаграфія (ж)	[ɣɛaɣ'rafija]
geologie (de)	геалогія (ж)	[ɣɛa'lɔɣija]
geschiedenis (de)	гісторыя (ж)	[ɣis'tɔrɪja]
geneeskunde (de)	медыцына (ж)	[mɛdɪ'tsɪna]
pedagogiek (de)	педагогіка (ж)	[pɛda'ɣɔɣika]
rechten (mv.)	права (н)	['prava]
fysica, natuurkunde (de)	фізіка (ж)	['fizika]
scheikunde (de)	хімія (ж)	['himija]
filosofie (de)	філасофія (ж)	[fila'sɔfija]
psychologie (de)	псіхалогія (ж)	[psiha'lɔɣija]

120. Schrift. Spelling

grammatica (de)	граматыка (ж)	[ɣra'matɪka]
vocabulaire (het)	лексіка (ж)	['lɛksika]
fonetiek (de)	фанетыка (ж)	[fa'nɛtɪka]
zelfstandig naamwoord (het)	назоўнік (м)	[na'zɔunik]
bijvoeglijk naamwoord (het)	прыметнік (м)	[prɪ'mɛtnik]
werkwoord (het)	дзеяслоў (м)	[dzɛjas'lɔu]
bijwoord (het)	прыслоўе (н)	[prɪs'lɔuɛ]
voornaamwoord (het)	займеннік (м)	[zaj'mɛŋik]
tussenwerpsel (het)	выклічнік (м)	[vɪk'litʃnik]
voorzetsel (het)	прыназоўнік (м)	[prɪna'zɔunik]
stam (de)	корань (м) слова	['kɔraŋ 'slɔva]
achtervoegsel (het)	канчатак (м)	[kan'tʃatak]
voorvoegsel (het)	прыстаўка (ж)	[prɪs'tauka]
lettergreep (de)	склад (м)	[sklat]
achtervoegsel (het)	суфікс (м)	['sufiks]
nadruk (de)	націск (м)	['natsisk]
afkappingsteken (het)	апостраф (м)	[a'pɔstraf]
punt (de)	кропка (ж)	['krɔpka]
komma (de/het)	коска (ж)	['kɔska]
puntkomma (de)	кропка (ж) з коскай	['krɔpka s 'kɔskaj]
dubbelpunt (de)	двукроп'е (н)	[dvuk'rɔpʰɛ]
beletselteken (het)	шматкроп'е (н)	[ʃmatk'rɔpʰɛ]
vraagteken (het)	пытальнік (м)	[pɪ'taʎnik]
uitroepteken (het)	клічнік (м)	['klitʃnik]

111

aanhalingstekens (mv.)	двукоссе (н)	[dvu'kɔssɛ]
tussen aanhalingstekens (bw)	у двукоссі	[u dvu'kɔssi]
haakjes (mv.)	дужкі (ж мн)	['duʃki]
tussen haakjes (bw)	у дужках	[u 'duʃkah]
streepje (het)	дэфіс (м)	[dɛ'fis]
gedachtestreepje (het)	працяжнік (м)	[pra'tsʲaʒnik]
spatie	прабел (м)	[pra'bɛl]
(~ tussen twee woorden)		
letter (de)	літара (ж)	['litara]
hoofdletter (de)	вялікая літара (ж)	[vʲa'likaja 'litara]
klinker (de)	галосны гук (м)	[ɣa'lɔsnɪ 'ɣuk]
medeklinker (de)	зычны гук (м)	['zɪtʃnɪ 'ɣuk]
zin (de)	сказ (м)	[skas]
onderwerp (het)	дзейнік (м)	['dzɛjnik]
gezegde (het)	выказнік (м)	[vɪ'kazʲnik]
regel (in een tekst)	радок (м)	[ra'dɔk]
op een nieuwe regel (bw)	з новага радка	[z 'nɔvaɣa rat'ka]
alinea (de)	абзац (м)	[ab'zats]
woord (het)	слова (н)	['slɔva]
woordgroep (de)	словазлучэнне (н)	[slɔvazlu'tʃɛnɛ]
uitdrukking (de)	выраз (м)	['vɪras]
synoniem (het)	сінонім (м)	[si'nɔnim]
antoniem (het)	антонім (м)	[an'tɔnim]
regel (de)	правіла (н)	['prawila]
uitzondering (de)	выключэнне (н)	[vɪkly'tʃɛnɛ]
correct (bijv. ~e spelling)	правільны	['prawiʎnɪ]
vervoeging, conjugatie (de)	спражэнне (н)	[spra'ʒɛnɛ]
verbuiging, declinatie (de)	скланенне (н)	[skla'nɛnɛ]
naamval (de)	склон (м)	[sklɔn]
vraag (de)	пытанне (н)	[pɪ'tanɛ]
onderstrepen (ww)	падкрэсліць	[patk'rɛsʲlitsʲ]
stippellijn (de)	пункцір (м)	[puŋk'tsir]

121. Vreemde talen

taal (de)	мова (ж)	['mɔva]
vreemde taal (de)	замежная мова (ж)	[za'mɛʒnaja 'mɔva]
leren (bijv. van buiten ~)	вывучаць	[vɪvu'tʃatsʲ]
studeren (Nederlands ~)	вучыць	[vu'tʃɪtsʲ]
lezen (ww)	чытаць	[tʃɪ'tatsʲ]
spreken (ww)	гаварыць	[ɣava'rɪtsʲ]
begrijpen (ww)	разумець	[razu'mɛtsʲ]
schrijven (ww)	пісаць	[pi'satsʲ]
snel (bw)	хутка	['hutka]
langzaam (bw)	павольна	[pa'vɔʎna]

vloeiend (bw)	лёгка	['lɜhka]
regels (mv.)	правілы (н мн)	['prawilı]
grammatica (de)	граматыка (ж)	[ɣra'matıka]
vocabulaire (het)	лексіка (ж)	['lɛksika]
fonetiek (de)	фанетыка (ж)	[fa'nɛtıka]

leerboek (het)	падручнік (м)	[pad'rutʃnik]
woordenboek (het)	слоўнік (м)	['slɔunik]
leerboek (het) voor zelfstudie	самавучыцель (м)	[samavu'tʃıtsɛʎ]
taalgids (de)	размоўнік (м)	[raz'mɔunik]

cassette (de)	касета (ж)	[ka'sɛta]
videocassette (de)	відэакасета (ж)	[widɛaka'sɛta]
CD (de)	кампакт-дыск (м)	[kam'paɣd 'dısk]
DVD (de)	DVD (м)	[dziwi'dzi]

alfabet (het)	алфавіт (м)	[alfa'wit]
spellen (ww)	гаварыць па літарах	[ɣava'rıts pa 'litarah]
uitspraak (de)	вымаўленне (н)	[vımau'lɛŋɛ]

accent (het)	акцэнт (м)	[ak'tsɛnt]
met een accent (bw)	з акцэнтам	[z ak'tsɛntam]
zonder accent (bw)	без акцэнту	[bɛz ak'tsɛntu]

| woord (het) | слова (н) | ['slɔva] |
| betekenis (de) | сэнс (м) | [sɛns] |

cursus (de)	курсы (м мн)	['kursı]
zich inschrijven (ww)	запісацца	[zapi'satsa]
leraar (de)	выкладчык (м)	[vık'latʃık]

vertaling (een ~ maken)	пераклад (м)	[pɛrak'lat]
vertaling (tekst)	пераклад (м)	[pɛrak'lat]
vertaler (de)	перакладчык (м)	[pɛrak'latʃık]
tolk (de)	перакладчык (м)	[pɛrak'latʃık]

| polyglot (de) | паліглот (м) | [paliɣ'lot] |
| geheugen (het) | памяць (ж) | ['pamʲats] |

122. Sprookjesfiguren

| Sinterklaas (de) | Санта Клаўс (м) | ['santa 'klaus] |
| zeemeermin (de) | русалка (ж) | [ru'salka] |

magiër, tovenaar (de)	чараўнік (м)	[tʃarau'nik]
goede heks (de)	чараўніца (ж)	[tʃarau'nitsa]
magisch (bn)	чароўны	[tʃa'rɔunı]
toverstokje (het)	чарадзейная палачка (ж)	[tʃara'dzɛjnaja 'palatʃka]

sprookje (het)	казка (ж)	['kaska]
wonder (het)	цуд (м)	[tsut]
dwerg (de)	гном (м)	[ɣnɔm]
veranderen in ...	ператварыцца ў ...	[pɛratva'rıtsa u]
(anders worden)		

113

geest (de)	здань (ж)	[zdaɲ]
spook (het)	прывід (м)	['prɪwit]
monster (het)	пачвара (ж)	[paʧ'vara]
draak (de)	цмок (м)	[ʦmɔk]
reus (de)	волат (м)	['vɔlat]

123. Dierenriem

Ram (de)	Авен (м)	[a'wɛn]
Stier (de)	Цялец (м)	[ʦʲa'lɛʦ]
Tweelingen (mv.)	Блізняты (мн)	[blizʲ'ɲatɪ]
Kreeft (de)	Рак (м)	[rak]
Leeuw (de)	Леў (м)	['lɛu]
Maagd (de)	Дзева (ж)	['ʣɛva]

Weegschaal (de)	Шалі (мн)	['ʃali]
Schorpioen (de)	Скарпіён (м)	[skarpiɔn]
Boogschutter (de)	Стралец (м)	[stra'lɛʦ]
Steenbok (de)	Казярог (м)	[kazʲa'rɔh]
Waterman (de)	Вадалей (м)	[vada'lɛj]
Vissen (mv.)	Рыбы (мн)	['rɪbɪ]

karakter (het)	характар (м)	[ha'raktar]
karaktertrekken (mv.)	рысы (ж мн) характару	['rɪsɪ ha'raktaru]
gedrag (het)	паводзіны (мн)	[pa'vɔdzinɪ]
waarzeggen (ww)	варажыць	[vara'ʒɪʦ]
waarzegster (de)	варажбітка (ж)	[varaʒ'bitka]
horoscoop (de)	гараскоп (м)	[ɣaras'kɔp]

Kunst

124. Theater

theater (het)	тэатр (м)	[tɛ'atr]
opera (de)	опера (ж)	['ɔpɛra]
operette (de)	аперэта (ж)	[apɛ'rɛta]
ballet (het)	балет (м)	[ba'lɛt]

affiche (de/het)	афіша (ж)	[a'fiʃa]
theatergezelschap (het)	трупа (ж)	['trupa]
tournee (de)	гастролі (ж мн)	[ɣast'rɔli]
op tournee zijn	гастраліраваць	[ɣastra'liravats]
repeteren (ww)	рэпеціраваць	[rɛpɛ'tsiravats]
repetitie (de)	рэпетыцыя (ж)	[rɛpɛ'tɨtsɨja]
repertoire (het)	рэпертуар (м)	[rɛpɛrtu'ar]

voorstelling (de)	паказ (м)	[pa'kas]
spektakel (het)	спектакль (м)	[sʲpɛk'takʎ]
toneelstuk (het)	п'еса (ж)	['pʰɛsa]

biljet (het)	білет (м)	[bi'lɛt]
kassa (de)	білетная каса (ж)	[bi'lɛtnaja 'kasa]
foyer (de)	хол (м)	[hɔl]
garderobe (de)	гардэроб (м)	[ɣardɛ'rɔp]
garderobe nummer (het)	нумарок (м)	[numa'rɔk]
verrekijker (de)	бінокль (м)	[bi'nɔkʎ]
plaatsaanwijzer (de)	кантралёр (м)	[kantra'lɜr]

parterre (de)	партэр (м)	[par'tɛr]
balkon (het)	балкон (м)	[bal'kɔn]
gouden rang (de)	бельэтаж (м)	[bɛʎɛ'taʃ]
loge (de)	ложа (н)	['lɔʒa]
rij (de)	рад (м)	[rat]
plaats (de)	месца (н)	['mɛstsa]

publiek (het)	публіка (ж)	['publika]
kijker (de)	глядач (м)	[ɣʎa'datʃ]
klappen (ww)	пляскаць	['pʎaskats]
applaus (het)	апладысменты (мн)	[apladɨs'ʲmɛntɨ]
ovatie (de)	авацыі (ж мн)	[a'vatsɨi]

toneel (op het ~ staan)	сцэна (ж)	['stsɛna]
gordijn, doek (het)	заслона (ж)	[zas'lɔna]
toneeldecor (het)	дэкарацыя (ж)	[dɛka'ratsɨja]
backstage (de)	кулісы (ж мн)	[ku'lisɨ]

scène (de)	сцэна (ж)	['stsɛna]
bedrijf (het)	дзея (ж)	['dzɛja]
pauze (de)	антракт (м)	[ant'rakt]

125. Bioscoop

acteur (de)	акцёр (м)	[ak'tsɜr]
actrice (de)	актрыса (ж)	[akt'rɪsa]
bioscoop (de)	кіно (н)	[ki'nɔ]
speelfilm (de)	кіно (н)	[ki'nɔ]
aflevering (de)	серыя (ж)	['sɛrɪja]
detectivefilm (de)	дэтэктыў (м)	[dɛtɛk'tɪu]
actiefilm (de)	баявік (м)	[baja'wik]
avonturenfilm (de)	прыгодніцкі фільм (м)	[prɪ'ɣɔdniʦki 'fiʎm]
sciencefictionfilm (de)	фантастычны фільм (м)	[fantas'tɪʧnɪ 'fiʎm]
griezelfilm (de)	фільм (м) жахаў	['fiʎm 'ʒahau]
komedie (de)	кінакамедыя (ж)	[kinaka'mɛdɪja]
melodrama (het)	меладрама (ж)	[mɛlad'rama]
drama (het)	драма (ж)	['drama]
speelfilm (de)	мастацкі фільм (м)	[mas'taʦki fiʎm]
documentaire (de)	дакументальны фільм (м)	[dakumɛn'taʎnɪ fiʎm]
tekenfilm (de)	мультфільм (м)	[muʎt'fiʎm]
stomme film (de)	нямое кіно (н)	[ɲa'mɔɛ ki'nɔ]
rol (de)	роля (ж)	['rɔʎa]
hoofdrol (de)	галоўная роля (ж)	[ɣa'lounaja 'rɔʎa]
spelen (ww)	іграць	[iɣ'raʦ]
filmster (de)	кіназорка (ж)	[kina'zɔrka]
bekend (bn)	вядомы	[vʲa'dɔmɪ]
beroemd (bn)	славуты	[sla'vutɪ]
populair (bn)	папулярны	[papu'ʎarnɪ]
scenario (het)	сцэнарый (м)	[sʦɛ'narɪj]
scenarioschrijver (de)	сцэнарыст (м)	[sʦɛna'rɪst]
regisseur (de)	рэжысёр (м)	[rɛʒɪ'sɜr]
filmproducent (de)	прадзюсер (м)	[pra'dzysɛr]
assistent (de)	асістэнт (м)	[asis'tɛnt]
cameraman (de)	аператар (м)	[apɛ'ratar]
stuntman (de)	каскадзёр (м)	[kaska'dzɜr]
een film maken	здымаць фільм	[zdɪ'maʦ 'fiʎm]
auditie (de)	пробы (ж мн)	['prɔbɪ]
opnamen (mv.)	здымкі (ж мн)	['zdɪmki]
filmploeg (de)	здымачная група (ж)	['zdɪmaʧnaja 'ɣrupa]
filmset (de)	здымачная пляцоўка (ж)	['zdɪmaʧnaja pʎa'ʦɔuka]
filmcamera (de)	кінакамера (ж)	[kina'kamɛra]
bioscoop (de)	кінатэатр (м)	[kinatɛ'atr]
scherm (het)	экран (м)	[ɛk'ran]
een film vertonen	паказваць фільм	[pa'kazvaʦ 'fiʎm]
geluidsspoor (de)	гукавая дарожка (ж)	[ɣuka'vaja da'rɔʃka]
speciale effecten (mv.)	спецыяльныя эфекты (м мн)	[sʲpɛʦɪ'jaʎnɪja ɛ'fɛktɪ]

ondertiteling (de)	субтытры (м мн)	[sup'tıtrı]
voortiteling, aftiteling (de)	тытры (м мн)	['tıtrı]
vertaling (de)	пераклад (м)	[pɛrak'lat]

126. Schilderij

kunst (de)	мастацтва (н)	[mas'tatstva]
schone kunsten (mv.)	прыгожыя мастацтвы (н мн)	[prı'ɣɔʒıja mas'tatstvı]
kunstgalerie (de)	галерэя (ж)	[ɣalɛ'rɛja]
kunsttentoonstelling (de)	выстава (ж) карцін	[vıs'tava kar'tsin]

schilderkunst (de)	жывапіс (м)	['ʒıvapis]
grafiek (de)	графіка (ж)	['ɣrafika]
abstracte kunst (de)	абстракцыянізм (м)	[apstraktsıja'nizm]
impressionisme (het)	імпрэсіянізм (м)	[imprɛsija'nizm]

schilderij (het)	карціна (ж)	[kar'tsina]
tekening (de)	рысунак (м)	[rı'sunak]
poster (de)	плакат (м)	[pla'kat]

illustratie (de)	ілюстрацыя (ж)	[ilyst'ratsıja]
miniatuur (de)	мініяцюра (ж)	[minija'tsyra]
kopie (de)	копія (ж)	['kɔpija]
reproductie (de)	рэпрадукцыя (ж)	[rɛpra'duktsıja]

mozaïek (het)	мазаіка (ж)	[ma'zaika]
gebrandschilderd glas (het)	вітраж (м)	[wit'raʃ]
fresco (het)	фрэска (ж)	['frɛska]
gravure (de)	гравюра (ж)	[ɣra'wyra]

buste (de)	бюст (м)	[byst]
beeldhouwwerk (het)	скульптура (ж)	[skuʌp'tura]
beeld (bronzen ~)	статуя (ж)	['statuja]
gips (het)	гіпс (м)	[ɣips]
gipsen (bn)	з гіпсу	[z 'ɣipsu]

portret (het)	партрэт (м)	[part'rɛt]
zelfportret (het)	аўтапартрэт (м)	[autapart'rɛt]
landschap (het)	краявід (м)	[kraja'wit]
stilleven (het)	нацюрморт (м)	[natsyr'mɔrt]
karikatuur (de)	карыкатура (ж)	[karıka'tura]
schets (de)	накід (м)	['nakit]

verf (de)	фарба (ж)	['farba]
aquarel (de)	акварэль (ж)	[akva'rɛʌ]
olieverf (de)	алей (м)	[a'lɛj]
potlood (het)	аловак (м)	[a'lɔvak]
Oostindische inkt (de)	туш (ж)	[tuʃ]
houtskool (de)	вугаль (м)	['vuɣaʌ]

tekenen (met krijt)	рысаваць	[rısa'vats]
schilderen (ww)	маляваць	[maʌa'vats]
poseren (ww)	пазіраваць	[pa'ziravats]
naaktmodel (man)	натуршчык (м)	[na'turʃtʃık]

naaktmodel (vrouw)	натуршчыца (ж)	[na'turʃtʃɪʦa]
kunstenaar (de)	мастак (м)	[mas'tak]
kunstwerk (het)	твор (м)	[tvɔr]
meesterwerk (het)	шэдэўр (м)	[ʃɛ'dɛur]
studio, werkruimte (de)	майстэрня (ж)	[majs'tɛrɲa]
schildersdoek (het)	палатно (н)	[palat'nɔ]
schildersezel (de)	мальберт (м)	[maʎ'bɛrt]
palet (het)	палітра (ж)	[pa'litra]
lijst (een vergulde ~)	рама (ж)	['rama]
restauratie (de)	рэстаўрацыя (ж)	[rɛstau'raʦɪja]
restaureren (ww)	рэстаўрыраваць	[rɛstau'rɪravaʦ]

127. Literatuur & Poëzie

literatuur (de)	літаратура (ж)	[litara'tura]
auteur (de)	аўтар (м)	['autar]
pseudoniem (het)	псеўданім (м)	[psɛuda'nim]
boek (het)	кніга (ж)	['kniɣa]
boekdeel (het)	том (м)	[tɔm]
inhoudsopgave (de)	змест (м)	[zʲmɛst]
pagina (de)	старонка (ж)	[sta'rɔŋka]
hoofdpersoon (de)	галоўны герой (м)	[ɣa'lounɪ ɣɛ'rɔj]
handtekening (de)	аўтограф (м)	[au'tɔɣraf]
verhaal (het)	апавяданне (н)	[apavʲa'daɲɛ]
novelle (de)	аповесць (ж)	[a'pɔwɛsʲʦ]
roman (de)	раман (м)	[ra'man]
werk (literatuur)	твор (м)	[tvɔr]
fabel (de)	байка (ж)	['bajka]
detectiveroman (de)	дэтэктыў (м)	[dɛtɛk'tɪu]
gedicht (het)	верш (м)	[wɛrʃ]
poëzie (de)	паэзія (ж)	[pa'ɛzija]
epos (het)	паэма (ж)	[pa'ɛma]
dichter (de)	паэт (м)	[pa'ɛt]
fictie (de)	белетрыстыка (ж)	[bɛlɛt'rɪstɪka]
sciencefiction (de)	навуковая фантастыка (ж)	[navu'kovaja fan'tastɪka]
avonturenroman (de)	прыгоды (ж мн)	[prɪ'ɣɔdɪ]
opvoedkundige literatuur (de)	навучальная літаратура (ж)	[navu'tʃaʎnaja litara'tura]
kinderliteratuur (de)	дзіцячая літаратура (ж)	[dzi'ʦʲatʃaja litara'tura]

128. Circus

circus (de/het)	цырк (м)	[ʦɪrk]
chapiteau circus (de/het)	цырк-шапіто (м)	['ʦɪrk ʃapi'tɔ]
programma (het)	праграма (ж)	[praɣ'rama]
voorstelling (de)	паказ (м)	[pa'kas]

nummer (circus ~)	нумар (м)	['numar]
arena (de)	арэна (ж)	[a'rɛna]
pantomime (de)	пантаміма (ж)	[panta'mima]
clown (de)	клоун (м)	['kloun]

acrobaat (de)	акрабат (м)	[akra'bat]
acrobatiek (de)	акрабатыка (ж)	[akra'batıka]
gymnast (de)	гімнаст (м)	[ɣim'nast]
gymnastiek (de)	гімнастыка (ж)	[ɣim'nastıka]
salto (de)	сальта (н)	['saʎta]

sterke man (de)	атлет (м)	[at'lɛt]
temmer (de)	утаймавальнік (м)	[utajma'vaʎnik]
ruiter (de)	коннік (м)	['kɔŋik]
assistent (de)	асістэнт (м)	[asis'tɛnt]

stunt (de)	трук (м)	[truk]
goocheltruc (de)	фокус (м)	['fɔkus]
goochelaar (de)	фокуснік (м)	['fɔkusʲnik]

jongleur (de)	жанглёр (м)	[ʒaŋ'lɔr]
jongleren (ww)	жангліраваць	[ʒaŋ'liravats]
dierentrainer (de)	дрэсіроўшчык (м)	[drɛsi'rouʃʧık]
dressuur (de)	дрэсіроўка (ж)	[drɛsi'rouka]
dresseren (ww)	дрэсіраваць	[drɛsira'vats]

129. Muziek. Popmuziek

muziek (de)	музыка (ж)	['muzıka]
muzikant (de)	музыка (м)	[mu'zıka]
muziekinstrument (het)	музычны інструмент (м)	[mu'zıʧnı instru'mɛnt]
spelen (bijv. gitaar ~)	іграць на ...	[iɣ'rats na]

gitaar (de)	гітара (ж)	[ɣi'tara]
viool (de)	скрыпка (ж)	['skrıpka]
cello (de)	віяланчэль (ж)	[wijalan'ʧɛʎ]
contrabas (de)	кантрабас (м)	[kantra'bas]
harp (de)	арфа (ж)	['arfa]

piano (de)	піяніна (н)	[pija'nina]
vleugel (de)	рояль (м)	[ra'jaʎ]
orgel (het)	арган (м)	[ar'ɣan]

blaasinstrumenten (mv.)	духавыя інструменты (м мн)	[duha'vıja instru'mɛntı]
hobo (de)	габой (м)	[ɣa'bɔj]
saxofoon (de)	саксафон (м)	[saksa'fɔn]
klarinet (de)	кларнет (м)	[klar'nɛt]
fluit (de)	флейта (ж)	['flɛjta]
trompet (de)	труба (ж)	[tru'ba]

| accordeon (de/het) | акардэон (м) | [akardɛ'ɔn] |
| trommel (de) | барабан (м) | [bara'ban] |

duet (het)	дуэт (м)	[du'ɛt]
trio (het)	трыо (н)	['trɪɔ]
kwartet (het)	квартэт (м)	[kvar'tɛt]
koor (het)	хор (м)	[hɔr]
orkest (het)	аркестр (м)	[ar'kɛstr]
popmuziek (de)	поп-музыка (м)	['pɔp 'muzɪka]
rockmuziek (de)	рок-музыка (м)	['rɔk 'muzɪka]
rockgroep (de)	рок-гурт (м)	[rɔɣ'ɣurt]
jazz (de)	джаз (м)	[dʒas]
idool (het)	кумір (м)	[ku'mir]
bewonderaar (de)	прыхільнік (м)	[prɪ'hiʌnik]
concert (het)	канцэрт (м)	[kan'tsɛrt]
symfonie (de)	сімфонія (ж)	[sim'fonija]
compositie (de)	твор (м)	[tvɔr]
componeren (muziek ~)	напісаць	[napi'sats]
zang (de)	спевы (м мн)	['sʲpɛvɪ]
lied (het)	песня (ж)	['pɛsʲɲa]
melodie (de)	мелодыя (ж)	[mɛ'lɔdɪja]
ritme (het)	рытм (м)	[rɪtm]
blues (de)	блюз (м)	[blys]
bladmuziek (de)	ноты (ж мн)	['nɔtɪ]
dirigeerstok (baton)	палачка (ж)	['palatʃka]
strijkstok (de)	смык (м)	[smɪk]
snaar (de)	струна (ж)	[stru'na]
koffer (de)	футарал (м)	[futa'ral]

Rusten. Entertainment. Reizen

130. Trip. Reizen

toerisme (het)	турызм (м)	[tu'rɪzm]
toerist (de)	турыст (м)	[tu'rɪst]
reis (de)	падарожжа (н)	[pada'roʐa]
avontuur (het)	прыгода (ж)	[prɪ'ɣɔda]
tocht (de)	паездка (ж)	[pa'ɛstka]
vakantie (de)	водпуск (м)	['vɔtpusk]
met vakantie zijn	быць у водпуску	['bɪts u 'vɔtpusku]
rust (de)	адпачынак (м)	[atpa'tʃɪnak]
trein (de)	цягнік (м)	[tsʲaɣ'nik]
met de trein	цягніком	[tsʲaɣni'kɔm]
vliegtuig (het)	самалёт (м)	[sama'lɔt]
met het vliegtuig	самалётам	[sama'lɔtam]
met de auto	на аўтамабілі	[na autama'bili]
per schip (bw)	на караблі	[na karab'li]
bagage (de)	багаж (м)	[ba'ɣaʃ]
valies (de)	чамадан (м)	[tʃama'dan]
bagagekarretje (het)	каляска (ж) (для багажу)	[ka'ʎaska]
paspoort (het)	пашпарт (м)	['paʃpart]
visum (het)	віза (ж)	['wiza]
kaartje (het)	білет (м)	[bi'lɛt]
vliegticket (het)	авіябілет (м)	[awijabi'lɛt]
reisgids (de)	даведнік (м)	[da'wɛdnik]
kaart (de)	карта (ж)	['karta]
gebied (landelijk ~)	мясцовасць (ж)	[mʲas'tsovasʲts]
plaats (de)	месца (н)	['mɛstsa]
exotische bestemming (de)	экзотыка (ж)	[ɛɣ'zɔtɪka]
exotisch (bn)	экзатычны	[ɛɣza'tɪtʃnɪ]
verwonderlijk (bn)	дзівосны	[dʑi'vɔsnɪ]
groep (de)	група (ж)	['ɣrupa]
rondleiding (de)	экскурсія (ж)	[ɛks'kursija]
gids (de)	экскурсавод (м)	[ɛkskursa'vɔt]

131. Hotel

hotel (het)	гасцініца (ж)	[ɣasʲ'tsinitsa]
motel (het)	матэль (м)	[ma'tɛʎ]
3-sterren	тры зоркі	[trɪ 'zɔrki]

5-sterren	пяць зорак	[pʲadzʲ 'zɔrak]
overnachten (ww)	спыніцца	[spɪ'nitsa]
kamer (de)	нумар (м)	['numar]
eenpersoonskamer (de)	аднамесны нумар (м)	[adna'mɛsnɪ 'numar]
tweepersoonskamer (de)	двухмесны нумар (м)	[dvuh'mɛsnɪ 'numar]
een kamer reserveren	браніраваць нумар	[bra'niravats 'numar]
halfpension (het)	паўпансіён (м)	[paupansiзn]
volpension (het)	поўны пансіён (м)	['pɔunɪ pansiзn]
met badkamer	з ваннай	[z 'vaɳaj]
met douche	з душам	[z 'duʃam]
satelliet-tv (de)	спадарожнікавае тэлебачанне (н)	[spada'rɔзnikavaɛ tɛlɛ'batʃaɳɛ]
airconditioner (de)	кандыцыянер (м)	[kandɪtsɪja'nɛr]
handdoek (de)	ручнік (м)	[rutʃ'nik]
sleutel (de)	ключ (м)	[klytʃ]
administrateur (de)	адміністратар (м)	[administ'ratar]
kamermeisje (het)	пакаёўка (ж)	[paka зuka]
piccolo (de)	насільшчык (м)	[na'siʌʃtʃɪk]
portier (de)	парцье (м)	[par'tsjɛ]
restaurant (het)	рэстаран (м)	[rɛsta'ran]
bar (de)	бар (м)	[bar]
ontbijt (het)	сняданак (м)	[sʲɲa'danak]
avondeten (het)	вячэра (ж)	[vʲa'tʃɛra]
buffet (het)	шведскі стол (м)	['ʃwɛtski 'stɔl]
hal (de)	вестыбюль (м)	[wɛstɪ'byʌ]
lift (de)	ліфт (м)	[lift]
NIET STOREN	НЕ ТУРБАВАЦЬ	[nɛ turba'vats]
VERBODEN TE ROKEN!	НЕ КУРЫЦЬ!	[nɛ ku'rɪts]

132. Boeken. Lezen

boek (het)	кніга (ж)	['kniɣa]
auteur (de)	аўтар (м)	['autar]
schrijver (de)	пісьменнік (м)	[pisʲ'mɛŋik]
schrijven (een boek)	напісаць	[napi'sats]
lezer (de)	чытач (м)	[tʃɪ'tatʃ]
lezen (ww)	чытаць	[tʃɪ'tats]
lezen (het)	чытанне (н)	[tʃɪ'taɲɛ]
stil (~ lezen)	сам сабе	[sam sa'bɛ]
hardop (~ lezen)	уголас	[u'ɣɔlas]
uitgeven (boek ~)	выдаваць	[vɪda'vats]
uitgeven (het)	выданне (н)	[vɪ'daɲɛ]
uitgever (de)	выдавец (м)	[vɪda'wɛts]
uitgeverij (de)	выдавецтва (н)	[vɪda'wɛtstva]

verschijnen (bijv. boek)	выйсці	['vɪjsʲtsi]
verschijnen (het)	выхад (м)	['vɪhat]
oplage (de)	тыраж (м)	[tɪ'raʃ]
boekhandel (de)	кнігарня (ж)	[kni'ɣarɲa]
bibliotheek (de)	бібліятэка (ж)	[biblija'tɛka]
novelle (de)	аповесць (ж)	[a'pɔwɛsʲts]
verhaal (het)	апавяданне (н)	[apavʲa'daɲɛ]
roman (de)	раман (м)	[ra'man]
detectiveroman (de)	дэтэктыў (м)	[dɛtɛk'tɪu]
memoires (mv.)	мемуары (мн)	[mɛmu'arɪ]
legende (de)	легенда (ж)	[lɛ'ɣɛnda]
mythe (de)	міф (м)	[mif]
gedichten (mv.)	вершы (м мн)	['wɛrʃɪ]
autobiografie (de)	аўтабіяграфія (ж)	[autabijaɣ'rafija]
bloemlezing (de)	выбранае (н)	['vɪbranaɛ]
sciencefiction (de)	фантастыка (ж)	[fan'tastɪka]
naam (de)	назва (ж)	['nazva]
inleiding (de)	уводзіны (мн)	[u'vɔdzinɪ]
voorblad (het)	тытульны ліст (м)	['tɪtuʎnɪ 'list]
hoofdstuk (het)	раздзел (м)	[razʲ'dzɛl]
fragment (het)	урывак (м)	[u'rɪvak]
episode (de)	эпізод (м)	[ɛpi'zɔt]
intrige (de)	сюжэт (м)	[sy'ʒɛt]
inhoud (de)	змест (м)	[zʲmɛst]
inhoudsopgave (de)	змест (м)	[zʲmɛst]
hoofdpersonage (het)	галоўны герой (м)	[ɣa'lɔunɪ ɣɛ'rɔj]
boekdeel (het)	том (м)	[tɔm]
omslag (de/het)	вокладка (ж)	['vɔklatka]
boekband (de)	пераплёт (м)	[pɛrap'lɔt]
bladwijzer (de)	закладка (ж)	[zak'latka]
pagina (de)	старонка (ж)	[sta'rɔnka]
bladeren (ww)	гартаць	[ɣar'tatsʲ]
marges (mv.)	палі (н мн)	[pa'li]
annotatie (de)	пазнака (ж)	[paz'naka]
opmerking (de)	заўвага (ж)	[zau'vaɣa]
tekst (de)	тэкст (м)	[tɛkst]
lettertype (het)	шрыфт (м)	[ʃrɪft]
drukfout (de)	памылка (ж) друку	[pa'mɪlka 'druku]
vertaling (de)	пераклад (м)	[pɛrak'lat]
vertalen (ww)	перакладаць	[pɛrakla'datsʲ]
origineel (het)	аўтэнтык (м)	[au'tɛntɪk]
beroemd (bn)	славуты	[sla'vutɪ]
onbekend (bn)	невядомы	[nɛvʲa'dɔmɪ]
interessant (bn)	цікавы	[tsi'kavɪ]

bestseller (de)	бестселер (м)	[bɛs'tsɛlɛr]
woordenboek (het)	слоўнік (м)	['slɔunik]
leerboek (het)	падручнік (м)	[pad'rutʃnik]
encyclopedie (de)	энцыклапедыя (ж)	[ɛntsɪkla'pɛdɪja]

133. Jacht. Vissen.

jacht (de)	паляванне (н)	[paʎa'vaŋɛ]
jagen (ww)	паляваць	[paʎa'vats]
jager (de)	паляўнічы (м)	[paʎau'nitʃɪ]

schieten (ww)	страляць	[stra'ʎats]
geweer (het)	стрэльба (ж)	['strɛʎba]
patroon (de)	патрон (м)	[pat'rɔn]
hagel (de)	шрот (м)	[ʃrɔt]

val (de)	пастка (ж)	['pastka]
valstrik (de)	пастка (ж)	['pastka]
een val zetten	ставіць пастку	['stawits 'pastku]

stroper (de)	браканьер (м)	[braka'ɲjɛr]
wild (het)	дзічына (ж)	[dzi'tʃɪna]
jachthond (de)	паляўнічы сабака (м)	[paʎau'nitʃɪ sa'baka]

| safari (de) | сафары (н) | [sa'farɪ] |
| opgezet dier (het) | чучала (н) | ['tʃutʃala] |

visser (de)	рыбак (м)	[rɪ'bak]
visvangst (de)	рыбалка (ж)	[rɪ'balka]
vissen (ww)	лавіць рыбу	[la'wits 'rɪbu]

hengel (de)	вуда (ж)	['vuda]
vislijn (de)	лёска (ж)	['lɜska]
haak (de)	кручок (м)	[kru'tʃɔk]

| dobber (de) | паплавок (м) | [papla'vɔk] |
| aas (het) | прынада (ж) | [prɪ'nada] |

| de hengel uitwerpen | закінуць вуду | [za'kinuts 'vudu] |
| bijten (ov. de vissen) | кляваць | [kʎa'vats] |

| vangst (de) | улоў (м) | [u'lɔu] |
| wak (het) | палонка (ж) | [pa'lɔŋka] |

| net (het) | сетка (ж) | ['sɛtka] |
| boot (de) | лодка (ж) | ['lotka] |

vissen met netten	лавіць сеткай	[la'wits 'sɛtkaj]
het net uitwerpen	закідваць сетку	[za'kidvats 'sɛtku]
het net binnenhalen	выцягваць сетку	[vɪ'tsʲaɣvats 'sɛtku]

walvisvangst (de)	кітабой (м)	[kita'bɔj]
walvisvaarder (de)	кітабойнае судна (н)	[kita'bɔjnaɛ 'sudna]
harpoen (de)	гарпун (м)	[ɣar'pun]

134. Spellen. Biljart

biljart (het)	більярд (м)	[bi'ʎjart]
biljartzaal (de)	більярдная (ж)	[bi'ʎjardnaja]
biljartbal (de)	більярдны шар (м)	[bi'ʎjardnɪ 'ʃar]
een bal in het gat jagen	загнаць шар	[zaɣ'nats 'ʃar]
keu (de)	кій (м)	[kij]
gat (het)	луза (ж)	['luza]

135. Spellen. Speelkaarten

ruiten (mv.)	звонкі (ж мн)	['zvɔŋki]
schoppen (mv.)	віны (ж мн)	['winɪ]
klaveren (mv.)	чырвы (ж мн)	['tʃɪrvɪ]
harten (mv.)	трэфы (м мн)	['trɛfɪ]
aas (de)	туз (м)	[tus]
koning (de)	кароль (м)	[ka'rɔʎ]
dame (de)	дама (ж)	['dama]
boer (de)	ніжнік (м)	['niʒnik]
speelkaart (de)	карта (ж)	['karta]
kaarten (mv.)	карты (ж мн)	['kartɪ]
troef (de)	козыр (м)	['kɔzɪr]
pak (het) kaarten	калода (ж)	[ka'lɔda]
uitdelen (kaarten ~)	здаваць	[zda'vats]
schudden (de kaarten ~)	тасаваць	[tasa'vats]
beurt (de)	ход (м)	[hɔt]
valsspeler (de)	шулер (м)	['ʃulɛr]

136. Rusten. Spellen. Diversen

wandelen (on.ww.)	гуляць	[ɣu'ʎats]
wandeling (de)	шпацыр (м)	['ʃpatsɪr]
trip (per auto)	прагулянка (ж)	[praɣu'ʎaŋka]
avontuur (het)	прыгода (ж)	[prɪ'ɣɔda]
picknick (de)	пікнік (м)	[pik'nik]
spel (het)	гульня (ж)	[ɣuʎ'ɲa]
speler (de)	гулец (м)	[ɣu'lɛts]
partij (de)	партыя (ж)	['partɪja]
collectioneur (de)	калекцыянер (м)	[kalɛktsɪja'nɛr]
collectioneren (ww)	калекцыяніраваць	[kalɛktsɪja'niravats]
collectie (de)	калекцыя (ж)	[ka'lɛktsɪja]
kruiswoordraadsel (het)	крыжаванка (ж)	[krɪʒa'vaŋka]
hippodroom (de)	іпадром (м)	[ipad'rɔm]
discotheek (de)	дыскатэка (ж)	[dɪska'tɛka]

| sauna (de) | сауна (ж) | ['sauna] |
| loterij (de) | латарэя (ж) | [lata'rɛja] |

trektocht (kampeertocht)	вандроўка (ж)	[vand'rɔuka]
kamp (het)	лагер (м)	['laɣɛr]
tent (de)	палатка (ж)	[pa'latka]
kompas (het)	компас (м)	['kɔmpas]
rugzaktoerist (de)	турыст (м)	[tu'rɪst]

bekijken (een film ~)	глядзець	[ɣʎa'dzɛts]
kijker (televisie~)	тэлеглядач (м)	[tɛlɛɣʎa'datʃ]
televisie-uitzending (de)	тэлеперадача (ж)	[tɛlɛpɛra'datʃa]

137. Fotografie

| fotocamera (de) | фотаапарат (м) | [fɔta:pa'rat] |
| foto (de) | фота (н) | ['fɔta] |

fotograaf (de)	фатограф (м)	[fa'tɔɣraf]
fotostudio (de)	фотастудыя (ж)	[fɔtas'tudɪja]
fotoalbum (het)	фотаальбом (м)	[fɔta:ʎ'bɔm]

lens (de), objectief (het)	аб'ектыў (м)	[abʰɛk'tɪu]
telelens (de)	тэлеаб'ектыў (м)	[tɛlɛabʰɛk'tɪu]
filter (de/het)	фільтр (м)	[fiʎtr]
lens (de)	лінза (ж)	['linza]

optiek (de)	оптыка (ж)	['ɔptɪka]
diafragma (het)	дыяфрагма (ж)	[dɪjaf'raɣma]
belichtingstijd (de)	вытрымка (ж)	['vɪtrɪmka]
zoeker (de)	відашукальнік (м)	[widaʃu'kaʎnik]

digitale camera (de)	лічбавая камера (ж)	['lidʒbavaja 'kamɛra]
statief (het)	штатыў (м)	[ʃta'tɪu]
flits (de)	успышка (ж)	[us'pɪʃka]

fotograferen (ww)	фатаграфаваць	[fataɣrafa'vats]
kieken (foto's maken)	здымаць	[zdɪ'mats]
zich laten fotograferen	фатаграфавацца	[fataɣrafa'vatsa]

| focus (de) | рэзкасць (ж) | ['rɛskasʲts] |
| scherpstellen (ww) | наводзіць на рэзкасць | [na'vɔdzits na 'rɛskasʲts] |

| scherp (bn) | рэзкі | ['rɛski] |
| scherpte (de) | рэзкасць (ж) | ['rɛskasʲts] |

| contrast (het) | кантраст (м) | [kant'rast] |
| contrastrijk (bn) | кантрастны | [kant'rasnɪ] |

kiekje (het)	здымак (м)	['zdɪmak]
negatief (het)	негатыў (м)	[nɛɣa'tɪu]
filmpje (het)	фотаплёнка (ж)	[fɔtap'lɜŋka]
beeld (frame)	кадр (м)	[kadr]
afdrukken (foto's ~)	пячатаць	[pʲa'tʃatats]

138. Strand. Zwemmen

strand (het)	пляж (м)	[pʎaʃ]
zand (het)	пясок (м)	[pʲa'sɔk]
leeg (~ strand)	пустэльны	[pus'tɛʎnɪ]
bruine kleur (de)	загар (м)	[za'ɣar]
zonnebaden (ww)	загараць	[zaɣa'raʦ]
gebruind (bn)	загарэлы	[zaɣa'rɛlɪ]
zonnecrème (de)	крэм (м) для загару	['krɛm dʎa za'ɣaru]
bikini (de)	бікіні (н)	[bi'kini]
badpak (het)	купальнік (м)	[ku'paʎnik]
zwembroek (de)	плаўкі (мн)	['plauki]
zwembad (het)	басейн (м)	[ba'sɛjn]
zwemmen (ww)	плаваць	['plavaʦ]
douche (de)	душ (м)	[duʃ]
zich omkleden (ww)	пераадзявацца	[pɛra:dzʲa'vaʦa]
handdoek (de)	ручнік (м)	[ruʧ'nik]
boot (de)	лодка (ж)	['lɔtka]
motorboot (de)	катэр (м)	['katɛr]
waterski's (mv.)	водныя лыжы (ж мн)	['vɔdnɪja 'lɪʒɪ]
waterfiets (de)	водны веласіпед (м)	['vɔdnɪ wɛlasi'pɛt]
surfen (het)	сёрфінг (м)	['sɜrfinh]
surfer (de)	сёрфінгіст (м)	[sɜrfi'ŋist]
scuba, aqualong (de)	акваланг (м)	[akva'lanh]
zwemvliezen (mv.)	ласты (м мн)	['lastɪ]
duikmasker (het)	маска (ж)	['maska]
duiker (de)	ныраэц (м)	[nɪ'rɛʦ]
duiken (ww)	ныраць	[nɪ'raʦ]
onder water (bw)	пад вадой	[pad va'dɔj]
parasol (de)	парасон (м)	[para'sɔn]
ligstoel (de)	шэзлонг (м)	[ʃɛz'lɔnh]
zonnebril (de)	акуляры (мн)	[aku'ʎarɪ]
luchtmatras (de/het)	плавальны матрац (м)	['plavaʎnɪ mat'raʦ]
spelen (ww)	гуляць	[ɣu'ʎaʦ]
gaan zwemmen (ww)	купацца	[ku'paʦa]
bal (de)	мяч (м)	[mʲaʧ]
opblazen (oppompen)	надзімаць	[nadzi'maʦ]
lucht-, opblaasbare (bn)	надзіманы	[nadzi'manɪ]
golf (hoge ~)	хваля (ж)	['hvaʎa]
boei (de)	буй (м)	[buj]
verdrinken (ww)	тануць	[ta'nuʦ]
redden (ww)	ратаваць	[rata'vaʦ]
reddingsvest (de)	выратавальная камізэлька (ж)	[vɪrata'vaʎnaja kami'zɛʎka]

127

| waarnemen (ww) | назіраць | [nazi′raʦ] |
| redder (de) | ратавальнік (м) | [rata′vaʎnik] |

TECHNISCHE APPARATUUR. VERVOER

Technische apparatuur

139. Computer

computer (de)	камп'ютэр (м)	[kampʰ'jutɛr]
laptop (de)	ноўтбук (м)	['nɔudbuk]
aanzetten (ww)	уключыць	[ukly'tʃɪts]
uitzetten (ww)	выключыць	['vɪklytʃɪts]
toetsenbord (het)	клавіятура (ж)	[klawija'tura]
toets (enter~)	клавіша (ж)	['klawiʃa]
muis (de)	мыш (ж)	[mɪʃ]
muismat (de)	дываног (м)	[dɪva'nɔk]
knopje (het)	кнопка (ж)	['knɔpka]
cursor (de)	курсор (м)	[kur'sɔr]
monitor (de)	манітор (м)	[mani'tɔr]
scherm (het)	экран (м)	[ɛk'ran]
harde schijf (de)	цвёрды дыск (м)	['tswɜrdɪ 'dɪsk]
volume (het)	аб'ём (м) цвёрдага дыска	[abʰɜm 'tswɜrdaɣa 'dɪska]
van de harde schijf		
geheugen (het)	памяць (ж)	['pamʲats]
RAM-geheugen (het)	аператыўная памяць (ж)	[apɛra'tiunaja 'pamʲats]
bestand (het)	файл (м)	[fajl]
folder (de)	папка (ж)	['papka]
openen (ww)	адкрыць	[atk'rɪts]
sluiten (ww)	закрыць	[zak'rɪts]
opslaan (ww)	захаваць	[zaha'vats]
verwijderen (wissen)	выдаліць	['vɪdalits]
kopiëren (ww)	скапіраваць	[ska'piravats]
sorteren (ww)	сартаваць	[sarta'vats]
overplaatsen (ww)	перапісаць	[pɛrapi'sats]
programma (het)	праграма (ж)	[praɣ'rama]
software (de)	праграмнае забеспячэнне (н)	[praɣ'ramnaɛ zabɛs'pʲa'tʃɛŋɛ]
programmeur (de)	праграміст (м)	[praɣra'mist]
programmeren (ww)	праграміраваць	[praɣra'miravats]
hacker (computerkraker)	хакер (м)	['hakɛr]
wachtwoord (het)	пароль (м)	[pa'rɔʎ]
virus (het)	вірус (м)	['wirus]

ontdekken (virus ~)	знайсці	[znajsᵇʳtsi]
byte (de)	байт (м)	[bajt]
megabyte (de)	мегабайт (м)	[mɛɣa'bajt]

data (de)	даныя (мн)	['danıja]
databank (de)	база (ж) даных	['baza 'danıh]

kabel (USB-~, enz.)	кабель (м)	['kabɛʎ]
afsluiten (ww)	адлучыць	[adlu'tʃıts]
aansluiten op (ww)	далучыць	[dalu'tʃıts]

140. Internet. E-mail

internet (het)	Інтэрнэт (м)	[intɛr'nɛt]
browser (de)	браўзер (м)	['brauzɛr]
zoekmachine (de)	пошукавы рэсурс (м)	['poʃukavı rɛ'surs]
internetprovider (de)	правайдэр (м)	[pra'vajdɛr]

webmaster (de)	вэб-майстар (м)	[vɛb'majstar]
website (de)	вэб-сайт (м)	[vɛp'sajt]
webpagina (de)	вэб-старонка (ж)	['vɛp sta'rɔŋka]

adres (het)	адрас (м)	['adras]
adresboek (het)	адрасная кніга (ж)	['adrasnaja 'kniɣa]

postvak (het)	паштовая скрынка (ж)	[paʃ'tɔvaja 'skrıŋka]
post (de)	пошта (ж)	['pɔʃta]

bericht (het)	паведамленне (н)	[pawɛdam'lɛŋɛ]
verzender (de)	адпраўшчык (м)	[atp'rauʃtʃık]
verzenden (ww)	адправіць	[atp'rawits]
verzending (de)	адпраўка (ж)	[atp'rauka]
ontvanger (de)	атрымальнік (м)	[atrı'maʎnik]
ontvangen (ww)	атрымаць	[atrı'mats]

correspondentie (de)	перапіска (ж)	[pɛra'piska]
corresponderen (met ...)	перапісвацца	[pɛra'pisvatsa]

bestand (het)	файл (м)	[fajl]
downloaden (ww)	спампаваць	[spampa'vats]
creëren (ww)	стварыць	[stva'rıts]
verwijderen (een bestand ~)	выдаліць	['vıdalits]
verwijderd (bn)	выдалены	['vıdalɛnı]

verbinding (de)	сувязь (ж)	['suvᵇasᵇ]
snelheid (de)	хуткасць (ж)	['hutkasᵇts]
modem (de)	мадэм (м)	[ma'dɛm]
toegang (de)	доступ (м)	['dɔstup]
poort (de)	порт (м)	[pɔrt]

aansluiting (de)	падключэнне (н)	[patkly'tʃɛŋɛ]
zich aansluiten (ww)	падключыцца	[patkly'tʃıtsa]
selecteren (ww)	выбраць	['vıbrats]
zoeken (ww)	шукаць	[ʃu'kats]

Vervoer

141. Vliegtuig

vliegtuig (het)	самалёт (м)	[sama'lɔt]
vliegticket (het)	авіябілет (м)	[awijabi'lɛt]
luchtvaartmaatschappij (de)	авіякампанія (ж)	[awijakam'panija]
luchthaven (de)	аэрапорт (м)	[aɛra'pɔrt]
supersonisch (bn)	звышгукавы	[zviʒɣuka'vɪ]
gezagvoerder (de)	камандзір (м) карабля	[kaman'dzir karab'ʎa]
bemanning (de)	экіпаж (м)	[ɛki'paʃ]
piloot (de)	пілот (м)	[pi'lɔt]
stewardess (de)	сцюардэса (ж)	[sʲʦyar'dɛsa]
stuurman (de)	штурман (м)	['ʃturman]
vleugels (mv.)	крылы (н мн)	['krɪlɪ]
staart (de)	хвост (м)	[hvɔst]
cabine (de)	кабіна (ж)	[ka'bina]
motor (de)	рухавік (м)	[ruha'wik]
landingsgestel (het)	шасі (н)	[ʃa'si]
turbine (de)	турбіна (ж)	[tur'bina]
propeller (de)	прапелер (м)	[pra'pɛlɛr]
zwarte doos (de)	чорная скрынка (ж)	['ʧɔrnaja 'skrɪŋka]
stuur (het)	штурвал (м)	[ʃtur'val]
brandstof (de)	гаручае (н)	[ɣaru'ʧaɛ]
veiligheidskaart (de)	інструкцыя (ж)	[inst'ruktsɪja]
zuurstofmasker (het)	кіслародная маска (ж)	[kisla'rɔdnaja 'maska]
uniform (het)	уніформа (ж)	[uni'fɔrma]
reddingsvest (de)	выратавальная камізэлька (ж)	[vɪrata'vaʎnaja kami'zɛʎka]
parachute (de)	парашут (м)	[para'ʃut]
opstijgen (het)	узлёт (м)	[uzʲ'lɔt]
opstijgen (ww)	узлятаць	[uzʲʎa'tatsʲ]
startbaan (de)	узлётная паласа (ж)	[uzʲ'lɔtnaja pala'sa]
zicht (het)	бачнасць (ж)	['batʃnasʲʦ]
vlucht (de)	палёт (м)	[pa'lɔt]
hoogte (de)	вышыня (ж)	[vɪʃɪ'ɲa]
luchtzak (de)	паветраная яма (ж)	[pa'wɛtranaja 'jama]
plaats (de)	месца (н)	['mɛsʦa]
koptelefoon (de)	навушнікі (м мн)	[na'vuʃniki]
tafeltje (het)	адкідны столік (м)	[atkid'nɪ 'stɔlik]
venster (het)	ілюмінатар (м)	[ilymi'natar]
gangpad (het)	праход (м)	[pra'hɔt]

142. Trein

trein (de)	цягнік (м)	[ʦⁱaɣ'nik]
elektrische trein (de)	электрацягнік (м)	[ɛlɛktraʦⁱaɣ'nik]
sneltrein (de)	хуткі цягнік (м)	['hutki ʦⁱaɣ'nik]
diesellocomotief (de)	цеплавоз (м)	[ʦɛpla'vɔs]
locomotief (de)	паравоз (м)	[para'vɔs]
rijtuig (het)	вагон (м)	[va'ɣɔn]
restauratierijtuig (het)	вагон-рэстаран (м)	[va'ɣɔn rɛsta'ran]
rails (mv.)	рэйкі (ж мн)	['rɛjki]
spoorweg (de)	чыгунка (ж)	[ʧⁱ'ɣuŋka]
dwarsligger (de)	шпала (ж)	['ʃpala]
perron (het)	платформа (ж)	[plat'fɔrma]
spoor (het)	пуць (м)	[puʦ]
semafoor (de)	семафор (м)	[sɛma'fɔr]
halte (bijv. kleine treinhalte)	станцыя (ж)	['stanʦⁱja]
machinist (de)	машыніст (м)	[maʃⁱ'nist]
kruier (de)	насільшчык (м)	[na'siʎʧⁱk]
conducteur (de)	праваднік (м)	[pravad'nik]
passagier (de)	пасажыр (м)	[pasa'ʒⁱr]
controleur (de)	кантралёр (м)	[kantra'lɜr]
gang (in een trein)	калідор (м)	[kali'dɔr]
noodrem (de)	стоп-кран (м)	[stɔpk'ran]
coupé (de)	купэ (н)	[ku'pɛ]
bed (slaapplaats)	лаўка (ж)	['lauka]
bovenste bed (het)	лаўка (ж) верхняя	['lauka 'wɛrhɲaja]
onderste bed (het)	лаўка (ж) ніжняя	['lauka 'niʒɲaja]
beddengoed (het)	пасцельная бялізна (ж)	[pasⁱ'ʦɛʎnaja bⁱa'lizna]
kaartje (het)	білет (м)	[bi'lɛt]
dienstregeling (de)	расклад (м)	[rask'lat]
informatiebord (het)	табло (н)	[tab'lɔ]
vertrekken (De trein vertrekt ...)	адыходзіць	[adⁱ'hɔdziʦ]
vertrek (ov. een trein)	адпраўленне (н)	[atprau'lɛɲɛ]
aankomen (ov. de treinen)	прыбываць	[prⁱbⁱ'vaʦ]
aankomst (de)	прыбыццё (н)	[prⁱbⁱ'ʦɜ]
aankomen per trein	прыехаць цягніком	[prⁱ'ɛhaʦ ʦⁱaɣni'kɔm]
in de trein stappen	сесці на цягнік	['sɛsⁱʦi na ʦⁱaɣ'nik]
uit de trein stappen	сысці з цягніка	[sⁱsⁱʦi sⁱ ʦⁱaɣni'ka]
treinwrak (het)	крушэнне (н)	[kru'ʃɛɲɛ]
locomotief (de)	паравоз (м)	[para'vɔs]
stoker (de)	качагар (м)	[katʃa'ɣar]
stookplaats (de)	топка (ж)	['tɔpka]
steenkool (de)	вугаль (м)	['vuɣaʎ]

143. Schip

schip (het)	карабель (м)	[kara'bɛʎ]
vaartuig (het)	судна (н)	['sudna]
stoomboot (de)	параход (м)	[para'hɔt]
motorschip (het)	цеплаход (м)	[ʦɛpla'hɔt]
lijnschip (het)	лайнер (м)	['lajnɛr]
kruiser (de)	крэйсер (м)	['krɛjsɛr]
jacht (het)	яхта (ж)	['jahta]
sleepboot (de)	буксір (м)	[buk'sir]
duwbak (de)	баржа (ж)	['barʒa]
ferryboot (de)	паром (м)	[pa'rɔm]
zeilboot (de)	паруснік (м)	['parusʲnik]
brigantijn (de)	брыганціна (ж)	[brɪɣan'ʦina]
IJsbreker (de)	ледакол (м)	[lɛda'kɔl]
duikboot (de)	лодка (ж) падводная	['lɔtka pad'vɔdnaja]
boot (de)	лодка (ж)	['lɔtka]
sloep (de)	шлюпка (ж)	['ʃlypka]
reddingssloep (de)	шлюпка (ж) выратавальная	['ʃlypka vɪrata'vaʎnaja]
motorboot (de)	катэр (м)	['katɛr]
kapitein (de)	капітан (м)	[kapi'tan]
zeeman (de)	матрос (м)	[mat'rɔs]
matroos (de)	марак (м)	[ma'rak]
bemanning (de)	экіпаж (м)	[ɛki'paʃ]
bootsman (de)	боцман (м)	['bɔʦman]
scheepsjongen (de)	юнга (м)	['juŋa]
kok (de)	кок (м)	[kɔk]
scheepsarts (de)	суднавы ўрач (м)	['sudnavɪ u'raʧ]
dek (het)	палуба (ж)	['paluba]
mast (de)	мачта (ж)	['maʧta]
zeil (het)	парус (м)	['parus]
ruim (het)	трум (м)	[trum]
voorsteven (de)	нос (м)	[nɔs]
achtersteven (de)	карма (ж)	[kar'ma]
roeispaan (de)	вясло (н)	[vʲas'lɔ]
schroef (de)	вінт (м)	[wint]
kajuit (de)	каюта (ж)	[ka'juta]
officierskamer (de)	кают-кампанія (ж)	[ka'jut kam'panija]
machinekamer (de)	машыннае аддзяленне (н)	[ma'ʃɪŋaɛ addzʲa'lɛŋɛ]
brug (de)	капітанскі мосцік (м)	[kapi'tanski 'mɔsʲʦik]
radiokamer (de)	радыёрубка (ж)	[radɪɣrupka]
radiogolf (de)	хваля (ж)	['hvaʎa]
logboek (het)	суднавы журнал (м)	['sudnavɪ ʒur'nal]
verrekijker (de)	падзорная труба (ж)	[pa'dzornaja tru'ba]
klok (de)	звон (м)	[zvɔn]

vlag (de)	сцяг (м)	[sʲtsʲah]
kabel (de)	канат (м)	[ka'nat]
knoop (de)	вузел (м)	['vuzɛl]

| trapleuning (de) | поручань (м) | ['pɔrutʃaɲ] |
| trap (de) | трап (м) | [trap] |

anker (het)	якар (м)	['jakar]
het anker lichten	падняць якар	[pad'ɲats 'jakar]
het anker neerlaten	кінуць якар	['kinuts 'jakar]
ankerketting (de)	якарны ланцуг (м)	['jakarnı lan'tsuh]

haven (bijv. containerhaven)	порт (м)	[pɔrt]
kaai (de)	прычал (м)	[prı'tʃal]
aanleggen (ww)	прычальваць	[prı'tʃaʎvats]
wegvaren (ww)	адчальваць	[a'tʃaʎvats]

reis (de)	падарожжа (н)	[pada'rɔʐa]
cruise (de)	круіз (м)	[kru'is]
koers (de)	курс (м)	[kurs]
route (de)	маршрут (м)	[marʃ'rut]

vaarwater (het)	фарватэр (м)	[far'vatɛr]
zandbank (de)	мель (ж)	[mɛʎ]
stranden (ww)	сесці на мель	['sɛsʲtsi na 'mɛʎ]

storm (de)	бура (ж)	['bura]
signaal (het)	сігнал (м)	[siɣ'nal]
zinken (ov. een boot)	тануць	[ta'nuts]
SOS (noodsignaal)	SOS	[sɔs]
reddingsboei (de)	выратавальны круг (м)	[vırata'vaʎnı kruh]

144. Vliegveld

luchthaven (de)	аэрапорт (м)	[aɛra'pɔrt]
vliegtuig (het)	самалёт (м)	[sama'lɔt]
luchtvaartmaatschappij (de)	авіякампанія (ж)	[awijakam'panija]
luchtverkeersleider (de)	дыспетчар (м)	[dısʲ'pɛtʃar]

vertrek (het)	вылет (м)	['vılɛt]
aankomst (de)	прылёт (м)	[prı'lɔt]
aankomen (per vliegtuig)	прыляцець	[prıʎa'tsɛts]

| vertrektijd (de) | час (м) вылету | ['tʃas 'vılɛtu] |
| aankomstuur (het) | час (м) прылёту | ['tʃas prı'lɔtu] |

| vertraagd zijn (ww) | затрымлівацца | [zat'rımlivatsa] |
| vluchtvertraging (de) | затрымка (ж) вылету | [zat'rımka 'vılɛtu] |

informatiebord (het)	інфармацыйнае табло (н)	[infarma'tsıjnaɛ tab'lɔ]
informatie (de)	інфармацыя (ж)	[infar'matsıja]
aankondigen (ww)	абвяшчаць	[abvʲaʃ'tʃats]
vlucht (bijv. KLM ~)	рэйс (м)	[rɛjs]
douane (de)	мытня (ж)	['mıtɲa]

douanier (de)	мытнік (м)	['mɪtnik]
douaneaangifte (de)	дэкларацыя (ж)	[dɛkla'ratsɪja]
invullen (douaneaangifte ~)	запоўніць	[za'pounits]
paspoortcontrole (de)	пашпартны кантроль (м)	['paʃpartnɪ kant'rɔʎ]

bagage (de)	багаж (м)	[ba'ɣaʃ]
handbagage (de)	ручная паклажа (ж)	[rutʃ'naja pak'laʒa]
Gevonden voorwerpen	пошукі (мн) багажу	['pɔʃuki baɣa'ʒu]
bagagekarretje (het)	каляска (ж) (для багажу)	[ka'ʎaska]

landing (de)	пасадка (ж)	[pa'satka]
landingsbaan (de)	пасадачная паласа (ж)	[pa'sadatʃnaja pala'sa]
landen (ww)	садзіцца	[sa'dzitsa]
vliegtuigtrap (de)	трап (м)	[trap]

inchecken (het)	рэгістрацыя (ж)	[rɛɣist'ratsɪja]
incheckbalie (de)	стойка (ж) рэгістрацыі	['stɔjka rɛɣist'ratsɪi]
inchecken (ww)	зарэгістравацца	[zarɛɣistra'vatsa]
instapkaart (de)	пасадачны талон (м)	[pa'sadatʃnɪ ta'lɔn]
gate (de)	выхад (м)	['vɪhat]

transit (de)	транзіт (м)	[tran'zit]
wachten (ww)	чакаць	[tʃa'kats]
wachtzaal (de)	зала (ж) чакання	['zala tʃa'kanja]
begeleiden (uitwuiven)	праводзіць	[pra'vodzits]
afscheid nemen (ww)	развітвацца	[razʲ'witvatsa]

145. Fiets. Motorfiets

fiets (de)	веласіпед (м)	[wɛlasi'pɛt]
bromfiets (de)	мотаролер (м)	[mɔta'rɔlɛr]
motorfiets (de)	матацыкл (м)	[mata'tsɪkl]

met de fiets rijden	ехаць на веласіпедзе	['ɛhats na wɛlasi'pɛdzɛ]
stuur (het)	руль (м)	[ruʎ]
pedaal (de/het)	педаль (ж)	[pɛ'daʎ]
remmen (mv.)	тармазы (м мн)	[tarma'zɪ]
fietszadel (de/het)	сядло (н)	[sʲad'lɔ]

pomp (de)	помпа (ж)	['pɔmpa]
bagagedrager (de)	багажнік (м)	[ba'ɣaʒnik]
fietslicht (het)	ліхтар (м)	[lih'tar]
helm (de)	шлем (м)	[ʃlɛm]

wiel (het)	кола (н)	['kɔla]
spatbord (het)	крыло (н)	[krɪ'lɔ]
velg (de)	вобад (м)	['vɔbat]
spaak (de)	спіца (ж)	['sʲpitsa]

Auto's

146. Soorten auto's

auto (de)	аўтамабіль (м)	[autama'biʎ]
sportauto (de)	спартыўны аўтамабіль (м)	[spar'tıunı autama'biʎ]
limousine (de)	лімузін (м)	[limu'zin]
terreinwagen (de)	пазадарожнік (м)	[pazada'roʒnik]
cabriolet (de)	кабрыялет (м)	[kabrıja'lɛt]
minibus (de)	мікрааўтобус (м)	[mikra:u'tɔbus]
ambulance (de)	хуткая дапамога (ж)	[ˈhutkaja dapa'mɔɣa]
sneeuwruimer (de)	снегаўборачная машына (ж)	[sˈnɛɣau'bɔratʃnaja ma'ʃına]
vrachtwagen (de)	грузавік (м)	[ɣruza'wik]
tankwagen (de)	бензавоз (м)	[bɛnza'vɔs]
bestelwagen (de)	фургон (м)	[fur'ɣɔn]
trekker (de)	цягач (м)	[tsˈa'ɣatʃ]
aanhangwagen (de)	прычэп (м)	[prı'tʃɛp]
comfortabel (bn)	камфартабельны	[kamfar'tabɛʎnı]
tweedehands (bn)	ужываны	[uʒı'vanı]

147. Auto's. Carrosserie

motorkap (de)	капот (м)	[ka'pɔt]
spatbord (het)	крыло (н)	[krı'lɔ]
dak (het)	дах (м)	[dah]
voorruit (de)	ветравое шкло (н)	[wɛtra'vɔɛ 'ʃklɔ]
achterruit (de)	люстэрка (н) задняга агляду	[lys'tɛrka 'zadɲaɣa aɣ'ʎadu]
ruitensproeier (de)	абмывальнік (м)	[abmı'vaʎnik]
wisserbladen (mv.)	шклоачышчальнікі (м мн)	[ʃklɔatʃıʃ'tʃaʎniki]
zijruit (de)	бакавое шкло (н)	[baka'vɔɛ 'ʃklɔ]
raamlift (de)	шклопад'ёмнік (м)	[ʃklɔpadʰɔmnik]
antenne (de)	антэна (ж)	[an'tɛna]
zonnedak (het)	люк (м)	[lyk]
bumper (de)	бампер (м)	[ˈbampɛr]
koffer (de)	багажнік (м)	[ba'ɣaʒnik]
portier (het)	дзверцы (мн)	[ˈdzʲwɛrtsı]
handvat (het)	ручка (ж)	[ˈrutʃka]
slot (het)	замок (м)	[za'mɔk]
nummerplaat (de)	нумар (м)	[ˈnumar]

knalpot (de)	глушыцель (м)	[ɣlu'ʃitsɛʎ]
benzinetank (de)	бензабак (м)	[bɛnza'bak]
uitlaatpijp (de)	выхлапная труба (ж)	[vɩhlap'naja tru'ba]
gas (het)	газ (м)	[ɣas]
pedaal (de/het)	педаль (ж)	[pɛ'daʎ]
gaspedaal (de/het)	педаль (ж) газу	[pɛ'daʎ 'ɣazu]
rem (de)	тормаз (м)	['tɔrmas]
rempedaal (de/het)	педаль (ж) тормазу	[pɛ'daʎ 'tɔrmazu]
remmen (ww)	тармазіць	[tarma'zits]
handrem (de)	стаянкавы тормаз (м)	[sta'jaŋkavɩ 'tɔrmas]
koppeling (de)	счапленне (н)	[ʧap'lɛŋɛ]
koppelingspedaal (de/het)	педаль (ж) счаплення	[pɛ'daʎ ʧap'lɛŋja]
koppelingsschijf (de)	дыск (м) счаплення	[dɩsk ʧap'lɛŋja]
schokdemper (de)	амартызатар (м)	[amartɩ'zatar]
wiel (het)	кола (н)	['kɔla]
reservewiel (het)	запасное кола (н)	[zapas'nɔɛ 'kɔla]
wieldop (de)	каўпак (м)	[kau'pak]
aandrijfwielen (mv.)	вядучыя колы (н мн)	[vʲa'dutʃɩja 'kɔlɩ]
met voorwielaandrijving	пярэднепрывадны	[pʲarɛdnɛprɩvad'nɩ]
met achterwielaandrijving	заднепрывадны	[zadnɛprɩvad'nɩ]
met vierwielaandrijving	поўнапрывадны	[pɔunaprɩvad'nɩ]
versnellingsbak (de)	каробка (ж) перадач	[ka'rɔpka pɛra'datʃ]
automatisch (bn)	аўтаматычны	[autama'tɩtʃnɩ]
mechanisch (bn)	механічны	[mɛha'nitʃnɩ]
versnellingspook (de)	рычаг (м) каробкі перадач	[rɩ'tʃah ka'rɔpki pɛra'datʃ]
voorlicht (het)	фара (ж)	['fara]
voorlichten (mv.)	фары (ж мн)	['farɩ]
dimlicht (het)	блізкае святло (н)	['bliskaɛ sʲvʲat'lɔ]
grootlicht (het)	далёкае святло (н)	[da'lɔkaɛ sʲvʲat'lɔ]
stoplicht (het)	стоп-сігнал (м)	[stɔpsiɣ'nal]
standlichten (mv.)	габарытныя агні (м мн)	[ɣaba'rɩtnɩja aɣ'ni]
noodverlichting (de)	аварыйныя агні (м мн)	[ava'rɩjnɩja aɣ'ni]
mistlichten (mv.)	супрацьтуманныя фары (ж мн)	[supratstu'maŋja 'farɩ]
pinker (de)	паваротнік (м)	[pava'rɔtnik]
achteruitrijdlicht (het)	задні ход (м)	['zadni 'hɔt]

148. Auto's. Passagiersruimte

interieur (het)	салон (м)	[sa'lɔn]
leren (van leer gemaak)	скураны	[skura'nɩ]
fluwelen (abn)	велюравы	[wɛ'lyravɩ]
bekleding (de)	абіўка (ж)	[a'biuka]
toestel (het)	прыбор (м)	[prɩ'bɔr]
instrumentenbord (het)	прыборны шчыток (м)	[prɩ'bɔrnɩ ʃtʃɩ'tɔk]

snelheidsmeter (de)	спідометр (м)	[sʲpi'dɔmɛtr]
pijltje (het)	стрэлка (ж)	['strɛlka]
kilometerteller (de)	лічыльнік (м)	[li'ʧɪʎnik]
sensor (de)	датчык (м)	['daʧɪk]
niveau (het)	узровень (м)	[uz'rɔwɛɲ]
controlelampje (het)	лямпачка (ж)	['ʎampaʧka]
stuur (het)	руль (м)	[ruʎ]
toeter (de)	сігнал (м)	[siɣ'nal]
knopje (het)	кнопка (ж)	['knɔpka]
schakelaar (de)	пераключальнік (м)	[pɛrakly'ʧaʎnik]
stoel (bestuurders~)	сядзенне (н)	[sʲa'dzɛɲɛ]
rugleuning (de)	спінка (ж)	['sʲpiŋka]
hoofdsteun (de)	падгалоўнік (м)	[padɣa'lɔunik]
veiligheidsgordel (de)	рэмень (м) бяспекі	['rɛmɛɲ bʲasʲ'pɛki]
de gordel aandoen	прышпіліць рэмень	[prɪʃpi'lits 'rɛmɛɲ]
regeling (de)	рэгуляванне (н)	[rɛɣuʎa'vaɲɛ]
airbag (de)	паветраная падушка (ж)	[pa'wɛtranaja pa'duʃka]
airconditioner (de)	кандыцыянер (м)	[kandɪtsɪja'nɛr]
radio (de)	радыё (н)	['radɪɜ]
CD-speler (de)	CD-прайгравальнік (м)	[si'dzi prajɣra'vaʎnik]
aanzetten (bijv. radio ~)	уключыць	[ukly'ʧɪts]
antenne (de)	антэна (ж)	[an'tɛna]
handschoenenkastje (het)	бардачок (м)	[barda'ʧɔk]
asbak (de)	попельніца (ж)	['pɔpɛʎnitsa]

149. Auto's. Motor

diesel- (abn)	дызельны	['dɪzɛʎnɪ]
benzine- (~motor)	бензінавы	[bɛn'zinavɪ]
motorinhoud (de)	аб'ём (м) рухавіка	[abʰɜm ruhawi'ka]
vermogen (het)	магутнасць (ж)	[ma'ɣutnasʲts]
paardenkracht (de)	конская сіла (ж)	['kɔnskaja 'sila]
zuiger (de)	поршань (м)	['pɔrʃaɲ]
cilinder (de)	цыліндр (м)	[tsɪ'lindr]
klep (de)	клапан (м)	['klapan]
injectie (de)	інжэктар (м)	[in'ʒɛktar]
generator (de)	генератар (м)	[ɣɛnɛ'ratar]
carburator (de)	карбюратар (м)	[karby'ratar]
motorolie (de)	аліва (ж) маторная	[a'liva ma'tɔrnaja]
radiator (de)	радыятар (м)	[radɪ'jatar]
koelvloeistof (de)	ахаладжальная вадкасць (ж)	[ahala'dʒaʎnaja 'vatkasʲts]
ventilator (de)	вентылятар (м)	[wɛntɪ'ʎatar]
accu (de)	акумулятар (м)	[akumu'ʎatar]
starter (de)	стартэр (м)	['startɛr]

| contact (ontsteking) | запальванне (н) | [za'paʎvaɲɛ] |
| bougie (de) | свечка (ж) запальвання | ['sʲwɛtʃka za'paʎvaɲja] |

pool (de)	клема (ж)	['klɛma]
positieve pool (de)	плюс (м)	[plys]
negatieve pool (de)	мінус (м)	['minus]
zekering (de)	засцерагальнік (м)	[zasʲtsɛra'ɣaʎnik]

luchtfilter (de)	паветраны фільтр (м)	[pa'wɛtranı 'fiʎtr]
oliefilter (de)	алівавы фільтр (м)	[a'livavı 'fiʎtr]
benzinefilter (de)	паліўны фільтр (м)	['paliunı 'fiʎtr]

150. Auto's. Botsing. Reparatie

auto-ongeval (het)	аварыя (ж)	[a'varıja]
verkeersongeluk (het)	дарожнае здарэнне (н)	[da'rɔʒnaɛ zda'rɛɲɛ]
aanrijden	уразацца	[ura'zatsa]
(tegen een boom, enz.)		
verongelukken (ww)	разбіцца	[raz''bitsa]
beschadiging (de)	пашкоджанне (н)	[paʃ'kɔdʒaɲɛ]
heelhuids (bn)	цэлы	['tsɛlı]

| kapot gaan (zijn gebroken) | зламацца | [zla'matsa] |
| sleeptouw (het) | буксіровачны трос (м) | [buksi'rɔvatʃnı 'trɔs] |

lek (het)	пракол (м)	[pra'kɔl]
lekke krijgen (band)	спусціць	[spusʲ''tsitsʲ]
oppompen (ww)	напампоўваць	[napam'pɔuvatsʲ]
druk (de)	ціск (м)	[tsisk]
checken (controleren)	праверыць	[pra'wɛrıtsʲ]

reparatie (de)	рамонт (м)	[ra'mɔnt]
garage (de)	рамонтная майстэрня (ж)	[ra'mɔntnaja majs'tɛrɲa]
wisselstuk (het)	запчастка (ж)	[zap'tʃastka]
onderdeel (het)	дэталь (ж)	[dɛ'taʎ]

bout (de)	болт (м)	[bɔlt]
schroef (de)	шруба (ж)	['ʃruba]
moer (de)	гайка (ж)	['ɣajka]
sluitring (de)	шайба (ж)	['ʃajba]
kogellager (de/het)	падшыпнік (м)	[pat'ʃıpnik]

pijp (de)	трубка (ж)	['trupka]
pakking (de)	пракладка (ж)	[prak'latka]
kabel (de)	провад (м)	['prɔvat]

dommekracht (de)	дамкрат (м)	[damk'rat]
moersleutel (de)	ключ (м) гаечны	[klydʒ 'ɣaɛtʃnı]
hamer (de)	малаток (м)	[mala'tɔk]
pomp (de)	помпа (ж)	['pɔmpa]
schroevendraaier (de)	адвёртка (ж)	[ad'wɜrtka]
brandblusser (de)	вогнетушыцель (м)	[vɔɣnɛtu'ʃıtsɛʎ]
gevarendriehoek (de)	аварыйны трохвугольнік (м)	[ava'rıjnı trɔhvu'ɣɔʎnik]

afslaan (ophouden te werken)	глухнуць	[ˈɣluhnuts]
uitvallen (het)	спыненне (н)	[spɪˈnɛŋɛ]
zijn gebroken	быць зламаным	[ˈbɪdzʲ zlaˈmanɪm]

ververhitten (ww)	перагрэцца	[pɛraɣˈrɛtsa]
verstopt raken (ww)	засмецíцца	[zasʲˈmɛtsitsa]
bevriezen (autodeur, enz.)	замерзнуць	[zaˈmɛrznutsʲ]
barsten (leidingen, enz.)	лопнуць	[ˈlɔpnutsʲ]

druk (de)	ціск (м)	[tsisk]
niveau (bijv. olieniveau)	узровень (м)	[uzˈrɔwɛɲ]
slap (de drijfriem is ~)	слабы	[ˈslabɪ]

deuk (de)	увагнутасць (ж)	[uvaɣˈnutasʲts]
geklop (vreemde geluiden)	стук (м)	[stuk]
barst (de)	трэшчына (ж)	[ˈtrɛʃʧɪna]
kras (de)	драпíна (ж)	[ˈdrapina]

151. Auto's. Weg

weg (de)	дарога (ж)	[daˈrɔɣa]
snelweg (de)	аўтамагíстраль (ж)	[autamaɣistˈraʎ]
autoweg (de)	шаша (ж)	[ʃaˈʃa]
richting (de)	кíрунак (м)	[kiˈrunak]
afstand (de)	адлегласць (ж)	[adˈlɛɣlasʲts]

brug (de)	мост (м)	[mɔst]
parking (de)	паркінг (м)	[ˈparkinh]
plein (het)	плошча (ж)	[ˈplɔʃʧa]
verkeersknooppunt (het)	развязка (ж)	[razʲˈvʲaska]
tunnel (de)	тунэль (м)	[tuˈnɛʎ]

benzinestation (het)	аўтазапраўка (ж)	[autazapˈrauka]
parking (de)	аўтастаянка (ж)	[autastaˈjaŋka]
benzinepomp (de)	бензакалонка (ж)	[bɛnzakaˈlɔŋka]
garage (de)	гараж (м)	[ɣaˈraʃ]
tanken (ww)	заправíць	[zapˈrawitsʲ]
brandstof (de)	палíва (н)	[ˈpaliva]
jerrycan (de)	канíстра (ж)	[kaˈnistra]

asfalt (het)	асфальт (м)	[asˈfaʎt]
markering (de)	разметка (ж)	[razʲˈmɛtka]
trottoirband (de)	бардзюр (м)	[barˈdzyr]
geleiderail (de)	агароджа (ж)	[aɣaˈrɔdʒa]
greppel (de)	кювет (м)	[kyˈwɛt]
vluchtstrook (de)	узбочына (ж)	[uzˈbɔʧɪna]
lichtmast (de)	слуп (м)	[slup]

besturen (een auto ~)	весці	[ˈwɛsʲtsi]
afslaan (naar rechts ~)	паварочваць	[pavaˈrɔʧvatsʲ]
U-bocht maken (ww)	разварочвацца	[razvaˈrɔʧvatsa]
achteruit (de)	заднí ход (м)	[ˈzadni ˈhɔt]
toeteren (ww)	сігналíць	[siɣˈnalitsʲ]

toeter (de)	гукавы сігнал (м)	[ɣuka'vɪ siɣ'nal]
vastzitten (in modder)	захраснуць	[zah'rasnuts]
spinnen (wielen gaan ~)	буксаваць	[buksa'vats]
uitzetten (ww)	глушыць	[ɣlu'ʃɪts]

snelheid (de)	хуткасць (ж)	['hutkasʲts]
een snelheidsovertreding maken	перавысіць хуткасць	[pɛra'vɪsits 'hutkasʲts]
bekeuren (ww)	штрафаваць	[ʃtrafa'vats]
verkeerslicht (het)	святлафор (м)	[sʲvʲatla'for]
rijbewijs (het)	правы (мн) вадзіцельскія	['pravɪ va'dzitsɛʎskija]

overgang (de)	пераезд (м)	[pɛra'ɛst]
kruispunt (het)	скрыжаванне (н)	[skrɪʒa'vaŋɛ]
zebrapad (oversteekplaats)	пешаходны пераход (м)	[pɛʃa'hɔdnɪ pɛra'hɔt]
bocht (de)	паварот (м)	[pava'rɔt]
voetgangerszone (de)	пешаходная зона (ж)	[pɛʃa'hɔdnaja 'zɔna]

MENSEN. GEBEURTENISSEN IN HET LEVEN

Gebeurtenissen in het leven

152. Vakanties. Evenement

feest (het)	свята (н)	['sʲvʲata]
nationale feestdag (de)	нацыянальнае свята (н)	[natsʲija'naʎnaɛ 'sʲvʲata]
feestdag (de)	святочны дзень (м)	[sʲvʲa'toʧnɪ 'dzɛɲ]
herdenken (ww)	святкаваць	[sʲvʲatka'vats]
gebeurtenis (de)	падзея (ж)	[pa'dzɛja]
evenement (het)	мерапрыемства (н)	[mɛraprɪ'ɛmstva]
banket (het)	банкет (м)	[ba'ŋkɛt]
receptie (de)	прыём (м)	[prɪɜm]
feestmaal (het)	бяседа (ж)	[bʲa'sɛda]
verjaardag (de)	гадавіна (ж)	[ɣada'wina]
jubileum (het)	юбілей (м)	[jubi'lɛj]
vieren (ww)	адзначыць	[adz'naʧɪts]
Nieuwjaar (het)	Новы год (м)	['nɔvɪ 'ɣɔt]
Gelukkig Nieuwjaar!	З Новым годам!	[z 'nɔvɪm 'ɣɔdam]
Kerstfeest (het)	Каляды (ж мн)	[ka'ʎadɪ]
Vrolijk kerstfeest!	Вясёлых Каляд!	[vʲa'sɜlɪh ka'ʎat]
kerstboom (de)	Навагодняя ёлка (ж)	[nava'ɣɔdɲaja ɜlka]
vuurwerk (het)	салют (м)	[sa'lyt]
bruiloft (de)	вяселле (н)	[vʲa'sɛllɛ]
bruidegom (de)	жаніх (м)	[ʒa'nih]
bruid (de)	нявеста (ж)	[ɲa'wɛsta]
uitnodigen (ww)	запрашаць	[zapra'ʃats]
uitnodiging (de)	запрашэнне (н)	[zapra'ʃɛɲɛ]
gast (de)	госць (м)	[ɣɔsʲts]
op bezoek gaan	ісці ў госці	[isʲ'tsi u 'ɣɔsʲtsi]
gasten verwelkomen	сустракаць гасцей	[sustra'kadzʲ ɣasʲ'tsɛj]
geschenk, cadeau (het)	падарунак (м)	[pada'runak]
geven (iets cadeau ~)	дарыць	[da'rɪts]
geschenken ontvangen	атрымоўваць падарункі	[atrɪ'mouvats pada'ruŋki]
boeket (het)	букет (м)	[bu'kɛt]
felicitaties (mv.)	віншаванне (н)	[winʃa'vaŋɛ]
feliciteren (ww)	віншаваць	[winʃa'vats]
wenskaart (de)	віншавальная паштоўка (ж)	[winʃa'vaʎnaja paʃ'touka]
een kaartje versturen	адправіць паштоўку	[atp'rawits paʃ'touku]

een kaartje ontvangen	атрымаць паштоўку	[atrɪ'mats paʃ'touku]
toast (de)	тост (м)	[tɔst]
aanbieden (een drankje ~)	частаваць	[tʃasta'vats]
champagne (de)	шампанскае (н)	[ʃam'panskaɛ]

plezier hebben (ww)	весяліцца	[wɛsʲa'litsa]
plezier (het)	весялосць (ж)	[wɛsʲa'lɔsʲts]
vreugde (de)	радасць (ж)	['radasʲts]

dans (de)	танец (м)	['tanɛts]
dansen (ww)	танцаваць	[tantsa'vats]

wals (de)	вальс (м)	[vaʎs]
tango (de)	танга (н)	['taŋa]

153. Begrafenissen. Begrafenis

kerkhof (het)	могілкі (мн)	['mɔɣilki]
graf (het)	магіла (ж)	[ma'ɣila]
kruis (het)	крыж (м)	[krɪʃ]
grafsteen (de)	надмагільны помнік (м)	[nadma'ɣiʎnɪ 'pɔmnik]
omheining (de)	агароджа (ж)	[aɣa'rɔdʒa]
kapel (de)	капліца (ж)	[kap'litsa]

dood (de)	смерць (ж)	[sʲmɛrts]
sterven (ww)	памерці	[pa'mɛrtsi]
overledene (de)	нябожчык (м)	[ɲa'bɔʃtʃɪk]
rouw (de)	жалоба (ж)	[ʒa'lɔba]

begraven (ww)	хаваць	[ha'vats]
begrafenisonderneming (de)	пахавальнае бюро (н)	[paha'vaʎnaɛ by'rɔ]
begrafenis (de)	пахаванне (н)	[paha'vaɲɛ]

krans (de)	вянок (м)	[vʲa'nɔk]
doodskist (de)	труна (ж)	[tru'na]
lijkwagen (de)	катафалк (м)	[kata'falk]
lijkkleed (de)	саван (м)	['savan]

urn (de)	урна (ж)	['urna]
crematorium (het)	крэматорый (м)	[krɛma'tɔrɪj]

overlijdensbericht (het)	некралог (м)	[nɛkra'lɔh]
huilen (wenen)	плакаць	['plakats]
snikken (huilen)	рыдаць	[rɪ'dats]

154. Oorlog. Soldaten

peloton (het)	узвод (м)	[uz'vɔt]
compagnie (de)	рота (ж)	['rɔta]
regiment (het)	полк (м)	[pɔlk]
leger (armee)	армія (ж)	['armija]
divisie (de)	дывізія (ж)	[dɪ'wizija]

sectie (de)	атрад (м)	[at'rat]
troep (de)	войска (н)	['vɔjska]
soldaat (militair)	салдат (м)	[sal'dat]
officier (de)	афіцэр (м)	[afi'tsɛr]
soldaat (rang)	радавы (м)	[rada'vı]
sergeant (de)	сяржант (м)	[sʲar'ʒant]
luitenant (de)	лейтэнант (м)	[lɛjtɛ'nant]
kapitein (de)	капітан (м)	[kapi'tan]
majoor (de)	маёр (м)	[maɜr]
kolonel (de)	палкоўнік (м)	[pal'kɔunik]
generaal (de)	генерал (м)	[ɣɛnɛ'ral]
matroos (de)	марак (м)	[ma'rak]
kapitein (de)	капітан (м)	[kapi'tan]
bootsman (de)	боцман (м)	['botsman]
artillerist (de)	артылерыст (м)	[artılɛ'rıst]
valschermjager (de)	дэсантнік (м)	[dɛ'santnik]
piloot (de)	лётчык (м)	['lɜtʃık]
stuurman (de)	штурман (м)	['ʃturman]
mecanicien (de)	механік (м)	[mɛ'hanik]
sappeur (de)	сапёр (м)	[sa'pɜr]
parachutist (de)	парашутыст (м)	[paraʃu'tıst]
verkenner (de)	разведчык (м)	[razʲ'wɛtʃık]
scherpschutter (de)	снайпер (м)	['snajpɛr]
patrouille (de)	патруль (м)	[pat'ruʎ]
patrouilleren (ww)	патрулявaць	[patruʎa'vats]
wacht (de)	вартавы (м)	[varta'vı]
krijger (de)	воін (м)	['vɔin]
held (de)	герой (м)	[ɣɛ'rɔj]
heldin (de)	гераіня (ж)	[ɣɛra'iɲa]
patriot (de)	патрыёт (м)	[patrıɜt]
verrader (de)	здраднік (м)	['zdradnik]
deserteur (de)	дэзерцір (м)	[dɛzɛr'tsir]
deserteren (ww)	дэзерціравaць	[dɛzɛr'tsiravats]
huurling (de)	найміт (м)	['najmit]
rekruut (de)	навабранец (м)	[navab'ranɛts]
vrijwilliger (de)	добраахвотнік (м)	[dɔbra:h'vɔtnik]
gedode (de)	забіты (м)	[za'bitı]
gewonde (de)	параненыы (м)	[pa'ranɛnı]
krijgsgevangene (de)	палонны (м)	[pa'lɔɲı]

155. Oorlog. Militaire acties. Deel 1

oorlog (de)	вайна (ж)	[vaj'na]
oorlog voeren (ww)	ваявaць	[vaja'vats]

burgeroorlog (de)	грамадзянская вайна (ж)	[ɣrama'dzʲanskaja vaj'na]
achterbaks (bw)	вераломна	[wɛra'lomna]
oorlogsverklaring (de)	абвяшчэнне (н)	[abvʲaʃ'tʃɛŋɛ]
verklaren (de oorlog ~)	абвясціць	[abvʲasʲ'tsits]
agressie (de)	агрэсія (ж)	[aɣ'rɛsija]
aanvallen (binnenvallen)	нападаць	[napa'dats]

binnenvallen (ww)	захопліваць	[za'hɔplivats]
invaller (de)	захопнік (м)	[za'hɔpnik]
veroveraar (de)	заваёўнік (м)	[zavaɜunik]

verdediging (de)	абарона (ж)	[aba'rɔna]
verdedigen (je land ~)	абараняць	[abara'ɲats]
zich verdedigen (ww)	абараняцца	[abara'ɲatsa]

vijand (de)	вораг (м)	['vɔrah]
tegenstander (de)	супраціўнік (м)	[supra'tsiunik]
vijandelijk (bn)	варожы	[va'rɔʒɨ]

| strategie (de) | стратэгія (ж) | [stra'tɛɣija] |
| tactiek (de) | тактыка (ж) | ['taktɨka] |

order (de)	загад (м)	[za'ɣat]
bevel (het)	каманда (ж)	[ka'manda]
bevelen (ww)	загадваць	[za'ɣadvats]
opdracht (de)	заданне (н)	[za'daŋɛ]
geheim (bn)	сакрэтны	[sak'rɛtnɨ]

| veldslag (de) | бітва (ж) | ['bitva] |
| strijd (de) | бой (м) | [bɔj] |

aanval (de)	атака (ж)	[a'taka]
bestorming (de)	штурм (м)	[ʃturm]
bestormen (ww)	штурмаваць	[ʃturma'vats]
bezetting (de)	аблога (ж)	[ab'lɔɣa]

| aanval (de) | наступ (м) | ['nastup] |
| in het offensief te gaan | наступаць | [nastu'pats] |

| terugtrekking (de) | адступленне (н) | [atstup'lɛŋɛ] |
| zich terugtrekken (ww) | адступаць | [atstu'pats] |

| omsingeling (de) | акружэнне (н) | [akru'ʒɛŋɛ] |
| omsingelen (ww) | акружаць | [akru'ʒats] |

bombardement (het)	бамбёжка (ж)	[bam'bɔʃka]
een bom gooien	скінуць бомбу	['skinudzʲ 'bɔmbu]
bombarderen (ww)	бамбіць	[bam'bits]
ontploffing (de)	выбух (м)	['vɨbuh]

schot (het)	стрэл (м)	[strɛl]
een schot lossen	стрэліць	['strɛlits]
schieten (het)	стральба (ж)	[straʎ'ba]

| mikken op (ww) | цэліцца | ['tsɛlitsa] |
| aanleggen (een wapen ~) | навесці | [na'wɛsʲtsi] |

treffen (doelwit ~)	трапіць	['trapiʦ]
zinken (tot zinken brengen)	патапіць	[pata'piʦ]
kogelgat (het)	прабоіна (ж)	[pra'bɔina]
zinken (gezonken zijn)	ісці на дно	[isʲ'ʦi na 'dnɔ]

front (het)	фронт (м)	[frɔnt]
hinterland (het)	тыл (м)	[tɪl]
evacuatie (de)	эвакуацыя (ж)	[ɛvaku'atsɪja]
evacueren (ww)	эвакуіраваць	[ɛvaku'iravaʦ]

prikkeldraad (de)	калючы дрот (м)	[ka'lyʧɪ 'drɔt]
verdedigingsobstakel (het)	загарода (ж)	[zaɣa'rɔda]
wachttoren (de)	вышка (ж)	['vɪʃka]

hospitaal (het)	шпіталь (м)	[ʃpi'taʎ]
verwonden (ww)	раніць	['raniʦ]
wond (de)	рана (ж)	['rana]
gewonde (de)	паранены (м)	[pa'ranɛnɪ]
gewond raken (ww)	атрымаць раненне	[atrɪ'maʦ ra'nɛŋɛ]
ernstig (~e wond)	цяжкі	['ʦʲaʃki]

156. Wapens

wapens (mv.)	зброя (ж)	['zbrɔja]
vuurwapens (mv.)	агнястрэльная зброя (ж)	[aɣɲast'rɛʎnaja 'zbrɔja]
koude wapens (mv.)	халодная зброя (ж)	[ha'lɔdnaja 'zbrɔja]

chemische wapens (mv.)	хімічная зброя (ж)	[hi'miʧnaja 'zbrɔja]
kern-, nucleair (bn)	ядзерны	['jadzɛrnɪ]
kernwapens (mv.)	ядзерная зброя (ж)	['jadzɛrnaja 'zbrɔja]

| bom (de) | бомба (ж) | ['bɔmba] |
| atoombom (de) | атамная бомба (ж) | ['atamnaja 'bɔmba] |

pistool (het)	пісталет (м)	[pista'lɛt]
geweer (het)	стрэльба (ж)	['strɛʎba]
machinepistool (het)	аўтамат (м)	[auta'mat]
machinegeweer (het)	кулямёт (м)	[kuʎa'mɜt]

loop (schietbuis)	руля (ж)	['ruʎa]
loop (bijv. geweer met kortere ~)	ствол (м)	[stvɔl]
kaliber (het)	калібр (м)	[ka'libr]

trekker (de)	курок (м)	[ku'rɔk]
korrel (de)	прыцэл (м)	[prɪ'ʦɛl]
magazijn (het)	магазін (м)	[maɣa'zin]
geweerkolf (de)	прыклад (м)	[prɪk'lat]

| granaat (handgranaat) | граната (ж) | [ɣra'nata] |
| explosieven (mv.) | узрыўчатка (ж) | [uzrɪu'ʧatka] |

| kogel (de) | куля (ж) | ['kuʎa] |
| patroon (de) | патрон (м) | [pat'rɔn] |

| lading (de) | зарад (м) | [za'rat] |
| ammunitie (de) | боепрыпасы (мн) | [bɔɛprɪ'pasɪ] |

bommenwerper (de)	бамбардзіроўшчык (м)	[bambardzi'rɔuʃtʃɪk]
straaljager (de)	знішчальнік (м)	[zʲniʃ'tʃaʎnik]
helikopter (de)	верталёт (м)	[wɛrta'lɔt]

afweergeschut (het)	зенітка (ж)	[zɛ'nitka]
tank (de)	танк (м)	[taŋk]
kanon (tank met een ~ van 76 mm)	пушка (ж)	['puʃka]

| artillerie (de) | артылерыя (ж) | [artɪ'lɛrɪja] |
| aanleggen (een wapen ~) | навесці | [na'wɛsʲtsi] |

projectiel (het)	снарад (м)	[sna'rat]
mortiergranaat (de)	міна (ж)	['mina]
mortier (de)	мінамёт (м)	[mina'mɔt]
granaatscherf (de)	асколак (м)	[as'kɔlak]

duikboot (de)	падводная лодка (ж)	[pad'vɔdnaja 'lɔtka]
torpedo (de)	тарпеда (ж)	[tar'pɛda]
raket (de)	ракета (ж)	[ra'kɛta]

laden (geweer, kanon)	зараджаць	[zara'dʒatsʲ]
schieten (ww)	страляць	[stra'ʎatsʲ]
richten op (mikken)	цэліцца	['tsɛlitsa]
bajonet (de)	штык (м)	[ʃtɪk]

degen (de)	шпага (ж)	['ʃpaɣa]
sabel (de)	шабля (ж)	['ʃabʎa]
speer (de)	дзіда (ж)	['dzida]
boog (de)	лук (м)	[luk]
pijl (de)	страла (ж)	[stra'la]
musket (de)	мушкет (м)	[muʃ'kɛt]
kruisboog (de)	арбалет (м)	[arba'lɛt]

157. Oude mensen

primitief (bn)	першабытны	[pɛrʃa'bɪtnɪ]
voorhistorisch (bn)	дагістарычны	[daɣista'rɪtʃnɪ]
eeuwenoude (~ beschaving)	старажытны	[stara'ʒɪtnɪ]

Steentijd (de)	Каменны век (м)	[ka'mɛnɪ 'wɛk]
Bronstijd (de)	Бронзавы век (м)	['brɔnzavɪ 'wɛk]
IJstijd (de)	ледавіковы перыяд (м)	[lɛdawi'kɔvɪ pɛ'rɪjat]

stam (de)	племя (н)	['plɛmʲa]
menseneter (de)	людаед (м)	[lyda'ɛt]
jager (de)	паляўнічы (м)	[paʎau'nitʃɪ]
jagen (ww)	паляваць	[paʎa'vatsʲ]
mammoet (de)	мамант (м)	['mamant]
grot (de)	пячора (ж)	[pʲa'tʃɔra]
vuur (het)	агонь (м)	[a'ɣɔɲ]

| kampvuur (het) | вогнішча (н) | ['vɔɣniʃʧa] |
| rotstekening (de) | наскальны малюнак (м) | [nas'kaʎnɪ ma'lynak] |

werkinstrument (het)	прылада (ж) працы	[prɪ'lada 'pratsɪ]
speer (de)	дзіда (ж)	['dzida]
stenen bijl (de)	каменная сякера (ж)	[ka'mɛnaja sʲa'kɛra]
oorlog voeren (ww)	ваяваць	[vaja'vats]
temmen (bijv. wolf ~)	прыручаць	[prɪru'ʧats]

idool (het)	ідал (м)	['idal]
aanbidden (ww)	пакланяцца	[pakla'ɲatsa]
bijgeloof (het)	забабоны (мн)	[zaba'bɔnɪ]

evolutie (de)	эвалюцыя (ж)	[ɛva'lytsɪja]
ontwikkeling (de)	развіццё (н)	[raz'wi'tsɜ]
verdwijning (de)	знікненне (н)	[zʲnik'nɛɲɛ]
zich aanpassen (ww)	прыстасоўвацца	[prɪsta'sɔuvatsa]

archeologie (de)	археалогія (ж)	[arhɛa'lɔɣija]
archeoloog (de)	археолаг (м)	[arhɛ'ɔlah]
archeologisch (bn)	археалагічны	[arhɛala'ɣiʧnɪ]

opgravingsplaats (de)	раскопкі (ж мн)	[ras'kɔpki]
opgravingen (mv.)	раскопкі (ж мн)	[ras'kɔpki]
vondst (de)	знаходка (ж)	[zna'hɔtka]
fragment (het)	фрагмент (м)	[fraɣ'mɛnt]

158. Middeleeuwen

volk (het)	народ (м)	[na'rɔt]
volkeren (mv.)	народы (м мн)	[na'rɔdɪ]
stam (de)	племя (н)	['plɛmʲa]
stammen (mv.)	плямёны (н мн)	[pʎa'mɜnɪ]

barbaren (mv.)	варвары (м мн)	['varvarɪ]
Galliërs (mv.)	галы (м мн)	['ɣalɪ]
Goten (mv.)	готы (м мн)	['ɣɔtɪ]
Slaven (mv.)	славяне (м мн)	[sla'vʲanɛ]
Vikings (mv.)	вікінгі (м мн)	['wikiɲi]

| Romeinen (mv.) | рымляне (м мн) | ['rɪmʎanɛ] |
| Romeins (bn) | рымскі | ['rɪmski] |

Byzantijnen (mv.)	візантыйцы (м мн)	[wizan'tɪjtsɪ]
Byzantium (het)	Візантыя (ж)	[wizan'tɪja]
Byzantijns (bn)	візантыйскі	[wizan'tɪjski]

keizer (bijv. Romeinse ~)	імператар (м)	[impɛ'ratar]
opperhoofd (het)	правадыр (м)	[prava'dɪr]
machtig (bn)	магутны	[ma'ɣutnɪ]
koning (de)	кароль (м)	[ka'rɔʎ]
heerser (de)	кіраўнік (м)	[kirau'nik]
ridder (de)	рыцар (м)	['rɪtsar]
feodaal (de)	феадал (м)	[fɛa'dal]

| feodaal (bn) | феадальны | [fɛa'daʌnı] |
| vazal (de) | васал (м) | [va'sal] |

hertog (de)	герцаг (м)	['ɣɛrtsah]
graaf (de)	граф (м)	[ɣraf]
baron (de)	барон (м)	[ba'rɔn]
bisschop (de)	епіскап (м)	[ɛ'piskap]

harnas (het)	даспехі (м мн)	[dasʲ'pɛhi]
schild (het)	шчыт (м)	[ʃʧit]
zwaard (het)	меч (м)	[mɛʧ]
vizier (het)	забрала (н)	[zab'rala]
maliënkolder (de)	кальчуга (ж)	[kaʌ'ʧuɣa]

| kruistocht (de) | крыжовы паход (м) | [krı'ʒɔvı pa'hɔt] |
| kruisvaarder (de) | крыжак (м) | [krı'ʒak] |

gebied (bijv. bezette ~en)	тэрыторыя (ж)	[tɛrı'tɔrıja]
aanvallen (binnenvallen)	нападаць	[napa'dats]
veroveren (ww)	заваяваць	[zavaja'vats]
innemen (binnenvallen)	захапіць	[zaha'pits]

bezetting (de)	аблога (ж)	[ab'lɔɣa]
bezet (bn)	абложаны	[ab'lɔʒanı]
belegeren (ww)	абложваць	[ab'lɔʒvats]

inquisitie (de)	інквізіцыя (ж)	[iŋkwi'zitsıja]
inquisiteur (de)	інквізітар (м)	[iŋkwi'zitar]
foltering (de)	катаванне (н)	[kata'vaŋɛ]
wreed (bn)	жорсткі	['ʒɔrstki]
ketter (de)	ерэтык (м)	[ɛrɛ'tık]
ketterij (de)	ерась (ж)	['ɛrasʲ]

zeevaart (de)	мараплаўства (н)	[marap'laustva]
piraat (de)	пірат (м)	[pi'rat]
piraterij (de)	пірацтва (н)	[pi'ratstva]
enteren (het)	абардаж (м)	[abar'daʃ]
buit (de)	здабыча (ж)	[zda'bıʧa]
schatten (mv.)	скарбы (м мн)	['skarbı]

ontdekking (de)	адкрыццё (н)	[atkrı'tsɜ]
ontdekken (bijv. nieuw land)	адкрыць	[atk'rıts]
expeditie (de)	экспедыцыя (ж)	[ɛksʲpɛ'dıtsıja]

musketier (de)	мушкецёр (м)	[muʃkɛ'tsɜr]
kardinaal (de)	кардынал (м)	[kardı'nal]
heraldiek (de)	геральдыка (ж)	[ɣɛ'raʌdıka]
heraldisch (bn)	геральдычны	[ɣɛraʌ'dıʧnı]

159. Leider. Baas. Autoriteiten

koning (de)	кароль (м)	[ka'rɔʌ]
koningin (de)	каралева (ж)	[kara'lɛva]
koninklijk (bn)	каралеўскі	[kara'lɛuski]

koninkrijk (het)	каралеўства (н)	[kara'lɛustva]
prins (de)	прынц (м)	[prɪnʦ]
prinses (de)	прынцэса (ж)	[prɪn'ʦɛsa]

president (de)	прэзідэнт (м)	[prɛzi'dɛnt]
vicepresident (de)	віцэ-прэзідэнт (м)	['wiʦɛ prɛzi'dɛnt]
senator (de)	сенатар (м)	[sɛ'natar]

monarch (de)	манарх (м)	[ma'narh]
heerser (de)	кіраўнік (м)	[kirau'nik]
dictator (de)	дыктатар (м)	[dɪk'tatar]
tiran (de)	тыран (м)	[tɪ'ran]
magnaat (de)	магнат (м)	[maɣ'nat]

directeur (de)	дырэктар (м)	[dɪ'rɛktar]
chef (de)	шэф (м)	[ʃɛf]
beheerder (de)	загадчык (м)	[za'ɣatʃɪk]
baas (de)	бос (м)	[bɔs]
eigenaar (de)	гаспадар (м)	[ɣaspa'dar]

hoofd (bijv. ~ van de delegatie)	галава (ж)	[ɣala'va]
autoriteiten (mv.)	улады (ж мн)	[u'ladɪ]
superieuren (mv.)	начальства (н)	[na'ʧaʎstva]

gouverneur (de)	губернатар (м)	[ɣubɛr'natar]
consul (de)	консул (м)	['kɔnsul]
diplomaat (de)	дыпламат (м)	[dɪpla'mat]
burgemeester (de)	мэр (м)	[mɛr]
sheriff (de)	шэрыф (м)	[ʃɛ'rɪf]

keizer (bijv. Romeinse ~)	імператар (м)	[impɛ'ratar]
tsaar (de)	цар (м)	[ʦar]
farao (de)	фараон (м)	[fara'ɔn]
kan (de)	хан (м)	[han]

160. De wet overtreden. Criminelen. Deel 1

bandiet (de)	бандыт (м)	[ban'dɪt]
misdaad (de)	злачынства (н)	[zla'ʧɪnstva]
misdadiger (de)	злачынец (м)	[zla'ʧɪnɛʦ]

dief (de)	злодзей (м)	['zlɔdzɛj]
stelen (ww)	красці	['krasiʦi]
stelen, diefstal (de)	крадзеж (м)	[kra'dzɛʃ]

kidnappen (ww)	выкрасці	['vɪkrasiʦi]
kidnapping (de)	выкраданне (н)	[vɪkra'daŋɛ]
kidnapper (de)	выкрадальнік (м)	[vɪkra'daʎnik]

losgeld (het)	выкуп (м)	['vɪkup]
eisen losgeld (ww)	патрабаваць выкуп	[patraba'vaʦ 'vɪkup]
overvallen (ww)	рабаваць	[raba'vaʦ]
overvaller (de)	рабаўнік (м)	[rabau'nik]

afpersen (ww)	вымагаць	[vɪma'ɣats]
afperser (de)	вымагальнік (м)	[vɪma'ɣaʎnik]
afpersing (de)	вымагальніцтва (н)	[vɪma'ɣaʎnitstva]
vermoorden (ww)	забіць	[za'bits]
moord (de)	забойства (н)	[za'bojstva]
moordenaar (de)	забойца (м)	[za'bojtsa]
schot (het)	стрэл (м)	[strɛl]
een schot lossen	стрэліць	['strɛlits]
neerschieten (ww)	застрэліць	[zast'rɛlits]
schieten (ww)	страляць	[stra'ʎats]
schieten (het)	стральба (ж)	[straʎ'ba]
ongeluk (gevecht, enz.)	здарэнне (н)	[zda'rɛɲɛ]
gevecht (het)	бойка (ж)	['bɔjka]
slachtoffer (het)	ахвяра (ж)	[ah'vʲara]
beschadigen (ww)	пашкодзіць	[paʃ'kɔdzits]
schade (de)	шкода (ж)	['ʃkɔda]
lijk (het)	труп (м)	[trup]
zwaar (~ misdrijf)	цяжкі	['tsʲaʃki]
aanvallen (ww)	напасці	[na'pasʲtsi]
slaan (iemand ~)	біць	[bits]
in elkaar slaan (toetakelen)	збіць	[zʲbits]
ontnemen (beroven)	адабраць	[adab'rats]
steken (met een mes)	зарэзаць	[za'rɛzats]
verminken (ww)	знявечыць	[zʲɲa'wɛtʃɪts]
verwonden (ww)	раніць	['ranits]
chantage (de)	шантаж (м)	[ʃan'taʃ]
chanteren (ww)	шантажыраваць	[ʃanta'ʒɪravats]
chanteur (de)	шантажыст (м)	[ʃanta'ʒɪst]
afpersing (de)	рэкет (м)	['rɛkɛt]
afperser (de)	рэкецір (м)	[rɛkɛ'tsir]
gangster (de)	гангстэр (м)	['ɣanhstɛr]
maffia (de)	мафія (ж)	['mafija]
kruimeldief (de)	кішэнны зладзюжка (м)	[ki'ʃɛɲɪ zla'dzyʃka]
inbreker (de)	узломшчык (м)	[uz'lɔmʃtʃɪk]
smokkelen (het)	кантрабанда (ж)	[kantra'banda]
smokkelaar (de)	кантрабандыст (м)	[kantraban'dɪst]
namaak (de)	падробка (ж)	[pad'rɔpka]
namaken (ww)	падрабляць	[padrab'ʎats]
namaak-, vals (bn)	фальшывы	[faʎ'ʃɪvɪ]

161. De wet overtreden. Criminelen. Deel 2

verkrachting (de)	згвалтаванне (н)	[zɣvalta'vaɲɛ]
verkrachten (ww)	згвалтаваць	[zɣvalta'vats]
verkrachter (de)	гвалтаўнік (м)	[ɣvaltau'nik]

maniak (de)	маньяк (м)	[ma'ɲjak]
prostituee (de)	прастытутка (ж)	[prastɪ'tutka]
prostitutie (de)	прастытуцыя (ж)	[prastɪ'tutsija]
pooier (de)	сутэнёр (м)	[sutɛ'nɜr]
drugsverslaafde (de)	наркаман (м)	[narka'man]
drugshandelaar (de)	наркагандляр (м)	[narkaɣand'ʎar]
opblazen (ww)	узарваць	[uzar'vats]
explosie (de)	выбух (м)	['vɪbuh]
in brand steken (ww)	падпаліць	[patpa'lits]
brandstichter (de)	падпальшчык (м)	[pat'paʎʧɪk]
terrorisme (het)	тэрарызм (м)	[tɛra'rɪzm]
terrorist (de)	тэрарыст (м)	[tɛra'rɪst]
gijzelaar (de)	заложнік (м)	[za'lɔʒnik]
bedriegen (ww)	падмануць	[padma'nuts]
bedrog (het)	падман (м)	[pad'man]
oplichter (de)	махляр (м)	[mah'ʎar]
omkopen (ww)	падкупіць	[patku'pits]
omkoperij (de)	подкуп (м)	['pɔtkup]
smeergeld (het)	хабар (м)	['habar]
vergif (het)	яд (м)	[jat]
vergiftigen (ww)	атруціць	[atru'tsits]
vergif innemen (ww)	атруціцца	[atru'tsitsa]
zelfmoord (de)	самазабойства (н)	[samaza'bɔjstva]
zelfmoordenaar (de)	самазабойца (м)	[samaza'bɔjtsa]
bedreigen (bijv. met een pistool)	пагражаць	[paɣra'ʒats]
bedreiging (de)	пагроза (ж)	[paɣ'rɔza]
een aanslag plegen	замахвацца	[za'mahvatsa]
aanslag (de)	замах (м)	[za'mah]
stelen (een auto)	скрасці	['skrasⁱtsi]
kapen (een vliegtuig)	выкрасці	['vɪkrasⁱtsi]
wraak (de)	помста (ж)	['pɔmsta]
wreken (ww)	помсціць	['pɔmsⁱtsits]
martelen (gevangenen)	катаваць	[kata'vats]
foltering (de)	катаванне (н)	[kata'vaɲɛ]
folteren (ww)	мучыць	['muʧits]
piraat (de)	пірат (м)	[pi'rat]
straatschender (de)	хуліган (м)	[huli'ɣan]
gewapend (bn)	узброены	[uzb'rɔɛnɪ]
geweld (het)	гвалт (м)	[ɣvalt]
spionage (de)	шпіянаж (м)	[ʃpija'naʃ]
spioneren (ww)	шпіёніць	[ʃpiɜnits]

162. Politie. Wet. Deel 1

gerecht (het)	суд (м)	[sut]
gerechtshof (het)	суд (м)	[sut]
rechter (de)	суддзя (м)	[sud'dzʲa]
jury (de)	прысяжныя (м мн)	[prɪ'sʲaʒnija]
juryrechtspraak (de)	суд (м) прысяжных	[sut prɪ'sʲaʒnɪh]
berechten (ww)	судзіць	[su'dzits]
advocaat (de)	адвакат (м)	[adva'kat]
beklaagde (de)	падсудны (м)	[pa'tsudnɪ]
beklaagdenbank (de)	лава (ж) падсудных	['lava pa'tsudnɪh]
beschuldiging (de)	абвінавачванне (н)	[abwina'vatʃvaŋɛ]
beschuldigde (de)	абвінавачваны (м)	[abwina'vatʃvanɪ]
vonnis (het)	прысуд (м)	[prɪ'sut]
veroordelen	прысудзіць	[prɪsu'dzits]
(in een rechtszaak)		
schuldige (de)	віноўнік (м)	[wi'nɔunik]
straffen (ww)	пакараць	[paka'rats]
bestraffing (de)	пакаранне (н)	[paka'raŋɛ]
boete (de)	штраф (м)	[ʃtraf]
levenslange opsluiting (de)	пажыццёвае зняволенне (н)	[paʒɪts͡zɔvaɛ zʲna'vɔlɛŋɛ]
doodstraf (de)	смяротная кара (ж)	[sʲmʲa'rɔtnaja 'kara]
elektrische stoel (de)	электрычнае крэсла (н)	[ɛlɛkt'rɪtʃnaɛ 'krɛsla]
schavot (het)	шыбеніца (ж)	['ʃɪbɛnitsa]
executeren (ww)	караць смерцю	[ka'rats 'sʲmɛrtsy]
executie (de)	смяротная кара (ж)	[sʲmʲa'rɔtnaja 'kara]
gevangenis (de)	турма (ж)	[tur'ma]
cel (de)	камера (ж)	['kamɛra]
konvooi (het)	канвой (м)	[kan'vɔj]
gevangenisbewaker (de)	наглядчык (м)	[naɣ'ʎatʃɪk]
gedetineerde (de)	зняволены (м)	[zʲna'vɔlɛnɪ]
handboeien (mv.)	наручнікі (м мн)	[na'rutʃniki]
handboeien omdoen	надзець наручнікі	[na'dzɛts na'rutʃniki]
ontsnapping (de)	уцёкі (мн)	[u'tsɔki]
ontsnappen (ww)	уцячы	[utsʲa'tʃɪ]
verdwijnen (ww)	прапасці	[pra'pasʲtsi]
vrijlaten (uit de gevangenis)	вызваліць	['vɪzvalits]
amnestie (de)	амністыя (ж)	[am'nistɪja]
politie (de)	паліцыя (ж)	[pa'litsɪja]
politieagent (de)	паліцэйскі (м)	[pali'tsɛjski]
politiebureau (het)	паліцэйскі ўчастак (м)	[pali'tsɛjski u'tʃastak]
knuppel (de)	гумовая дубінка (ж)	[ɣu'mɔvaja du'binka]

megafoon (de)	рупар (м)	['rupar]
patrouilleerwagen (de)	патрульная машына (ж)	[pat'ruʎnaja ma'ʃina]
sirene (de)	сірэна (ж)	[si'rɛna]
de sirene aansteken	уключыць сірэну	[ukly'tʃits si'rɛnu]
geloei (het) van de sirene	выццё (н) (сірэны)	[vɪ'tsɜ si'rɛnɪ]

plaats delict (de)	месца (н) здарэння	['mɛstsa zda'rɛnja]
getuige (de)	сведка (м)	['sʲwɛtka]
vrijheid (de)	воля (ж)	['vɔʎa]
handlanger (de)	супольнік (м)	[su'poʎnik]
ontvluchten (ww)	схавацца	[sha'vatsa]
spoor (het)	след (м)	[sʲlɛt]

163. Politie. Wet. Deel 2

opsporing (de)	вышук (м)	['vɪʃuk]
opsporen (ww)	шукаць	[ʃu'kats]
verdenking (de)	падазрэнне (н)	[padaz'rɛŋɛ]
verdacht (bn)	падазроны	[padaz'rɔnɪ]
aanhouden (stoppen)	спыніць	[spɪ'nits]
tegenhouden (ww)	затрымаць	[zatrɪ'mats]

strafzaak (de)	справа (ж)	['sprava]
onderzoek (het)	следства (н)	['sʲlɛtstva]
detective (de)	сышчык (м)	['sɪʃtʃɪk]
onderzoeksrechter (de)	следчы (м)	['sʲlɛtʃɪ]
versie (de)	версія (ж)	['wɛrsija]

motief (het)	матыў (м)	[ma'tɪu]
verhoor (het)	допыт (м)	['dɔpɪt]
ondervragen (door de politie)	дапытваць	[da'pɪtvats]
ondervragen (omstanders ~)	апытваць	[a'pɪtvats]
controle (de)	праверка (ж)	[pra'wɛrka]

razzia (de)	аблава (ж)	[ab'lava]
huiszoeking (de)	вобыск (м)	['vɔbɪsk]
achtervolging (de)	пагоня (ж)	[pa'ɣɔɲa]
achtervolgen (ww)	пераследаваць	[pɛrasʲ'lɛdavats]
opsporen (ww)	сачыць	[sa'tʃits]

arrest (het)	арышт (м)	['arɪʃt]
arresteren (ww)	арыштаваць	[arɪʃta'vats]
vangen, aanhouden (een dief, enz.)	злавіць	[zla'wits]
aanhouding (de)	злаўленне (н)	[zlau'lɛŋɛ]

document (het)	дакумент (м)	[daku'mɛnt]
bewijs (het)	доказ (м)	['dɔkas]
bewijzen (ww)	даказваць	[da'kazvats]
voetspoor (het)	след (м)	[sʲlɛt]
vingerafdrukken (mv.)	адбіткі (м мн) пальцаў	[ad'bitki 'paʎtsau]
bewijs (het)	даказка (ж)	[da'kaska]
alibi (het)	алібі (н)	['alibi]
onschuldig (bn)	невінаваты	[nɛwina'vatɪ]

| onrecht (het) | несправядлівасць (ж) | [nɛsprav'ad'livas'ts] |
| onrechtvaardig (bn) | несправядлівы | [nɛsprav'ad'livɪ] |

crimineel (bn)	крымінальны	[krɪmi'naʎnɪ]
confisqueren	канфіскаваць	[kanfiska'vats]
(in beslag nemen)		
drug (de)	наркотык (м)	[nar'kɔtɪk]
wapen (het)	зброя (ж)	['zbrɔja]
ontwapenen (ww)	абяззброіць	[ab'azzb'rɔits]
bevelen (ww)	загадваць	[za'ɣadvats]
verdwijnen (ww)	знікнуць	['z'niknuts]

wet (de)	закон (м)	[za'kɔn]
wettelijk (bn)	законны	[za'kɔɲɪ]
onwettelijk (bn)	незаконны	[nɛza'kɔɲɪ]

| verantwoordelijkheid (de) | адказнасць (ж) | [at'kaznas'ts] |
| verantwoordelijk (bn) | адказны | [at'kaznɪ] |

155

NATUUR

De Aarde. Deel 1

164. De kosmische ruimte

kosmos (de)	космас (м)	['kɔsmas]
kosmisch (bn)	касмічны	[kasʲ'mitʃnɪ]
kosmische ruimte (de)	касмічная прастора (ж)	[kasʲ'mitʃnaja pras'tɔra]
wereld (de)	свет (м)	[sʲwɛt]
heelal (het)	сусвет (м)	[susʲ'wɛt]
sterrenstelsel (het)	галактыка (ж)	[ɣa'laktɪka]
ster (de)	зорка (ж)	['zɔrka]
sterrenbeeld (het)	сузор'е (н)	[su'zɔrʰɛ]
planeet (de)	планета (ж)	[pla'nɛta]
satelliet (de)	спадарожнік (м)	[spada'rɔʒnik]
meteoriet (de)	метэарыт (м)	[mɛtɛa'rɪt]
komeet (de)	камета (ж)	[ka'mɛta]
asteroïde (de)	астэроід (м)	[astɛ'rɔit]
baan (de)	арбіта (ж)	[ar'bita]
draaien (om de zon, enz.)	круціцца	[kru'tsitsa]
atmosfeer (de)	атмасфера (ж)	[atmas'fɛra]
Zon (de)	Сонца (н)	['sɔntsa]
zonnestelsel (het)	Сонечная сістэма (ж)	['sɔnɛtʃnaja sis'tɛma]
zonsverduistering (de)	сонечнае зацьменне (н)	['sɔnɛtʃnaɛ zatsʲ'mɛɲɛ]
Aarde (de)	Зямля (ж)	[zʲam'ʎa]
Maan (de)	Месяц (м)	['mɛsʲats]
Mars (de)	Марс (м)	[mars]
Venus (de)	Венера (ж)	[wɛ'nɛra]
Jupiter (de)	Юпітэр (м)	[ju'pitɛr]
Saturnus (de)	Сатурн (м)	[sa'turn]
Mercurius (de)	Меркурый (м)	[mɛr'kurɪj]
Uranus (de)	Уран (м)	[u'ran]
Neptunus (de)	Нептун (м)	[nɛp'tun]
Pluto (de)	Плутон (м)	[plu'tɔn]
Melkweg (de)	Млечны Шлях (м)	['mlɛtʃnɪ 'ʃʎah]
Grote Beer (de)	Вялікая Мядзведзіца (ж)	[vʲa'likaja mʲadzʲ'wɛdzitsa]
Poolster (de)	Палярная зорка (ж)	[pa'ʎarnaja 'zɔrka]
marsmannetje (het)	марсіянін (м)	[marsi'janin]
buitenaards wezen (het)	іншапланецянін (м)	[inʃaplanɛ'tsʲanin]

| bovenaards (het) | прышэлец (м) | [prɪˈʃɛlɛts] |
| vliegende schotel (de) | лятаючая талерка (ж) | [ʎaˈtajutʃaja taˈlɛrka] |

ruimtevaartuig (het)	касмічны карабель (м)	[kasʲˈmitʃnɪ karaˈbɛʎ]
ruimtestation (het)	арбітальная станцыя (ж)	[arbiˈtaʎnaja ˈstantsɪja]
start (de)	старт (м)	[start]

motor (de)	рухавік (м)	[ruhaˈwik]
straalpijp (de)	сапло (н)	[sapˈlɔ]
brandstof (de)	паліва (н)	[ˈpaliva]

cabine (de)	кабіна (ж)	[kaˈbina]
antenne (de)	антэна (ж)	[anˈtɛna]
patrijspoort (de)	ілюмінатар (м)	[ilymiˈnatar]
zonnebatterij (de)	сонечная батарэя (ж)	[ˈsɔnɛtʃnaja bataˈrɛja]
ruimtepak (het)	скафандр (м)	[skaˈfandr]

| gewichtloosheid (de) | бязважкасць (ж) | [bʲazˈvaʃkasʲts] |
| zuurstof (de) | кіслаod (м) | [kislaˈrɔt] |

| koppeling (de) | стыкоўка (ж) | [stɪˈkɔuka] |
| koppeling maken | выконваць стыкоўку | [vɪˈkɔnvats stɪˈkɔuku] |

observatorium (het)	абсерваторыя (ж)	[apsɛrvaˈtɔrɪja]
telescoop (de)	тэлескоп (м)	[tɛlɛsˈkɔp]
waarnemen (ww)	назіраць	[naziˈrats]
exploreren (ww)	даследаваць	[dasʲˈlɛdavats]

165. De Aarde

Aarde (de)	Зямля (ж)	[zʲamˈʎa]
aardbol (de)	зямны шар (м)	[zʲamˈnɪ ˈʃar]
planeet (de)	планета (ж)	[plaˈnɛta]

atmosfeer (de)	атмасфера (ж)	[atmasˈfɛra]
aardrijkskunde (de)	геаграфія (ж)	[ɣɛaɣˈrafija]
natuur (de)	прырода (ж)	[prɪˈrɔda]

wereldbol (de)	глобус (м)	[ˈɣlɔbus]
kaart (de)	карта (ж)	[ˈkarta]
atlas (de)	атлас (м)	[atˈlas]

| Europa (het) | Еўропа | [ɛuˈrɔpa] |
| Azië (het) | Азія | [ˈazija] |

| Afrika (het) | Афрыка | [ˈafrɪka] |
| Australië (het) | Аўстралія | [austˈralija] |

Amerika (het)	Амерыка	[aˈmɛrɪka]
Noord-Amerika (het)	Паўночная Амерыка	[pauˈnɔtʃnaja aˈmɛrɪka]
Zuid-Amerika (het)	Паўднёвая Амерыка	[paudˈnɔzvaja aˈmɛrɪka]

| Antarctica (het) | Антарктыда | [antarkˈtɪda] |
| Arctis (de) | Арктыка | [ˈarktɪka] |

166. Windrichtingen

noorden (het)	поўнач (ж)	['pɔunatʃ]
naar het noorden	на поўнач	[na 'pɔunatʃ]
in het noorden	на поўначы	[na 'pɔunatʃɪ]
noordelijk (bn)	паўночны	[pau'nɔtʃnɪ]
zuiden (het)	поўдзень (м)	['pɔudzɛɲ]
naar het zuiden	на поўдзень	[na 'pɔudzɛɲ]
in het zuiden	на поўдні	[na 'pɔudni]
zuidelijk (bn)	паўднёвы	[paud'nɜvɪ]
westen (het)	захад (м)	['zahat]
naar het westen	на захад	[na 'zahat]
in het westen	на захадзе	[na 'zahadzɛ]
westelijk (bn)	заходні	[za'hɔdni]
oosten (het)	усход (м)	[us'hɔt]
naar het oosten	на ўсход	[na us'hɔt]
in het oosten	на ўсходзе	[na us'hɔdzɛ]
oostelijk (bn)	усходні	[us'hɔdni]

167. Zee. Oceaan

zee (de)	мора (н)	['mɔra]
oceaan (de)	акіян (м)	[aki'jan]
golf (baai)	заліў (м)	[za'liu]
straat (de)	праліў (м)	[pra'liu]
continent (het)	мацярык (м)	[matsʲa'rɪk]
eiland (het)	востраў (м)	['vɔstrau]
schiereiland (het)	паўвостраў (м)	[pau'vɔstrau]
archipel (de)	архіпелаг (м)	[arhipɛ'lah]
baai, bocht (de)	бухта (ж)	['buhta]
haven (de)	гавань (ж)	['ɣavaɲ]
lagune (de)	лагуна (ж)	[la'ɣuna]
kaap (de)	мыс (м)	[mɪs]
atol (de)	атол (м)	[a'tɔl]
rif (het)	рыф (м)	[rɪf]
koraal (het)	карал (м)	[ka'ral]
koraalrif (het)	каралавы рыф (м)	[ka'ralavɪ 'rɪf]
diep (bn)	глыбокі	[ɣlɪ'bɔki]
diepte (de)	глыбіня (ж)	[ɣlɪbi'ɲa]
diepzee (de)	бездань (ж)	['bɛzdaɲ]
trog (bijv. Marianentrog)	упадзіна (ж)	[u'padzina]
stroming (de)	плынь (ж)	[plɪɲ]
omspoelen (ww)	абмываць	[abmɪ'vats]
oever (de)	бераг (м)	['bɛrah]
kust (de)	узбярэжжа (н)	[uzʲbʲa'rɛʐa]

vloed (de)	прылíў (м)	[prɪ'liu]
eb (de)	адлíў (м)	[ad'liu]
ondiepte (ondiep water)	водмель (ж)	['vɔdmɛʎ]
bodem (de)	дно (н)	[dnɔ]

golf (hoge ~)	хваля (ж)	['hvaʎa]
golfkam (de)	грэбень (м) хвалí	['ɣrɛbɛɲ 'hvali]
schuim (het)	пена (ж)	['pɛna]

orkaan (de)	ураган (м)	[ura'ɣan]
tsunami (de)	цунамí (н)	[ʦu'nami]
windstilte (de)	штыль (м)	[ʃtɪʎ]
kalm (bijv. ~e zee)	спакойны	[spa'kɔjnɪ]

| pool (de) | полюс (м) | ['pɔlys] |
| polair (bn) | палярны | [pa'ʎarnɪ] |

breedtegraad (de)	шырата (ж)	[ʃɪra'ta]
lengtegraad (de)	даўгата (ж)	[dauɣa'ta]
parallel (de)	паралель (ж)	[para'lɛʎ]
evenaar (de)	экватар (м)	[ɛk'vatar]

hemel (de)	неба (н)	['nɛba]
horizon (de)	гарызонт (м)	[ɣarɪ'zɔnt]
lucht (de)	паветра (н)	[pa'wɛtra]

vuurtoren (de)	маяк (м)	[ma'jak]
duiken (ww)	ныраць	[nɪ'raʦ]
zinken (ov. een boot)	затануць	[zata'nuʦ]
schatten (mv.)	скарбы (м мн)	['skarbɪ]

168. Bergen

berg (de)	гара (ж)	[ɣa'ra]
bergketen (de)	горны ланцуг (м)	['ɣɔrnɪ lan'ʦuh]
gebergte (het)	горны хрыбет (м)	['ɣɔrnɪ hrɪ'bɛt]

bergtop (de)	вяршыня (ж)	[vʲar'ʃɪɲa]
bergpiek (de)	пík (м)	[pik]
voet (ov. de berg)	падножжа (н)	[pad'nɔʐa]
helling (de)	схíл (м)	[shil]

vulkaan (de)	вулкан (м)	[vul'kan]
actieve vulkaan (de)	дзеючы вулкан (м)	['dzɛjuʧɪ vul'kan]
uitgedoofde vulkaan (de)	патухлы вулкан (м)	[pa'tuhlɪ vul'kan]

uitbarsting (de)	вывяржэнне (н)	[vɪvʲar'ʒɛɲɛ]
krater (de)	кратэр (м)	['kratɛr]
magma (het)	магма (ж)	['maɣma]
lava (de)	лава (ж)	['lava]
gloeiend (~e lava)	распалены	[ras'palɛnɪ]

| kloof (canyon) | каньён (м) | [ka'ɲjɔn] |
| bergkloof (de) | цяснíна (ж) | [ʦʲasʲ'nina] |

spleet (de)	цясніна (ж)	[ʦʲasʲˈnina]
bergpas (de)	перавал (м)	[pɛraˈval]
plateau (het)	плато (н)	[plaˈtɔ]
klip (de)	скала (ж)	[skaˈla]
heuvel (de)	узгорак (м)	[uzˈɣɔrak]
gletsjer (de)	ледавік (м)	[lɛdaˈwik]
waterval (de)	вадаспад (м)	[vadasˈpat]
geiser (de)	гейзер (м)	[ˈɣɛjzɛr]
meer (het)	возера (н)	[ˈvɔzɛra]
vlakte (de)	раўніна (ж)	[rauˈnina]
landschap (het)	краявід (м)	[krajaˈwit]
echo (de)	рэха (н)	[ˈrɛha]
alpinist (de)	альпініст (м)	[aʎpiˈnist]
bergbeklimmer (de)	скалалаз (м)	[skalaˈlas]
trotseren (berg ~)	авалодваць	[avaˈlɔdvaʦ]
beklimming (de)	узыходжанне (н)	[uzɪˈhɔʤaŋɛ]

169. Rivieren

rivier (de)	рака (ж)	[raˈka]
bron (~ van een rivier)	крыніца (ж)	[krɪˈniʦa]
rivierbedding (de)	рэчышча (н)	[ˈrɛʧɪʃʧa]
rivierbekken (het)	басейн (м)	[baˈsɛjn]
uitmonden in …	упадаць у …	[upaˈdaʦ u]
zijrivier (de)	прыток (м)	[prɪˈtɔk]
oever (de)	бераг (м)	[ˈbɛrah]
stroming (de)	плынь (ж)	[plɪŋ]
stroomafwaarts (bw)	уніз па цячэнню	[uˈnis pa ʦʲaˈʧɛnju]
stroomopwaarts (bw)	уверх па цячэнню	[uˈwɛrh pa ʦʲaˈʧɛnju]
overstroming (de)	паводка (ж)	[paˈvɔtka]
overstroming (de)	разводдзе (н)	[razˈvɔdʣɛ]
buiten zijn oevers treden	разлівацца	[razʲliˈvaʦa]
overstromen (ww)	затапляць	[zatapˈʎaʦ]
zandbank (de)	мель (ж)	[mɛʎ]
stroomversnelling (de)	парог (м)	[paˈrɔh]
dam (de)	плаціна (ж)	[plaˈʦina]
kanaal (het)	канал (м)	[kaˈnal]
spaarbekken (het)	вадасховішча (н)	[vadasˈhɔwiʃʧa]
sluis (de)	шлюз (м)	[ʃlys]
waterlichaam (het)	вадаём (м)	[vadaɜm]
moeras (het)	балота (н)	[baˈlɔta]
broek (het)	багна (ж)	[ˈbaɣna]
draaikolk (de)	вір (м)	[wir]
stroom (de)	ручай (м)	[ruˈʧaj]
drink- (abn)	пітны	[pitˈnɪ]

zoet (~ water)	прэсны	['prɛsnɪ]
IJs (het)	лёд (м)	['lɜt]
bevriezen (rivier, enz.)	замерзнуць	[za'mɛrznuʦ]

170. Bos

bos (het)	лес (м)	[lɛs]
bos- (abn)	лясны	[ʎas'nɪ]

oerwoud (dicht bos)	гушчар (м)	[ɣuʃ'ʧar]
bosje (klein bos)	гай (м)	[ɣaj]
open plek (de)	паляна (ж)	[pa'ʎana]

struikgewas (het)	зараснікі (м мн)	['zarasʲniki]
struiken (mv.)	хмызняк (м)	[hmɪzʲ'ɲak]

paadje (het)	сцяжынка (ж)	[sʲʦʲa'ʒɪŋka]
ravijn (het)	яр (м)	[jar]

boom (de)	дрэва (н)	['drɛva]
blad (het)	ліст (м)	[list]
gebladerte (het)	лістота (ж)	[lis'tota]

vallende bladeren (mv.)	лістапад (м)	[lista'pat]
vallen (ov. de bladeren)	ападаць	[apa'daʦ]
boomtop (de)	верхавіна (ж)	[wɛrha'wina]

tak (de)	галіна (ж)	[ɣali'na]
ent (de)	сук (м)	[suk]
knop (de)	пупышка (ж)	[pu'pɪʃka]
naald (de)	шыпулька (ж)	[ʃɪ'puʎka]
dennenappel (de)	шышка (ж)	['ʃɪʃka]

boom holte (de)	дупло (н)	[dup'lo]
nest (het)	гняздо (н)	[ɣɲaz'do]
hol (het)	нара (ж)	[na'ra]

stam (de)	ствол (м)	[stvol]
wortel (bijv. boom~s)	корань (м)	['koraɲ]
schors (de)	кара (ж)	[ka'ra]
mos (het)	мох (м)	[moh]

ontwortelen (een boom)	карчаваць	[karʧa'vaʦ]
kappen (een boom ~)	сячы	[sʲa'ʧɪ]
ontbossen (ww)	высякаць	[vɪsʲa'kaʦ]
stronk (de)	пень (м)	[pɛɲ]

kampvuur (het)	вогнішча (н)	['voɣniʃʧa]
bosbrand (de)	пажар (м)	[pa'ʒar]
blussen (ww)	тушыць	[tu'ʃɪʦ]
boswachter (de)	ляснік (м)	[ʎasʲ'nik]
bescherming (de)	ахова (ж)	[a'hova]
beschermen (bijv. de natuur ~)	ахоўваць	[a'houvaʦ]

| stroper (de) | бracaнер (м) | [braka'ɲjɛr] |
| val (de) | пастка (ж) | ['pastka] |

| plukken (vruchten, enz.) | збіраць | [zʲbi'rats] |
| verdwalen (de weg kwijt zijn) | заблудзіць | [zablu'dzits] |

171. Natuurlijke hulpbronnen

natuurlijke rijkdommen (mv.)	прыродныя рэсурсы (м мн)	[prɪ'rɔdnɪja rɛ'sursɪ]
delfstoffen (mv.)	карысныя выкапні (м мн)	[ka'rɪsnɪja 'vɪkapni]
lagen (mv.)	паклады (м мн)	[pak'ladɪ]
veld (bijv. olie~)	радовішча (н)	[ra'dɔwiʃʧa]

winnen (uit erts ~)	здабываць	[zdabɪ'vats]
winning (de)	здабыча (ж)	[zda'bɪʧa]
erts (het)	руда (ж)	[ru'da]
mijn (bijv. kolenmijn)	руднік (м)	[rud'nik]
mijnschacht (de)	шахта (ж)	['ʃahta]
mijnwerker (de)	шахцёр (м)	[ʃah'tsзr]

| gas (het) | газ (м) | [ɣas] |
| gasleiding (de) | газаправод (м) | [ɣazapra'vɔt] |

olie (aardolie)	нафта (ж)	['nafta]
olieleiding (de)	нафтаправод (м)	[naftapra'vɔt]
oliebron (de)	нафтавая вышка (ж)	['naftavaja 'vɪʃka]
boortoren (de)	буравая вышка (ж)	[bura'vaja 'vɪʃka]
tanker (de)	танкер (м)	['taŋkɛr]

zand (het)	пясок (м)	[pʲa'sɔk]
kalksteen (de)	вапняк (м)	[vap'ɲak]
grind (het)	жвір (м)	[ʒwir]
veen (het)	торф (м)	[tɔrf]
klei (de)	гліна (ж)	['ɣlina]
steenkool (de)	вугаль (м)	['vuɣaʎ]

IJzer (het)	жалеза (н)	[ʒa'lɛza]
goud (het)	золата (н)	['zɔlata]
zilver (het)	срэбра (н)	['srɛbra]
nikkel (het)	нікель (м)	['nikɛʎ]
koper (het)	медзь (ж)	[mɛts]

zink (het)	цынк (м)	[tsɪŋk]
mangaan (het)	марганец (м)	['marɣanɛts]
kwik (het)	ртуць (ж)	[rtuts]
lood (het)	свінец (м)	[sʲwi'nɛts]

mineraal (het)	мінерал (м)	[minɛ'ral]
kristal (het)	крышталь (м)	[krɪʃ'taʎ]
marmer (het)	мармур (м)	['marmur]
uraan (het)	уран (м)	[u'ran]

De Aarde. Deel 2

172. Weer

weer (het)	надвор'е (н)	[nad'vɔrʰɛ]
weersvoorspelling (de)	прагноз (м) надвор'я	[praɣ'nɔs nad'vɔrʰja]
temperatuur (de)	тэмпература (ж)	[tɛmpɛra'tura]
thermometer (de)	тэрмометр (м)	[tɛr'mɔmɛtr]
barometer (de)	барометр (м)	[ba'rɔmɛtr]

vochtigheid (de)	вільготнасць (ж)	[wiʎ'ɣɔtnasʲts]
hitte (de)	гарачыня (ж)	[ɣaratʃʲ'ɲa]
heet (bn)	гарачы	[ɣa'ratʃʲ]
het is heet	горача	['ɣɔratʃa]

| het is warm | цёпла | ['tsɜpla] |
| warm (bn) | цёплы | ['tsɜplɪ] |

| het is koud | холадна | ['hɔladna] |
| koud (bn) | халодны | [ha'lɔdnɪ] |

zon (de)	сонца (н)	['sɔntsa]
schijnen (de zon)	свяціць	[sʲvʲa'tsits]
zonnig (~e dag)	сонечны	['sɔnɛtʃnɪ]
opgaan (ov. de zon)	узысці	[uzɪsʲ'tsi]
ondergaan (ww)	сесці	['sɛsʲtsi]

| wolk (de) | воблака (н) | ['vɔblaka] |
| bewolkt (bn) | воблачны | ['vɔblatʃnɪ] |

| regenwolk (de) | хмара (ж) | ['hmara] |
| somber (bn) | пахмурны | [pah'murnɪ] |

| regen (de) | дождж (м) | [dɔʃtʃ] |
| het regent | ідзе дождж | [i'dzɛ 'dɔʃtʃ] |

| regenachtig (bn) | дажджлівы | [daʒdʒ'livɪ] |
| motregenen (ww) | імжыць | [im'ʒɪts] |

plensbui (de)	праліўны дождж (м)	[praliu'nɪ 'dɔʃtʃ]
stortbui (de)	лівень (м)	['liwɛɲ]
hard (bn)	моцны	['mɔtsnɪ]

| plas (de) | лужына (ж) | ['luʒɪna] |
| nat worden (ww) | мокнуць | ['mɔknuts] |

mist (de)	туман (м)	[tu'man]
mistig (bn)	туманны	[tu'maɲɪ]
sneeuw (de)	снег (м)	[sʲnɛh]
het sneeuwt	ідзе снег	[i'dzɛ 'sʲnɛh]

173. Zwaar weer. Natuurrampen

noodweer (storm)	навальніца (ж)	[navaʎ'nitsa]
bliksem (de)	маланка (ж)	[ma'laŋka]
flitsen (ww)	бліскаць	['bliskats]
donder (de)	гром (м)	[ɣrɔm]
donderen (ww)	грымець	[ɣrɪ'mɛts]
het dondert	грыміць гром	[ɣrɪ'midzʲ 'ɣrɔm]
hagel (de)	град (м)	[ɣrat]
het hagelt	ідзе град	[i'dzɛ 'ɣrat]
overstromen (ww)	затапіць	[zata'pits]
overstroming (de)	паводка (ж)	[pa'vɔtka]
aardbeving (de)	землятрус (м)	[zɛmʎat'rus]
aardschok (de)	штуршок (м)	[ʃtur'ʃɔk]
epicentrum (het)	эпіцэнтр (м)	[ɛpi'tsɛntr]
uitbarsting (de)	вывяржэнне (н)	[vɪvʲar'ʒɛɲɛ]
lava (de)	лава (ж)	['lava]
wervelwind (de)	смерч (м)	[sʲmɛrtʃ]
windhoos (de)	тарнада (м)	[tar'nada]
tyfoon (de)	тайфун (м)	[taj'fun]
orkaan (de)	ураган (м)	[ura'ɣan]
storm (de)	бура (ж)	['bura]
tsunami (de)	цунамі (н)	[tsu'nami]
cycloon (de)	цыклон (м)	[tsɪk'lɔn]
onweer (het)	непагадзь (ж)	['nɛpaɣats]
brand (de)	пажар (м)	[pa'ʒar]
ramp (de)	катастрофа (ж)	[katast'rɔfa]
meteoriet (de)	метэарыт (м)	[mɛtɛa'rɪt]
lawine (de)	лавіна (ж)	[la'wina]
sneeuwverschuiving (de)	абвал (м)	[ab'val]
sneeuwjacht (de)	мяцеліца (ж)	[mʲa'tsɛlitsa]
sneeuwstorm (de)	завіруха (ж)	[zawi'ruha]

Fauna

174. Zoogdieren. Roofdieren

roofdier (het)	драпежнік (м)	[dra'pɛʒnik]
tijger (de)	тыгр (м)	[tıɣr]
leeuw (de)	леў (м)	['lɛu]
wolf (de)	воўк (м)	['vɔuk]
vos (de)	ліса (ж)	['lisa]
jaguar (de)	ягуар (м)	[jaɣu'ar]
luipaard (de)	леапард (м)	[lɛa'part]
jachtluipaard (de)	гепард (м)	[ɣɛ'part]
panter (de)	пантэра (ж)	[pan'tɛra]
poema (de)	пума (ж)	['puma]
sneeuwluipaard (de)	снежны барс (м)	['sʲnɛʒnı 'bars]
lynx (de)	рысь (ж)	[rısʲ]
coyote (de)	каёт (м)	[kaзt]
jakhals (de)	шакал (м)	[ʃa'kal]
hyena (de)	гіена (ж)	[ɣi'ɛna]

175. Wilde dieren

dier (het)	жывёліна (ж)	[ʒı'wзlina]
beest (het)	звер (м)	[zʲwɛr]
eekhoorn (de)	вавёрка (ж)	[va'wзrka]
egel (de)	вожык (м)	['vɔʒık]
haas (de)	заяц (м)	['zajats]
konijn (het)	трус (м)	[trus]
das (de)	барсук (м)	[bar'suk]
wasbeer (de)	янот (м)	[ja'nɔt]
hamster (de)	хамяк (м)	[ha'mʲak]
marmot (de)	сурок (м)	[su'rɔk]
mol (de)	крот (м)	[krɔt]
muis (de)	мыш (ж)	[mıʃ]
rat (de)	пацук (м)	[pa'tsuk]
vleermuis (de)	кажан (м)	[ka'ʒan]
hermelijn (de)	гарнастай (м)	[ɣarnas'taj]
sabeldier (het)	собаль (м)	['sɔbaʎ]
marter (de)	куніца (ж)	[ku'nitsa]
wezel (de)	ласка (ж)	['laska]
nerts (de)	норка (ж)	['nɔrka]

bever (de)	бабёр (м)	[ba'bɜr]
otter (de)	выдра (ж)	['vɪdra]
paard (het)	конь (м)	[kɔɲ]
eland (de)	лось (м)	[lɔsʲ]
hert (het)	алень (м)	[a'lɛɲ]
kameel (de)	вярблюд (м)	[vʲarb'lyt]
bizon (de)	бізон (м)	[bi'zɔn]
oeros (de)	зубр (м)	[zubr]
buffel (de)	буйвал (м)	['bujval]
zebra (de)	зебра (ж)	['zɛbra]
antilope (de)	антылопа (ж)	[antɪ'lɔpa]
ree (de)	казуля (ж)	[ka'zuʎa]
damhert (het)	лань (ж)	[laɲ]
gems (de)	сарна (ж)	['sarna]
everzwijn (het)	дзік (м)	[dʑik]
walvis (de)	кіт (м)	[kit]
rob (de)	цюлень (м)	[tsy'lɛɲ]
walrus (de)	морж (м)	[mɔrʃ]
zeehond (de)	коцік (м)	['kɔtsik]
dolfijn (de)	дэльфін (м)	[dɛʎ'fin]
beer (de)	мядзведзь (м)	[mʲadzʲ'wɛts]
IJsbeer (de)	белы мядзведзь (м)	['bɛlɪ mʲadzʲ'wɛts]
panda (de)	панда (ж)	['panda]
aap (de)	малпа (ж)	['malpa]
chimpansee (de)	шымпанзэ (м)	[ʃɪmpan'zɛ]
orang-oetan (de)	арангутанг (м)	[araŋu'tanh]
gorilla (de)	гарыла (ж)	[ɣa'rɪla]
makaak (de)	макака (ж)	[ma'kaka]
gibbon (de)	гібон (м)	[ɣi'bɔn]
olifant (de)	слон (м)	[slɔn]
neushoorn (de)	насарог (м)	[nasa'rɔh]
giraffe (de)	жырафа (ж)	[ʒɪ'rafa]
nijlpaard (het)	бегемот (м)	[bɛɣɛ'mɔt]
kangoeroe (de)	кенгуру (м)	[kɛŋu'ru]
koala (de)	каала (ж)	[ka'ala]
mangoest (de)	мангуст (м)	[ma'ŋust]
chinchilla (de)	шыншыла (ж)	[ʃɪn'ʃɪla]
stinkdier (het)	скунс (м)	[skuns]
stekelvarken (het)	дзікабраз (м)	[dʑikab'ras]

176. Huisdieren

poes (de)	кошка (ж)	['kɔʃka]
kater (de)	кот (м)	[kɔt]
hond (de)	сабака (м)	[sa'baka]

paard (het)	конь (м)	[kɔɲ]
hengst (de)	жарабец (м)	[ʒara'bɛts]
merrie (de)	кабыла (ж)	[ka'bɪla]
koe (de)	карова (ж)	[ka'rɔva]
stier (de)	бык (м)	[bɪk]
os (de)	вол (м)	[vɔl]
schaap (het)	авечка (ж)	[a'wɛtʃka]
ram (de)	баран (м)	[ba'ran]
geit (de)	каза (ж)	[ka'za]
bok (de)	казёл (м)	[ka'zɜl]
ezel (de)	асёл (м)	[a'sɜl]
muilezel (de)	мул (м)	[mul]
varken (het)	свіння (ж)	[sʲwi'ɲʲa]
biggetje (het)	парася (н)	[para'sʲa]
konijn (het)	трус (м)	[trus]
kip (de)	курыца (ж)	['kurɪtsa]
haan (de)	певень (м)	['pɛwɛɲ]
eend (de)	качка (ж)	['katʃka]
woerd (de)	качар (м)	['katʃar]
gans (de)	гусь (ж)	[ɣusʲ]
kalkoen haan (de)	індык (м)	[in'dɪk]
kalkoen (de)	індычка (ж)	[in'dɪtʃka]
huisdieren (mv.)	свойская жывёла (ж)	['svɔjskaja ʒɪ'wɜla]
tam (bijv. hamster)	ручны	[rutʃ'nɪ]
temmen (tam maken)	прыручаць	[prɪru'tʃats]
fokken (bijv. paarden ~)	выгадоўваць	[vɪɣa'dɔuvats]
boerderij (de)	ферма (ж)	['fɛrma]
gevogelte (het)	свойская птушка (ж)	['svɔjskaja 'ptuʃka]
rundvee (het)	жывёла (ж)	[ʒɪ'wɜla]
kudde (de)	статак (м)	['statak]
paardenstal (de)	стайня (ж)	['stajɲa]
zwijnenstal (de)	свінарнік (м)	[sʲwi'narnik]
koeienstal (de)	кароўнік (м)	[ka'rɔunik]
konijnenhok (het)	трусятнік (м)	[tru'sʲatnik]
kippenhok (het)	куратнік (м)	[ku'ratnik]

177. Honden. Hondenrassen

hond (de)	сабака (м)	[sa'baka]
herdershond (de)	аўчарка (ж)	[au'tʃarka]
poedel (de)	пудзель (м)	['pudzɛʎ]
teckel (de)	такса (ж)	['taksa]
buldog (de)	бульдог (м)	[buʎ'dɔh]
boxer (de)	баксёр (м)	[bak'sɜr]

mastiff (de)	мастыф (м)	[mas'tɪf]
rottweiler (de)	ратвейлер (м)	[rat'wɛjlɛr]
doberman (de)	даберман (м)	[dabɛr'man]
basset (de)	басэт (м)	['basɛt]
bobtail (de)	бабтэйл (м)	[bap'tɛjl]
dalmatiër (de)	далмацінец (м)	[dalma'tsinɛts]
cockerspaniël (de)	кокер-спаніэль (м)	['kɔkɛr spani'ɛʎ]
newfoundlander (de)	ньюфаўндленд (м)	[ɲjy'faundlɛnt]
sint-bernard (de)	сенбернар (м)	[sɛnbɛr'nar]
poolhond (de)	хаскі (м)	['haski]
chowchow (de)	чау-чау (м)	[ʧau'ʧau]
spits (de)	шпіц (м)	[ʃpits]
mopshond (de)	мопс (м)	[mɔps]

178. Dierengeluiden

geblaf (het)	брэх (м)	[brɛh]
blaffen (ww)	брахаць	[bra'hats]
miauwen (ww)	мяўкаць	['mʲaukats]
spinnen (katten)	муркаць	['murkats]
loeien (ov. een koe)	мыкаць	['mɪkats]
brullen (stier)	раўці	[rau'tsi]
grommen (ov. de honden)	рыкаць	[rɪ'kats]
gehuil (het)	выццё (н)	[vɪ'tsɜ]
huilen (wolf, enz.)	выць	[vɪts]
janken (ov. een hond)	скуголіць	[sku'ɣɔlits]
mekkeren (schapen)	бляяць	[bʎa'jats]
knorren (varkens)	рохкаць	['rɔhkats]
gillen (bijv. varken)	вішчаць	[wiʃ'ʧats]
kwaken (kikvorsen)	квакаць	['kvakats]
zoemen (hommel, enz.)	гудзець	[ɣu'dzɛts]
tjirpen (sprinkhanen)	стракатаць	[straka'tats]

179. Vogels

vogel (de)	птушка (ж)	['ptuʃka]
duif (de)	голуб (м)	['ɣɔlup]
mus (de)	верабей (м)	[wɛra'bɛj]
koolmees (de)	сініца (ж)	[si'nitsa]
ekster (de)	сарока (ж)	[sa'rɔka]
raaf (de)	крумкач (м)	[krum'kaʧ]
kraai (de)	варона (ж)	[va'rɔna]
kauw (de)	галка (ж)	['ɣalka]
roek (de)	грак (м)	['ɣrak]

eend (de)	качка (ж)	['katʃka]
gans (de)	гусь (ж)	[ɣusʲ]
fazant (de)	фазан (м)	[fa'zan]

arend (de)	арол (м)	[a'rɔl]
havik (de)	ястраб (м)	['jastrap]
valk (de)	сокал (м)	['sɔkal]
gier (de)	грыф (м)	[ɣrɪf]
condor (de)	кондар (м)	['kɔndar]

zwaan (de)	лебедзь (м)	['lɛbɛts]
kraanvogel (de)	журавель (м)	[ʒura'wɛʎ]
ooievaar (de)	бусел (м)	['busɛl]
papegaai (de)	папугай (м)	[papu'ɣaj]
kolibrie (de)	калібры (м)	[ka'librɪ]
pauw (de)	паўлін (м)	[pau'lin]

struisvogel (de)	страус (м)	['straus]
reiger (de)	чапля (ж)	['tʃapʎa]
flamingo (de)	фламінга (м)	[fla'miŋa]
pelikaan (de)	пелікан (м)	[pɛli'kan]

nachtegaal (de)	салавей (м)	[sala'wɛj]
zwaluw (de)	ластаўка (ж)	['lastauka]
lijster (de)	дрозд (м)	[drɔst]
zanglijster (de)	пеўчы дрозд (м)	['pɛutʃɪ 'drɔst]
merel (de)	чорны дрозд (м)	['tʃɔrnɪ 'drɔst]

gierzwaluw (de)	стрыж (м)	[strɪʃ]
leeuwerik (de)	жаваранак (м)	['ʒavaranak]
kwartel (de)	перапёлка (ж)	[pɛra'pɔlka]

specht (de)	дзяцел (м)	['dzʲatsɛl]
koekoek (de)	зязюля (ж)	[zʲa'zyʎa]
uil (de)	сава (ж)	[sa'va]
oehoe (de)	пугач (м)	[pu'ɣatʃ]
auerhoen (het)	глушэц (м)	[ɣlu'ʃɛts]
korhoen (het)	цецярук (м)	[tsɛtsʲa'ruk]
patrijs (de)	курапатка (ж)	[kura'patka]

spreeuw (de)	шпак (м)	[ʃpak]
kanarie (de)	канарэйка (ж)	[kana'rɛjka]
hazelhoen (het)	рабчык (м)	['raptʃɪk]
vink (de)	зяблік (м)	['zʲablik]
goudvink (de)	гіль (м)	[ɣiʎ]

meeuw (de)	чайка (ж)	['tʃajka]
albatros (de)	альбатрос (м)	[aʎbat'rɔs]
pinguïn (de)	пінгвін (м)	[piŋ'win]

180. Vogels. Zingen en geluiden

| fluiten, zingen (ww) | пець | [pɛts] |
| schreeuwen (dieren, vogels) | крычаць | [krɪ'tʃats] |

kraaien (ov. een haan)	кукарэкаць	[kuka'rɛkats]
kukeleku	кукарэку	[kuka'rɛku]
klokken (hen)	кудахтаць	[ku'dahtats]
krassen (kraai)	каркаць	['karkats]
kwaken (eend)	кракаць	['krakats]
piepen (kuiken)	пішчаць	[piʃ'tʃats]
tjilpen (bijv. een mus)	цвыркаць	['tsvɪrkats]

181. Vis. Zeedieren

brasem (de)	лешч (м)	[lɛʃtʃ]
karper (de)	карп (м)	[karp]
baars (de)	акунь (м)	[a'kuɲ]
meerval (de)	сом (м)	[sɔm]
snoek (de)	шчупак (м)	[ʃtʃu'pak]
zalm (de)	ласось (м)	[la'sɔsʲ]
steur (de)	асетр (м)	[a'sɛtr]
haring (de)	селядзец (м)	[sɛʎa'dzɛts]
atlantische zalm (de)	сёмга (ж)	['sɔmɣa]
makreel (de)	скумбрыя (ж)	['skumbrɪja]
platvis (de)	камбала (ж)	['kambala]
snoekbaars (de)	судак (м)	[su'dak]
kabeljauw (de)	траска (ж)	[tras'ka]
tonijn (de)	тунец (м)	[tu'nɛts]
forel (de)	стронга (ж)	['strɔŋa]
paling (de)	вугор (м)	[vu'ɣɔr]
sidderrog (de)	электрычны скат (м)	[ɛlɛkt'rɪtʃnɪ 'skat]
murene (de)	мурэна (ж)	[mu'rɛna]
piranha (de)	піранння (ж)	[pi'raɲja]
haai (de)	акула (ж)	[a'kula]
dolfijn (de)	дэльфін (м)	[dɛʎ'fin]
walvis (de)	кіт (м)	[kit]
krab (de)	краб (м)	[krap]
kwal (de)	медуза (ж)	[mɛ'duza]
octopus (de)	васьміног (м)	[vasʲmi'nɔh]
zeester (de)	марская зорка (ж)	[mars'kaja 'zɔrka]
zee-egel (de)	марскі вожык (м)	[mars'ki 'vɔʒɪk]
zeepaardje (het)	марскі конік (м)	[mars'ki 'kɔnik]
oester (de)	вустрыца (ж)	['vustrɪtsa]
garnaal (de)	крэветка (ж)	[krɛ'wɛtka]
kreeft (de)	амар (м)	[a'mar]
langoest (de)	лангуст (м)	[la'ŋust]

182. Amfibieën. Reptielen

slang (de)	змяя (ж)	[zʲmʲa'ja]
giftig (slang)	ядавіты	[jada'witɪ]
adder (de)	гадзюка (ж)	[ɣa'dzyka]
cobra (de)	кобра (ж)	['kɔbra]
python (de)	пітон (м)	[pi'tɔn]
boa (de)	удаў (м)	[u'dau]
ringslang (de)	вуж (м)	[vuʃ]
ratelslang (de)	грымучая змяя (ж)	[ɣrɪ'muʧaja zʲmʲa'ja]
anaconda (de)	анаконда (ж)	[ana'kɔnda]
hagedis (de)	яшчарка (ж)	['jaʃʧarka]
leguaan (de)	ігуана (ж)	[iɣu'ana]
varaan (de)	варан (м)	[va'ran]
salamander (de)	саламандра (ж)	[sala'mandra]
kameleon (de)	хамелеон (м)	[hamɛlɛ'ɔn]
schorpioen (de)	скарпіён (м)	[skarpiɜn]
schildpad (de)	чарапаха (ж)	[ʧara'paha]
kikker (de)	жаба (ж)	['ʒaba]
pad (de)	рапуха (ж)	[ra'puha]
krokodil (de)	кракадзіл (м)	[kraka'dzil]

183. Insecten

insect (het)	насякомае (н)	[nasʲa'kɔmaɛ]
vlinder (de)	матылёк (м)	[matɪ'lɜk]
mier (de)	мурашка (ж)	[mu'raʃka]
vlieg (de)	муха (ж)	['muha]
mug (de)	камар (м)	[ka'mar]
kever (de)	жук (м)	[ʒuk]
wesp (de)	аса (ж)	[a'sa]
bij (de)	пчала (ж)	[pʧa'la]
hommel (de)	чмель (м)	[ʧmɛʎ]
horzel (de)	авадзень (м)	[ava'dzɛɲ]
spin (de)	павук (м)	[pa'vuk]
spinnenweb (het)	павуціна (ж)	[pavu'tsina]
libel (de)	страказа (ж)	[straka'za]
sprinkhaan (de)	конік (м)	['kɔnik]
nachtvlinder (de)	матыль (м)	[ma'tɪʎ]
kakkerlak (de)	таракан (м)	[tara'kan]
mijt (de)	клешч (м)	[klɛʃʧ]
vlo (de)	блыха (ж)	[blɪ'ha]
kriebelmug (de)	мошка (ж)	['mɔʃka]
treksprinkhaan (de)	саранча (ж)	[saran'ʧa]
slak (de)	слімак (м)	[sʲli'mak]

krekel (de)	цвыркун (м)	[ʦvɪrˈkun]
glimworm (de)	светлячок (м)	[sʲwɛtˈʎaˈʧɔk]
lieveheersbeestje (het)	божая кароўка (ж)	[ˈbɔʒaja kaˈrɔuka]
meikever (de)	хрушч (м)	[hruʃʧ]

bloedzuiger (de)	п'яўка (ж)	[ˈpʰjauka]
rups (de)	вусень (м)	[ˈvusɛɲ]
aardworm (de)	чарвяк (м)	[ʧarˈvʲak]
larve (de)	чарвяк (м)	[ʧarˈvʲak]

184. Dieren. Lichaamsdelen

snavel (de)	дзюба (ж)	[ˈʣyba]
vleugels (mv.)	крылы (н мн)	[ˈkrɪlɪ]
poot (ov. een vogel)	лапа (ж)	[ˈlapa]
verenkleed (het)	апярэнне (н)	[apʲaˈrɛŋɛ]
veer (de)	пяро (н)	[pʲaˈrɔ]
kuifje (het)	чубок (м)	[ʧuˈbɔk]

kieuwen (mv.)	жабры (ж мн)	[ˈʒabrɪ]
kuit, dril (de)	iкра (ж)	[ikˈra]
larve (de)	лiчынка (ж)	[liˈʧɪŋka]
vin (de)	плаўнiк (м)	[plauˈnik]
schubben (mv.)	луска (ж)	[lusˈka]

slagtand (de)	iкол (м)	[iˈkɔl]
poot (bijv. ~ van een kat)	лапа (ж)	[ˈlapa]
muil (de)	пыса (ж)	[ˈpɪsa]
bek (mond van dieren)	пашча (ж)	[ˈpaʃʧa]
staart (de)	хвост (м)	[hvɔst]
snorharen (mv.)	вусы (м мн)	[ˈvusɪ]

| hoef (de) | капыт (м) | [kaˈpɪt] |
| hoorn (de) | рог (м) | [rɔh] |

schild (schildpad, enz.)	панцыр (м)	[ˈpanʦɪr]
schelp (de)	ракавiнка (ж)	[ˈrakawiŋka]
eierschaal (de)	шкарлупiна (ж)	[ʃkarluˈpina]

| vacht (de) | шэрсць (ж) | [ʃɛrsʲʦ] |
| huid (de) | шкура (ж) | [ˈʃkura] |

185. Dieren. Leefomgevingen

| leefgebied (het) | асяроддзе (н) пражывання | [asʲaˈrɔddzɛ praʒɪˈvanʲa] |
| migratie (de) | мiграцыя (ж) | [miɣˈraʦɪja] |

berg (de)	гара (ж)	[ɣaˈra]
rif (het)	рыф (м)	[rɪf]
klip (de)	скала (ж)	[skaˈla]
bos (het)	лес (м)	[lɛs]
jungle (de)	джунглi (мн)	[ˈʤuŋli]

savanne (de)	саванна (ж)	[sa'vaŋa]
toendra (de)	тундра (ж)	['tundra]
steppe (de)	стэп (м)	[stɛp]
woestijn (de)	пустыня (ж)	[pus'tɪɲa]
oase (de)	аазіс (м)	[a'azis]
zee (de)	мора (н)	['mɔra]
meer (het)	возера (н)	['vɔzɛra]
oceaan (de)	акіян (м)	[aki'jan]
moeras (het)	балота (н)	[ba'lɔta]
zoetwater- (abn)	прэснаводны	[prɛsna'vɔdnɪ]
vijver (de)	сажалка (ж)	['saʒalka]
rivier (de)	рака (ж)	[ra'ka]
berenhol (het)	бярлог (м)	[bʲar'lɔh]
nest (het)	гняздо (н)	[ɣɲaz'dɔ]
boom holte (de)	дупло (н)	[dup'lɔ]
hol (het)	нара (ж)	[na'ra]
mierenhoop (de)	мурашнік (м)	[mu'raʃnik]

Flora

186. Bomen

boom (de)	дрэва (н)	['drɛva]
loof- (abn)	ліставое	[lista'vɔɛ]
dennen- (abn)	хвойнае	['hvɔjnaɛ]
groenblijvend (bn)	вечназялёнае	[wɛtʃnazʲaʲlɜnaɛ]

appelboom (de)	яблыня (ж)	['jablɪɲa]
perenboom (de)	груша (ж)	['ɣruʃa]
zoete kers (de)	чарэшня (ж)	[tʃa'rɛʃɲa]
zure kers (de)	вішня (ж)	['wiʃɲa]
pruimelaar (de)	сліва (ж)	['sʲliva]

berk (de)	бяроза (ж)	[bʲa'rɔza]
eik (de)	дуб (м)	[dup]
linde (de)	ліпа (ж)	['lipa]
esp (de)	асіна (ж)	[a'sina]
esdoorn (de)	клён (м)	['klɜn]

spar (de)	елка (ж)	['ɛlka]
den (de)	сасна (ж)	[sas'na]
lariks (de)	лістоўніца (ж)	[lis'tɔunitsa]
zilverspar (de)	піхта (ж)	['pihta]
ceder (de)	кедр (м)	[kɛdr]

populier (de)	таполя (ж)	[ta'pɔʎa]
lijsterbes (de)	рабіна (ж)	[ra'bina]
wilg (de)	вярба (ж)	[vʲar'ba]
els (de)	вольха (ж)	['vɔʎha]
beuk (de)	бук (м)	[buk]
iep (de)	вяз (м)	[vʲas]
es (de)	ясень (м)	['jasɛɲ]
kastanje (de)	каштан (м)	[kaʃ'tan]

magnolia (de)	магнолія (ж)	[maɣ'nɔlija]
palm (de)	пальма (ж)	['paʎma]
cipres (de)	кіпарыс (м)	[kipa'rɪs]
mangrove (de)	манграває дрэва (н)	['maɳravaɛ 'drɛva]
baobab (apenbroodboom)	баабаб (м)	[ba:'bap]
eucalyptus (de)	эўкаліпт (м)	[ɛuka'lipt]
mammoetboom (de)	секвоя (ж)	[sɛk'vɔja]

187. Heesters

struik (de)	куст (м)	[kust]
heester (de)	хмызняк (м)	[hmɪzʲ'ɲak]

| wijnstok (de) | вінаград (м) | [winaɣ'rat] |
| wijngaard (de) | вінаграднік (м) | [winaɣ'radnik] |

frambozenstruik (de)	маліны (ж мн)	[ma'linɪ]
rode bessenstruik (de)	чырвоныя парэчкі (ж мн)	[tʃɪr'vɔnɪja pa'rɛtʃki]
kruisbessenstruik (de)	агрэст (м)	[aɣ'rɛst]

acacia (de)	акацыя (ж)	[a'katsɪja]
zuurbes (de)	барбарыс (м)	[barba'rɪs]
jasmijn (de)	язмін (м)	[jaz'ʲmin]

jeneverbes (de)	ядловец (м)	[jad'lɔwɛts]
rozenstruik (de)	ружавы куст (м)	['ruʒavɪ kust]
hondsroos (de)	шыпшына (ж)	[ʃɪp'ʃɪna]

188. Champignons

paddenstoel (de)	грыб (м)	[ɣrɪp]
eetbare paddenstoel (de)	ядомы грыб (м)	[ja'dɔmɪ 'ɣrɪp]
giftige paddenstoel (de)	атрутны грыб (м)	[at'rutnɪ 'ɣrɪp]
hoed (de)	шапачка (ж)	['ʃapatʃka]
steel (de)	ножка (ж)	['nɔʃka]

gewoon eekhoorntjesbrood (het)	баравік (м)	[bara'wik]
rosse populierenboleet (de)	падасінавік (м)	[pada'sinawik]
berkenboleet (de)	падбярозавік (м)	[padbʲa'rɔzawik]
cantharel (de)	лісічка (ж)	[li'sitʃka]
russula (de)	сыраежка (ж)	[sɪra'ɛʃka]

morille (de)	смаржок (м)	[smar'ʒɔk]
vliegenzwam (de)	мухамор (м)	[muha'mɔr]
groene knolzwam (de)	паганка (ж)	[pa'ɣaŋka]

189. Vruchten. Bessen

appel (de)	яблык (м)	['jablɪk]
peer (de)	груша (ж)	['ɣruʃa]
pruim (de)	сліва (ж)	['sʲliva]

aardbei (de)	клубніцы (ж мн)	[klub'nitsɪ]
zure kers (de)	вішня (ж)	['wiʃɲa]
zoete kers (de)	чарэшня (ж)	[tʃa'rɛʃɲa]
druif (de)	вінаград (м)	[winaɣ'rat]

framboos (de)	маліны (ж мн)	[ma'linɪ]
zwarte bes (de)	чорныя парэчкі (ж мн)	['tʃɔrnɪja pa'rɛtʃki]
rode bes (de)	чырвоныя парэчкі (ж мн)	[tʃɪr'vɔnɪja pa'rɛtʃki]
kruisbes (de)	агрэст (м)	[aɣ'rɛst]
veenbes (de)	журавіны (ж мн)	[ʒura'winɪ]
sinaasappel (de)	апельсін (м)	[apɛʎ'sin]
mandarijn (de)	мандарын (м)	[manda'rɪn]

ananas (de)	ананас (м)	[ana'nas]
banaan (de)	банан (м)	[ba'nan]
dadel (de)	фінік (м)	['finik]
citroen (de)	лімон (м)	[li'mɔn]
abrikoos (de)	абрыкос (м)	[abrı'kɔs]
perzik (de)	персік (м)	['pɛrsik]
kiwi (de)	ківі (м)	['kiwi]
grapefruit (de)	грэйпфрут (м)	[ɣrɛjpf'rut]
bes (de)	ягада (ж)	['jaɣada]
bessen (mv.)	ягады (ж мн)	['jaɣadı]
vossenbes (de)	бруснíцы (ж мн)	[brusʲ'nitsı]
bosaardbei (de)	суніцы (ж мн)	[su'nitsı]
bosbes (de)	чарніцы (ж мн)	[ʧar'nitsı]

190. Bloemen. Planten

bloem (de)	кветка (ж)	['kwɛtka]
boeket (het)	букет (м)	[bu'kɛt]
roos (de)	ружа (ж)	['ruʒa]
tulp (de)	цюльпан (м)	[ʦyʎ'pan]
anjer (de)	гваздзік (м)	[ɣvazʲ'dzik]
gladiool (de)	гладыёлус (м)	[ɣladıʒlus]
korenbloem (de)	валошка (ж)	[va'lɔʃka]
klokje (het)	званочак (м)	[zva'nɔʧak]
paardenbloem (de)	дзьмухавец (м)	[dzʲmuha'wɛts]
kamille (de)	рамонак (м)	[ra'mɔnak]
aloè (de)	альяс (м)	[a'ʎjas]
cactus (de)	кактус (м)	['kaktus]
ficus (de)	фікус (м)	['fikus]
lelie (de)	лілея (ж)	[li'lɛja]
geranium (de)	герань (ж)	[ɣɛ'raɲ]
hyacint (de)	гіяцынт (м)	[ɣija'tsınt]
mimosa (de)	мімоза (ж)	[mi'mɔza]
narcis (de)	нарцыс (м)	[nar'tsıs]
Oostindische kers (de)	настурка (ж)	[nas'turka]
orchidee (de)	архідэя (ж)	[arhi'dɛja]
pioenroos (de)	півоня (ж)	[pi'vɔɲa]
viooltje (het)	фіялка (ж)	[fi'jalka]
driekleurig viooltje (het)	браткі (мн)	['bratki]
vergeet-mij-nietje (het)	незабудка (ж)	[nɛza'butka]
madeliefje (het)	маргарытка (ж)	[marɣa'rıtka]
papaver (de)	мак (м)	[mak]
hennep (de)	каноплі (мн)	[ka'nɔpli]
munt (de)	мята (ж)	['mʲata]

| lelietje-van-dalen (het) | ландыш (м) | ['landɪʃ] |
| sneeuwklokje (het) | падснежнік (м) | [patsʲ'nɛʒnik] |

brandnetel (de)	крапіва (ж)	[krapi'va]
veldzuring (de)	шчаўе (н)	['ʃtʃauɛ]
waterlelie (de)	гарлачык (м)	[ɣar'latʃɪk]
varen (de)	папараць (ж)	['paparatsʲ]
korstmos (het)	лішайнік (м)	[li'ʃajnik]

oranjerie (de)	аранжарэя (ж)	[aranʒa'rɛja]
gazon (het)	газон (м)	[ɣa'zɔn]
bloemperk (het)	клумба (ж)	['klumba]

plant (de)	р̆асліна (ж)	[rasʲ'lina]
gras (het)	трава (ж)	[tra'va]
grasspriet (de)	травінка (ж)	[tra'wiŋka]

blad (het)	ліст (м)	[list]
bloemblad (het)	пялёстак (м)	[pʲa'lɔstak]
stengel (de)	сцябло (н)	[sʲtsʲab'lɔ]
knol (de)	клубень (м)	['klubɛɲ]

| scheut (de) | расток (м) | [ras'tɔk] |
| doorn (de) | калючка (ж) | [ka'lytʃka] |

bloeien (ww)	цвісці	[tswisʲ'tsi]
verwelken (ww)	вянуць	['vʲanutsʲ]
geur (de)	пах (м)	[pah]
snijden (bijv. bloemen ~)	зразаць	[zra'zatsʲ]
plukken (bloemen ~)	сарваць	[sar'vatsʲ]

191. Granen, graankorrels

graan (het)	зерне (н)	['zɛrnɛ]
graangewassen (mv.)	зерневыя расліны (ж мн)	['zɛrnɛvɪja rasʲ'linɪ]
aar (de)	колас (м)	['kɔlas]

tarwe (de)	пшаніца (ж)	[pʃa'nitsa]
rogge (de)	жыта (н)	['ʒɪta]
haver (de)	авёс (м)	[a'wɔs]
gierst (de)	проса (н)	['prɔsa]
gerst (de)	ячмень (м)	[jatʃ'mɛɲ]

maïs (de)	кукуруза (ж)	[kuku'ruza]
rijst (de)	рыс (м)	[rɪs]
boekweit (de)	грэчка (ж)	['ɣrɛtʃka]

erwt (de)	гарох (м)	[ɣa'rɔh]
boon (de)	фасоля (ж)	[fa'sɔʎa]
soja (de)	соя (ж)	['sɔja]
linze (de)	сачавіца (ж)	[satʃa'witsa]
bonen (mv.)	боб (м)	[bɔp]

REGIONALE AARDRIJKSKUNDE

Landen. Nationaliteiten

192. Politiek. Overheid. Deel 1

politiek (de)	палітыка (ж)	[paˈlitɪka]
politiek (bn)	палітычны	[paliˈtɪtʃnɪ]
politicus (de)	палітык (м)	[paˈlitɪk]
staat (land)	дзяржава (ж)	[dzʲarˈʒava]
burger (de)	грамадзянін (м)	[ɣramadzʲaˈnin]
staatsburgerschap (het)	грамадзянства (н)	[ɣramaˈdzʲanstva]
nationaal wapen (het)	герб (м) нацыянальны	[ˈɣɛrp natsɪjaˈnaʎnɪ]
volkslied (het)	дзяржаўны гімн (м)	[dzʲarˈʒaunɪ ˈɣimn]
regering (de)	урад (м)	[uˈrat]
staatshoofd (het)	кіраўнік (м) краіны	[kirauˈnik kraˈinɪ]
parlement (het)	парламент (м)	[parˈlamɛnt]
partij (de)	партыя (ж)	[ˈpartɪja]
kapitalisme (het)	капіталізм (м)	[kapitaˈlizm]
kapitalistisch (bn)	капіталістычны	[kapitalisˈtɪtʃnɪ]
socialisme (het)	сацыялізм (м)	[satsɪjaˈlizm]
socialistisch (bn)	сацыялістычны	[satsɪjalisˈtɪtʃnɪ]
communisme (het)	камунізм (м)	[kamuˈnizm]
communistisch (bn)	камуністычны	[kamunisˈtɪtʃnɪ]
communist (de)	камуніст (м)	[kamuˈnist]
democratie (de)	дэмакратыя (ж)	[dɛmakˈratɪja]
democraat (de)	дэмакрат (м)	[dɛmakˈrat]
democratisch (bn)	дэмакратычны	[dɛmakraˈtɪtʃnɪ]
democratische partij (de)	дэмакратычная партыя (ж)	[dɛmakraˈtɪtʃnaja ˈpartɪja]
liberaal (de)	ліберал (м)	[libɛˈral]
liberaal (bn)	ліберальны	[libɛˈraʎnɪ]
conservator (de)	кансерватар (м)	[kansɛrˈvatar]
conservatief (bn)	кансерватыўны	[kansɛrvaˈtiunɪ]
republiek (de)	рэспубліка (ж)	[rɛsˈpublika]
republikein (de)	рэспубліканец (м)	[rɛspubliˈkanɛts]
Republikeinse Partij (de)	рэспубліканская партыя (ж)	[rɛspubliˈkanskaja ˈpartɪja]
verkiezing (de)	выбары (мн)	[ˈvɪbarɪ]
kiezen (ww)	выбіраць	[vɪbiˈrats]

kiezer (de)	выбаршчык (м)	['vɪbarʃtʃɪk]
verkiezingscampagne (de)	выбарчая кампанія (ж)	['vɪbarʧaja kam'panija]
stemming (de)	галасаванне (н)	[ɣalasa'vaɲɛ]
stemmen (ww)	галасаваць	[ɣalasa'vats]
stemrecht (het)	права (н) голасу	['prava 'ɣɔlasu]

kandidaat (de)	кандыдат (м)	[kandɪ'dat]
zich kandideren	балацíравацца	[bala'tsiravatsa]
campagne (de)	кампанія (ж)	[kam'panija]
oppositie- (abn)	апазіцыйны	[apazi'tsɪjnɪ]
oppositie (de)	апазіцыя (ж)	[apa'zitsɪja]

bezoek (het)	візіт (м)	[wi'zit]
officieel bezoek (het)	афіцыйны візіт (м)	[afi'tsɪjnɪ wi'zit]
internationaal (bn)	міжнародны	[miʒna'rɔdnɪ]

| onderhandelingen (mv.) | перамовы (мн) | [pɛra'mɔvɪ] |
| onderhandelen (ww) | весці перамовы | ['wɛsʲtsi pɛra'mɔvɪ] |

193. Politiek. Overheid. Deel 2

maatschappij (de)	грамадства (н)	[ɣra'matstva]
grondwet (de)	канстытуцыя (ж)	[kanstɪ'tutsɪja]
macht (politieke ~)	улада (ж)	[u'lada]
corruptie (de)	карупцыя (ж)	[ka'ruptsɪja]

| wet (de) | закон (м) | [za'kɔn] |
| wettelijk (bn) | законны | [za'kɔnɪ] |

| rechtvaardigheid (de) | справядлівасць (ж) | [sprav'ad'livasʲts] |
| rechtvaardig (bn) | справядлівы | [sprav'ad'livɪ] |

comité (het)	камітэт (м)	[kami'tɛt]
wetsvoorstel (het)	законапраект (м)	[zakɔnapra'ɛkt]
begroting (de)	бюджэт (м)	[by'dʒɛt]
beleid (het)	палітыка (ж)	[pa'litɪka]
hervorming (de)	рэформа (ж)	[rɛ'fɔrma]
radicaal (bn)	радыкальны	[radɪ'kaʎnɪ]

macht (vermogen)	моц (ж)	[mɔts]
machtig (bn)	магутны	[ma'ɣutnɪ]
aanhanger (de)	прыхільнік (м)	[prɪ'hiʎnik]
invloed (de)	уплыў (м)	[up'lɪu]

regime (het)	рэжым (м)	[rɛ'ʒɪm]
conflict (het)	канфлікт (м)	[kanf'likt]
samenzwering (de)	змова (ж)	['zmɔva]
provocatie (de)	правакацыя (ж)	[prava'katsɪja]

omverwerpen (ww)	зрынуць	['zrɪnuts]
omverwerping (de)	звяржэнне (н)	[zʲvʲar'ʒɛɲɛ]
revolutie (de)	рэвалюцыя (ж)	[rɛva'lytsɪja]
staatsgreep (de)	пераварот (м)	[pɛrava'rɔt]
militaire coup (de)	ваенны пераварот (м)	[va'ɛnɪ pɛrava'rɔt]

crisis (de)	крызіс (м)	['krızis]
economische recessie (de)	эканамічны спад (м)	[ɛkana'mitʃnı 'spat]
betoger (de)	дэманстрант (м)	[dɛmanst'rant]
betoging (de)	дэманстрацыя (ж)	[dɛmanst'ratsıja]
krijgswet (de)	ваеннае становішча (н)	[va'ɛɲaɛ sta'nɔwiʃtʃa]
militaire basis (de)	база (ж)	['baza]

| stabiliteit (de) | стабільнасць (ж) | [sta'biʎnasʲts] |
| stabiel (bn) | стабільны | [sta'biʎnı] |

| uitbuiting (de) | эксплуатацыя (ж) | [ɛksplua'tatsıja] |
| uitbuiten (ww) | эксплуатаваць | [ɛkspluata'vats] |

racisme (het)	расізм (м)	[ra'sizm]
racist (de)	расіст (м)	[ra'sist]
fascisme (het)	фашызм (м)	[fa'ʃızm]
fascist (de)	фашыст (м)	[fa'ʃıst]

194. Landen. Diversen

vreemdeling (de)	замежнік (м)	[za'mɛʒnik]
buitenlands (bn)	замежны	[za'mɛʒnı]
in het buitenland (bw)	за мяжой	[za mʲa'ʒɔj]

emigrant (de)	эмігрант (м)	[ɛmiɣ'rant]
emigratie (de)	эміграцыя (ж)	[ɛmiɣ'ratsıja]
emigreren (ww)	эмігрыраваць	[ɛmiɣ'rıravats]

Westen (het)	Захад	['zahat]
Oosten (het)	Усход	[us'hɔt]
Verre Oosten (het)	Далёкі Усход	[da'lɜki us'hɔt]

beschaving (de)	цывілізацыя (ж)	[tsıwili'zatsıja]
mensheid (de)	чалавецтва (н)	[tʃala'wɛtstva]
wereld (de)	свет (м)	[sʲwɛt]
vrede (de)	мір (м)	[mir]
wereld- (abn)	сусветны	[susʲ'wɛtnı]

vaderland (het)	радзіма (ж)	[ra'dzima]
volk (het)	народ (м)	[na'rɔt]
bevolking (de)	насельніцтва (н)	[na'sɛʎnitstva]
mensen (mv.)	людзі (мн)	['lydzi]
natie (de)	нацыя (ж)	['natsıja]
generatie (de)	пакаленне (н)	[paka'lɛɲɛ]

gebied (bijv. bezette ~en)	тэрыторыя (ж)	[tɛrı'tɔrıja]
regio, streek (de)	рэгіён (м)	[rɛɣiɜn]
deelstaat (de)	штат (м)	[ʃtat]

traditie (de)	традыцыя (ж)	[tra'dıtsıja]
gewoonte (de)	звычай (м)	['zvıtʃaj]
ecologie (de)	экалогія (ж)	[ɛka'lɔɣija]
Indiaan (de)	індзеец (м)	[in'dzɛːts]
zigeuner (de)	цыган (м)	[tsı'ɣan]

zigeunerin (de)	цыганка (ж)	[tsı'ɣaŋka]
zigeuner- (abn)	цыганскі	[tsı'ɣanski]

rijk (het)	імперыя (ж)	[im'pɛrija]
kolonie (de)	калонія (ж)	[ka'lɔnija]
slavernij (de)	рабства (н)	['rapstva]
invasie (de)	нашэсце (н)	[na'ʃɛsʲtsɛ]
hongersnood (de)	голад (м)	['ɣɔlat]

195. Grote religieuze groepen. Bekentenissen

religie (de)	рэлігія (ж)	[rɛ'liɣija]
religieus (bn)	рэлігійны	[rɛ'liɣijnı]

geloof (het)	вера (ж)	['wɛra]
geloven (ww)	верыць	['wɛrıts]
gelovige (de)	вернік (м)	['wɛrnik]

atheïsme (het)	атэізм (м)	[atɛ'izm]
atheïst (de)	атэіст (м)	[atɛ'ist]

christendom (het)	хрысціянства (н)	[hrısʲtsi'janstva]
christen (de)	хрысціянін (м)	[hrısʲtsi'janin]
christelijk (bn)	хрысціянскі	[hrısʲtsi'janski]

katholicisme (het)	каталіцызм (м)	[katali'tsızm]
katholiek (de)	каталік (м)	[kata'lik]
katholiek (bn)	каталіцкі	[kata'litski]

protestantisme (het)	пратэстанцтва (н)	[pratɛs'tantstva]
Protestante Kerk (de)	пратэстанцкая царква (ж)	[pratɛs'tantskaja tsark'va]
protestant (de)	пратэстант (м)	[pratɛs'tant]

orthodoxie (de)	праваслаўе (н)	[pravas'lauɛ]
Orthodoxe Kerk (de)	праваслаўная царква (ж)	[pravas'launaja tsark'va]
orthodox	праваслаўны	[pravas'launı]

presbyterianisme (het)	прэсвітэрыянства (н)	[prɛsʲwitɛrı'janstva]
Presbyteriaanse Kerk (de)	прэсвітэрыянская царква (ж)	[prɛsʲwitɛrı'janskaja tsark'va]
presbyteriaan (de)	прэсвітэрыянін (м)	[prɛsʲwitɛrı'janin]

lutheranisme (het)	лютэранская царква (ж)	[lytɛ'ranskaja tsark'va]
lutheraan (de)	лютэранін (м)	[lytɛ'ranin]

baptisme (het)	баптызм (м)	[bap'tızm]
baptist (de)	баптыст (м)	[bap'tıst]
Anglicaanse Kerk (de)	англіканская царква (ж)	[aŋli'kanskaja tsark'va]
anglicaan (de)	англіканец (м)	[aŋli'kanɛts]
mormonisme (het)	мармонства (н)	[mar'mɔnstva]
mormoon (de)	мармон (м)	[mar'mɔn]
Jodendom (het)	іудаізм (м)	[iuda'izm]
jood (aanhanger van het Jodendom)	іудзей (м)	[iu'dʑɛj]

boeddhisme (het)	будызм (м)	[bu'dızm]
boeddhist (de)	будыст (м)	[bu'dıst]
hindoeïsme (het)	індуізм (м)	[indu'izm]
hindoe (de)	індуіст (м)	[indu'ist]
islam (de)	іслам (м)	[is'lam]
islamiet (de)	мусульманін (м)	[musuʎ'manin]
islamitisch (bn)	мусульманскі	[musuʎ'manski]
sjiisme (het)	шыізм (м)	[ʃı'izm]
sjiiet (de)	шыіт (м)	[ʃı'it]
soennisme (het)	сунізм (м)	[su'nizm]
soenniet (de)	суніт (м)	[su'nit]

196. Religies. Priesters

priester (de)	святар (м)	[sʲvʲa'tar]
paus (de)	Папа (м) Рымскі	['papa 'rımski]
monnik (de)	манах (м)	[ma'nah]
non (de)	манашка (ж)	[ma'naʃka]
pastoor (de)	пастар (м)	['pastar]
abt (de)	абат (м)	[a'bat]
vicaris (de)	вікарый (м)	[wi'karıj]
bisschop (de)	епіскап (м)	[ɛ'piskap]
kardinaal (de)	кардынал (м)	[kardı'nal]
predikant (de)	прапаведнік (м)	[prapa'wɛdnik]
preek (de)	пропаведзь (ж)	['prɔpawɛts]
kerkgangers (mv.)	прыхаджане (м мн)	[prıha'dʒanɛ]
gelovige (de)	вернік (м)	['wɛrnik]
atheïst (de)	атэіст (м)	[atɛ'ist]

197. Geloof. Christendom. Islam

Adam	Адам	[a'dam]
Eva	Ева	['ɛva]
God (de)	Бог (м)	[bɔh]
Heer (de)	Госпад (м)	['ɣɔspat]
Almachtige (de)	Усёмагутны (м)	[usɜma'ɣutnı]
zonde (de)	грэх (м)	[ɣrɛh]
zondigen (ww)	грашыць	[ɣra'ʃıts]
zondaar (de)	грэшнік (м)	['ɣrɛʃnik]
zondares (de)	грэшніца (ж)	['ɣrɛʃnitsa]
hel (de)	пекла (н)	['pɛkla]
paradijs (het)	рай (м)	[raj]

Jezus	Ісус	[iˈsus]
Jezus Christus	Ісус Хрыстос	[iˈsus hrɪsˈtɔs]
Heilige Geest (de)	Святы Дух (м)	[sʲvʲaˈtɪ ˈduh]
Verlosser (de)	Збаўца (м)	[ˈzbautsa]
Maagd Maria (de)	Багародзіца (ж)	[baɣaˈrɔdzitsa]
duivel (de)	Д'ябал (м)	[ˈdʲjabal]
duivels (bn)	д'ябальскі	[ˈdʲjabaʎski]
Satan	Сатана (м)	[sataˈna]
satanisch (bn)	сатанінскі	[sataˈninski]
engel (de)	анёл (м)	[aˈnɔl]
beschermengel (de)	анёл-ахоўнік (м)	[aˈnɔl aˈhounik]
engelachtig (bn)	анёльскі	[aˈnɔʎski]
apostel (de)	апостал (м)	[aˈpɔstal]
aartsengel (de)	архангел (м)	[arˈhaŋɛl]
antichrist (de)	антыхрыст (м)	[anˈtɪhrɪst]
Kerk (de)	Царква (ж)	[tsarkˈva]
bijbel (de)	Біблія (ж)	[ˈbiblija]
bijbels (bn)	біблейскі	[bibˈlɛjski]
Oude Testament (het)	Стары Запавет (м)	[staˈrɪ zapaˈwɛt]
Nieuwe Testament (het)	Новы Запавет (м)	[ˈnɔvɪ zapaˈwɛt]
evangelie (het)	Евангелле (н)	[ɛˈvaŋɛllɛ]
Heilige Schrift (de)	Святое Пісанне (н)	[sʲvʲaˈtɔɛ piˈsaŋɛ]
Hemel, Hemelrijk (de)	Царства (н) Нябеснае	[ˈtsarstva ɲaˈbɛsnaɛ]
gebod (het)	запаведзь (ж)	[ˈzapawɛts]
profeet (de)	прарок (м)	[praˈrɔk]
profetie (de)	прароцтва (н)	[praˈrɔtstva]
Allah	Алах (м)	[aˈlah]
Mohammed	Магамет	[maɣaˈmɛt]
Koran (de)	Каран (м)	[kaˈran]
moskee (de)	мячэць (ж)	[mʲaˈtʃɛts]
moellah (de)	мула (м)	[muˈla]
gebed (het)	малітва (ж)	[maˈlitva]
bidden (ww)	маліцца	[maˈlitsa]
pelgrimstocht (de)	паломніцтва (н)	[paˈlɔmnitstva]
pelgrim (de)	паломнік (м)	[paˈlɔmnik]
Mekka	Мека	[ˈmɛka]
kerk (de)	царква (ж)	[tsarkˈva]
tempel (de)	храм (м)	[hram]
kathedraal (de)	сабор (м)	[saˈbɔr]
gotisch (bn)	гатычны	[ɣaˈtɪtʃnɪ]
synagoge (de)	сінагога (ж)	[sinaˈɣɔɣa]
moskee (de)	мячэць (ж)	[mʲaˈtʃɛts]
kapel (de)	капліца (ж)	[kapˈlitsa]
abdij (de)	абацтва (н)	[aˈbatstva]

nonnenklooster (het)	манастыр (м)	[manas′tɪr]
mannenklooster (het)	манастыр (м)	[manas′tɪr]
klok (de)	звон (м)	[zvɔn]
klokkentoren (de)	званіца (ж)	[zva′nitsa]
luiden (klokken)	званіць	[zva′nits]
kruis (het)	крыж (м)	[krɪʃ]
koepel (de)	купал (м)	[′kupal]
icoon (de)	абраз (м)	[ab′ras]
ziel (de)	душа (ж)	[du′ʃa]
lot, noodlot (het)	лёс (м)	[′lɔs]
kwaad (het)	зло (н)	[zlɔ]
goed (het)	дабро (н)	[dab′rɔ]
vampier (de)	вампір (м)	[vam′pir]
heks (de)	ведзьма (ж)	[′wɛdzʲma]
demoon (de)	дэман (м)	[′dɛman]
duivel (de)	чорт (м)	[ʧɔrt]
geest (de)	дух (м)	[duh]
verzoeningsleer (de)	адкупленне (н)	[atkup′lɛŋɛ]
vrijkopen (ww)	адкупіць	[atku′pits]
mis (de)	служба (ж)	[′sluʒba]
de mis opdragen	служыць	[slu′ʒɪts]
biecht (de)	споведзь (ж)	[′spɔwɛts]
biechten (ww)	спавядацца	[spavʲa′datsa]
heilige (de)	святы (м)	[sʲvʲa′tɪ]
heilig (bn)	свяшчэнны	[sʲvʲaʃ′ʧɛŋɪ]
wijwater (het)	святая вада (ж)	[sʲvʲa′taja va′da]
ritueel (het)	рытуал (м)	[rɪtu′al]
ritueel (bn)	рытуальны	[rɪtu′aʎnɪ]
offerande (de)	ахвярапрынашэнне (н)	[ahvʲaraprɪna′ʃɛŋɛ]
bijgeloof (het)	забабоны (мн)	[zaba′bɔnɪ]
bijgelovig (bn)	забабонны	[zaba′bɔŋɪ]
hiernamaals (het)	замагільнае жыццё (н)	[zama′ɣiʎnaɛ ʒɪ′ts3]
eeuwige leven (het)	вечнае жыццё (н)	[′wɛʧnaɛ ʒɪ′ts3]

DIVERSEN

198. Diverse nuttige woorden

achtergrond (de)	фон (м)	[fɔn]
balans (de)	баланс (м)	[ba'lans]
basis (de)	база (ж)	['baza]
begin (het)	пачатак (м)	[pa'tʃatak]
beurt (wie is aan de ~?)	чарга (ж)	[tʃar'ɣa]

categorie (de)	катэгорыя (ж)	[katɛ'ɣɔrıja]
comfortabel (~ bed, enz.)	зручны	['zrutʃnı]
compensatie (de)	кампенсацыя (ж)	[kampɛn'satsıja]
deel (gedeelte)	частка (ж)	['tʃastka]

deeltje (het)	часцінка (ж)	[tʃasⁱ'tsiŋka]
ding (object, voorwerp)	рэч (ж)	[rɛtʃ]
dringend (bn, urgent)	тэрміновы	[tɛrmi'nɔvı]
dringend (bw, met spoed)	тэрмінова	[tɛrmi'nɔva]
effect (het)	эфект (м)	[ɛ'fɛkt]

eigenschap (kwaliteit)	уласцівасць (ж)	[ulasⁱ'tsivasⁱts]
einde (het)	канец (м)	[ka'nɛts]
element (het)	элемент (м)	[ɛlɛ'mɛnt]
feit (het)	факт (м)	[fakt]
fout (de)	памылка (ж)	[pa'mılka]

geheim (het)	таямніца (ж)	[tajam'nitsa]
graad (mate)	ступень (ж)	[stu'pɛɲ]
groei (ontwikkeling)	рост (м)	[rɔst]
hindernis (de)	перашкода (ж)	[pɛraʃ'kɔda]
hinderpaal (de)	перашкода (ж)	[pɛraʃ'kɔda]

hulp (de)	дапамога (ж)	[dapa'mɔɣa]
ideaal (het)	ідэал (м)	[idɛ'al]
inspanning (de)	намаганне (н)	[nama'ɣaɲɛ]
keuze (een grote ~)	выбар (м)	['vıbar]
labyrint (het)	лабірынт (м)	[labi'rınt]

manier (de)	спосаб (м)	['spɔsap]
moment (het)	момант (м)	['mɔmant]
nut (bruikbaarheid)	карысць (ж)	[ka'rısⁱts]
onderscheid (het)	адрозненне (н)	[ad'rɔzⁱnɛɲɛ]

ontwikkeling (de)	развіццё (н)	[razⁱwi'tsɜ]
oplossing (de)	рашэнне (н)	[ra'ʃɛɲɛ]
origineel (het)	арыгінал (м)	[arıɣi'nal]
pauze (de)	паўза (ж)	['pauza]
positie (de)	пазіцыя (ж)	[pa'zitsıja]
principe (het)	прынцып (м)	['prıntsıp]

probleem (het)	праблема (ж)	[prab'lɛma]
proces (het)	працэс (м)	[pra'tsɛs]
reactie (de)	рэакцыя (ж)	[rɛ'aktsɪja]
reden (om ~ van)	прычына (ж)	[prɪ'tʃɪna]
risico (het)	рызыка (ж)	['rɪzɪka]
samenvallen (het)	супадзенне (н)	[supa'dzɛŋɛ]
serie (de)	серыя (ж)	['sɛrɪja]
situatie (de)	сітуацыя (ж)	[situ'atsɪja]
soort (bijv. ~ sport)	від (м)	[wit]
standaard (bn)	стандартны	[stan'dartnɪ]
standaard (de)	стандарт (м)	[stan'dart]
stijl (de)	стыль (м)	[stɪʎ]
stop (korte onderbreking)	перапынак (м)	[pɛra'pɪnak]
systeem (het)	сістэма (ж)	[sis'tɛma]
tabel (bijv. ~ van Mendelejev)	табліца (ж)	[tab'litsa]
tempo (langzaam ~)	тэмп (м)	[tɛmp]
term (medische ~en)	тэрмін (м)	['tɛrmin]
type (soort)	тып (м)	[tɪp]
variant (de)	варыянт (м)	[varɪ'jant]
veelvuldig (bn)	часты	['tʃastɪ]
vergelijking (de)	параўнанне (н)	[parau'naŋɛ]
voorbeeld (het goede ~)	прыклад (м)	['prɪklat]
voortgang (de)	прагрэс (м)	[praɣ'rɛs]
voorwerp (ding)	аб'ект (м)	[abʰ'ɛkt]
vorm (uiterlijke ~)	форма (ж)	['fɔrma]
waarheid (de)	ісціна (ж)	['isʲtsina]
zone (de)	зона (ж)	['zɔna]

.

www.ingramcontent.com/pod-product-compliance
Lightning Source LLC
LaVergne TN
LVHW051308080426
835509LV00020B/3178